섬연구시리즈 76

남북공동체를 위한 삶이 묻어나는 성경공부 8

성령

사단법인 한국기독교교육교역연구원 편
임창복 김태훈 집필

머리말

하나님의 은혜 가운데 2025년 초에 「남북공동체를 위한 삶이 묻어나는 성경공부 8」을 출판하게 되었습니다. 하나님께 감사드립니다. 또한 연구원 시작 이래 지금까지 한결같이 후원해 주시고 기도해 주시는 후원교회와 목사님들 그리고 개인 후원님들께 깊은 감사를 드립니다. 이와 더불어 책 출판을 위하여 헌신해 주시는 전효성 목사님께도 깊은 감사를 드립니다.

하나님께서는 오래전부터 본 연구원이 북한선교와 탈북민들을 위한 교육선교에 관심을 갖도록 인도하셨습니다. 그리하여 북한선교와 탈북민 선교를 위하여 2006년 탈북민들을 대상으로 설문 조사를 하여 본 연구원은 2007년에 「탈북교인의 신앙분석」이라는 책을 출판하였고, 북한과의 교류를 하나님께서 허락하실 때를 대비하여 「당 정책사와 함께 가는 북한교육의 변천사」(2010년)를 출간하였습니다. 이 책보다 쉽게 북한을 알아 갈 수 있도록 도표로 간략하게 편집한 「통일 준비 : 북한을 알자」를 2011년에 본 연구원이 출간한 바 있습니다. 이에 멈추지 않고 2013년에는 북한선교와 탈북민 선교에 뜻을 둔 이들에게 도움을 주고자 「북한에서 사람이란」이라는 책을 출간하기에 이르렀습니다.

이와 같이 하나님께서 북한선교와 탈북민 선교에 계속해서 관심을 갖고 연구하게 하시어 교회현장에서 필요한 남북한공동체를 위한 삶이 묻어나는 성경공부 책을 8번까지 출판 하게 되었습니다. 남북한공동체를 위한 삶이 묻어나는 성경공부 책 4번부터는 52주 동안 교회현장에서 성경공부교재로 사용될 수 있도록 출판하였습니다.

책 전체는 9장으로 구성되어 있습니다.

I. 삼위 하나님으로서의 성령:1. 성령으로 잉태되신 예수 그리스도(마 1:18-23) ; 2. 성령이 비둘기 같이 내려 자기 위에 임하심을 보시더니(마 3:13-17) ; 3. 성령이 네게 임하시고 지극히 높으신 이의 능력이 너를 덮으리니(눅 1:30-35) ; 4. 너는 내 사랑하는 아들이라(눅 3:21-22; 마 3:13-17; 막 1:9-11) ; 5. 보혜사 곧 아버지께서 내 이름으로 보내실 성령(요 14:25-29) ; 6. 보혜사 곧 아버지께로부터 나오시는 진리의 성령이 오시면(요 15:26-27; 16:12-15; 20:19-23) ; 7. 증거하는 이가 셋이니(요1 5:4-8) ; 8. 하나

님의 오른손으로 예수를 높이시매 그가 약속하신 성령을 아버지께 받아서(행 2:29-36)

Ⅱ. 여호와의 영:9. 여호와의 영, 곧 지혜와 총명의 영, 모략과 재능의 영, 지식과 여호와를 경외하는 영(사 11:1-5) ; 10. 쉬게 하시는 영(사 63:7-14) ; 11. 여호와의 영으로 말미암아 능력과 정의와 용기로 충만해(미 3:8-12) ; 12. 너희는 두려워말라(학 2:5-9) ; 13 나의 영을 네 자손에게 주리니(사 44:1-8) ; 14. 너희 속에 하나님의 영이 거하시면(롬 8:9-17) ; 15. 너희는 성령이 거하시는 하나님의 성전(고전 3:16-23)

Ⅲ. 언약과 성령:16. 영원하신 성령으로 말미암아 흠 없는 자기를 하나님께 드린 새 언약의 중보자 예수 그리스도 (히 9:8-15) ; 17. 은혜의 성령을 욕되게 하는 자가 당연히 받을 형벌(히 10 :15-29)

Ⅳ. 성령에게 이끌리어:18. 성령에 이끌리어 광야에서 사십일 간 마귀에게 시험받으신 예수님(눅 4 : 1-15) ; 19. 성령에 매여 예루살렘으로 가는 바울(행 20:22-28) ; 20. 성령으로 나를 데리고 광야로 가니라 (계 17:1-14) ; 21. 성령으로 나를 데리고 크고 높은 산으로 올라가(계 21:9-27)

Ⅴ. 성령과 세례:22. 아버지와 아들과 성령의 이름으로 세례를 주고(마 28:16-20) ; 23. 성령으로 거듭나다(요 3:1-8) ; 24. 성령이 내려서 누구 위에든지 머무는 것을 보거든 그가 곧 성령으로 세례를 베푸는 이인 줄 알라(요 1 : 29-34)

Ⅵ. 구하는 자와 순종하는 자에게 성령을 주시다:25. 구하는 자에게 성령을 주시사(눅 11:9-13) ; 26. 하나님이 자기에게 순종하는 사람들에게 주신 성령도 그러하니라(행 5:17-32)

Ⅶ. 하나님의 말씀을 보이시고 말하게 하시는 성령 ; 27. 내 영을 부어주며 내 말을 보이리라(잠 1:20-

33) ; 28. 이제는 주 여호와께서 나와 그의 영을 보내셨느니라(사 48:12-19) ; 29. 성령이 선지자 이사야를 통하여 너희 조상들에게 말씀하신 것이 옳도다(행 28:23-31) ; 30. 내가 그 말씀하시는 자의 소리를 들으니(겔 2:1-10) ; 31. 하나님이 성령을 한량없이 주심이라(요 3:31-36) ; 32. 너희 속에서 말씀하시는 이는 성령(마 10:16-20) ; 33. 여호와의 영으로 심판을 선포하다(미 3:5-12)

Ⅷ. 하나님의 일을 수행하게 하는 성령:34. 지혜와 총명과 지식과 재주의 영(출 31:1-5; 35: 30-35) ; 35. 백성의 짐을 나눠지게 하시는 영(민 11:11-25) ; 36. 다윗의 지휘관으로 일하게 하다(대상 12:16-18) ; 37. 주의 은혜를 전파하게 하려 하시는 영(눅 4:16-19) ; 38. 땅 끝까지 이르러 내 증인이 되리라(행 1:6-8) ; 39. 바울의 결박을 알려주신 성령(행 21:7-14) ; 40. 하나님의 영 외에는 아무도 알지 못함(고전 2:1-16) ; 41. 성령의 검 하나님의 말씀을 가지라(엡 6:10-20) ; 42. 성령이 거룩하게 하심으로(벧전 1:2-12)

Ⅸ. 영을 우리에게 부어 주신 결과:43. 영을 우리에게 부어 주시리니(사 32:9-20) ; 44. 내가 나의 영을 그에게 주었은즉 그가 이방에 정의를 베풀리라(사 42:1-9) ; 45. 나의 영을 네 자손에게 부어 주리니(사 44:1-8) ; 46. 나의 영과 네 입에 둔 나의 말이(사 59:16-21) ; 47. 내 영을 너희 속에 두어 너희로 내 율례를 행하게 하리니(겔 36:26-36) ; 48. 내가 또 내 영을 너희 속에 두어 너희가 살아나게 하고(겔 37:1-14) ; 49. 내가 내 영을 이스라엘 족속에게 쏟았음이라(겔 39:21-29) ; 50. 내 영을 만민에게 부어 주리니(욜 2:28-32) ; 51. 이는 오직 나의 영으로 되느니라(슥 4:1-10) ; 52. 예수 그리스도의 성령의 도우심으로(빌 1:12-21)

이 책의 각 주제의 내용과 구조는 다음과 같습니다. 첫째는 삶에서 묻어 나오는 문제들이 질문형식으로 제시되며, 둘째는 각 주제의 내용이 간략하게 제시되며, 셋째는 각 주제와 연관된 성경말씀묵상 프로그램이 첨가되어 있습니다.

이 책의 집필은 김태훈 목사님과 본 연구원 원장인 임창복 목사께서 수고하셨으며, 특별히 김태훈 목사님은 책 집필과 함께 여러면으로 연구원을 위하여 수고해 주시고 계십니다. 또한 이 책이 탈북민에게도 유익하기를 바라는 마음에서 김은영 탈북민 목사님께서 각 주제와 내용들을 탈북민의 실생활에 도움이 되도록 원고를 찬찬히 읽어가면서 수정 및 보완하는 수고를 해 주셨습니다. 감사를 드립니다.

이 책이 하나님의 읽고 공부하는 모든 이들에게 특히 탈북민 선교를 하시는 모든 이들에게 또한 한국교회 성도들에게 성경공부를 가르치시는 목사님들에게도 유용하게 사용될 수 있기를 기도합니다.

본 연구원은 「남북공동체를 위한 삶이 묻어나는 성경공부」를 계속 연구하여 출판할 계획입니다. 다음 책, 「남북공동체를 위한 삶이 묻어나는 성경공부 9」 는 대주제가 지난 8번과 똑같이 '성령'입니다. 이를 위하여 기도 부탁드립니다.

하나님의 은혜가 귀 교회와 목사님들과 모든 후원자님들과 독자님들 위에 늘 함께 하시기를 기원합니다.

2025년 1월

사단법인 한국기독교교육교역연구원

원장 임창복 목사

목차

머리말 | 02

I. 삼위 하나님으로서의 성령

II. 여호와의 영

Ⅲ. 언약과 성령

Ⅳ. 성령에게 이끌리어

Ⅴ. 성령과 세례

VI. 구하는 자와 순종하는 자에게 성령을 주시다

VII. 하나님의 말씀을 보이시고 말하게 하시는 성령

Ⅷ. 하나님의 일을 수행하게 하는 성령

Ⅸ. 영을 우리에게 부어 주신 결과

1. 성령으로 잉태되신 예수 그리스도(마 1:18-25)

주제와 연관된 질문 _

1. 혹 세상에서 버림받았다는 생각이 든 적이 있는가?
2. 실제적인 삶에서 모든 이가 나를 버릴 때, 끝까지 자신과 함께 하는 분으로는 누가 있는가?
3. 세상을 버리지 않기 위해 하나님이 함께 하신 가장 중요한 일은 무엇인가?
4. 하나님 아버지의 사랑하는 아들 예수 그리스도의 탄생에 함께 하신 분으로는 누가 있는가?

주제 내용 _

마태복음은 예수 그리스도의 계보로 시작한다. 단순히 어떤 가문에서 태어난 것인지를 말하는 것이 아니다. 그 계보의 핵심 요소는 아브라함과 다윗과 바벨론 포로기이다(17절). 예수 그리스도의 계보는 예수께서 아브라함을 통한 하나님의 구원 역사의 정점에 있음과, 예수님이 다윗과 같은 메시아임을 선포하는 신학적 의도를 가진 계보이다. 예수님이 인간이 되어 세상에 오셨을 때 법적 아버지는 요셉이다. 20절에서 요셉은 '다윗의 자손 요셉'이라 불린다. 그러므로 예수님도 다윗의 자손이다. 요셉은 예수님이 이스라엘이 그렇게도 고대하던 다윗 왕 같은 메시아임을 인증하는 역할을 한다. "다윗으로부터 바벨론으로 사로잡혀 갈 때까지"와 "바벨론으로 사로잡혀 간 후에서 그리스도까지"는 하나님에 대한 배반으로 인한 이스라엘 역사의 내리막과 고통을 내포한다. 예수님은 바로 이 역사적 내리막길의 저점에 태어나셨다. 예수님의 탄생은 이스라엘을 죄에서 구원하시고 회복케 하신다는 하나님의 구원 역사의 새로운 시점이며 결정적인 시점이다.

1:18-23은 앞에서 언급한 인간의 계보와 다른 탄생 이야기를 말해준다. 예수님이 누구인지 어떻게 세상에 오시게 되었는지 그리고 무엇을 위해 오셨는지를 압축적으로 증언한다. 예수님은 "성령"으로 잉태하신 분이다. "성령으로 잉태"는 하나님의 계획 가운데 하나님의 직접적인 참여로 일어난 사건이다. 예수님의 탄생은 세상을 사랑하시는 하나님의 구원 계획의 절정이며 아버지와 아들과 성령이신 삼위일체 하나님의 구원 사건이다.

마리아가 잉태하자 요셉은 관계를 가만히 끊고자 했다. 마리아와 요셉은 정혼 관계이다. 혼인을 위한 절차는 약혼(정혼)을 하고 약 1년 후 결혼한다. 미래의 두 부부가 약혼 예식에서 서약을 하면 정혼한 것이 된다. 결혼하기까지는 각자의 집에 있지만, 법적으로는 부부나 다름없다. 정혼 관계에 있는 마리아가 임신함으로 마리아나 요셉이나 큰 곤경에 빠졌다. 요셉이 파혼을 원했다면 법적 절차를 거쳐야 하고 마리아는 간음죄로 정죄될 것이다(신 22:21-23). 마리아가 성령으로 잉태했다고 진술하면 미친 사람 취급을 받을 것이다. 당시의 어떤 누가 성령의 잉태를 사실로 받아드릴 수 있겠는가? 성령으로 잉태했다는 주장을 고수한다면 마리아는 간음죄에 더하여 신성모독죄라는 오명을 뒤집어쓰고 가족과 주변 사람들에게 버림받았을 것이다.

마리아로부터 임신 소식을 듣고 요셉은 무척 놀랐을 것이다. 그러나 요셉은 "의로운" 사람이었다. 어떤 성격의 의로움인가? 의로운 삶을 지향하고 살아온 사람이라면 자신에게나 타인에게 윤리적으로 엄격할 가능성이 크다. 정혼한 여성이 갑자기 임신을 했다면 의로운 삶을 강조하는 사람은 더욱 참기 어려울 것이다. 그러나 요셉은 더 높은 수준의 의로운 사람이었다. 그는 마리아를 정죄하거나 공개적으로 비난하지 않고 가만히 관계를 끊고자 했다. 요셉에게도 하나님의 개입이 있었기 때문이다. 요셉은 "성령으로 잉태되었다"는 하나님 사자의 말씀을 듣고 마리아를 자기 집으로 데리고 온다. 마리아의 혼전 임신을 감추고 그 아기를 자신의 아기로 받아들인 것이다. 예수께서 성령으로 잉태된 것은 한 동안 마리아와 요셉만 아는 비밀로 남아 있었다. 훗날 아마 예수님의 부활 이후에야, 마리아는 예수님의 신비한 탄생에 대해 제자들에게 말할 수 있었을 것이다.

"처녀가 잉태"(23절)하는 일은 오직 창조주 하나님에 의해서만 일어날 수 있는 일이다. 예수님의 탄생은 아버지 하나님이 계획하시고 성령 하나님이 역사하시고 아들 하나님이 참여하신 하나님의 구원 사역이다. 예수님 탄생의 목적이 나온다. "자기 백성을 그들의 죄에서 구원"하는 것이다. 죄로 말미암아 하나님과의 관계가 단절되고 멸망의 운명을 가진 인간인데, 사랑이신 하나님은 그 아들을 통해 죄인들을 구원하고자 하셨다. 예수님은 "임마누엘"이시다. 문자적으로는 "하나님이 우리와 함께"를 뜻한다. "우리"는 누구인가? 요한복음 3:16에서 "세상을 이처럼 사랑하사"에서 세상은 어떤 세상인가? 우리는 죄인이며 세상은 죄와 악이 관영(가득)한 세상이다. 그러므로 하나님이 "우리와 함께," 즉 임마누엘이신 예수님의 잉태는 하나님의 자기희생적인 사랑을 내포한다. 하나님은 죄로 물든 인간을 포기하지 않고 아들마저 보내시어 죄인과 함께 하시는 임마누엘, 즉 우리 죄인에게 다가오시고 함께하는 하나님이 되어주신다. 우리 가운데 버림받았다고 생각하는 사람이 있을지 모른다. 그러나 사랑의 하나님은 우리의 연약함을 아시는 하나님이시며, 우리가 연약할수록 더욱 귀히 여기시고 우리와 함께 하시는 임마누엘의 하나님이시다.

삼위일체 하나님은 사랑의 하나님으로서 죄인들을 구원하시며 훗날 새로운 세계에서 영원한 새 생명을 갖고 살도록 하시는 분이다.

주제와 연관된 성경공부와 말씀묵상 _

그에게 잉태된 자는 성령으로 된 것이라

본문 말씀(마태복음 1:18-25)

18 예수 그리스도의 나심은 이러하니라 그의 어머니 마리아가 요셉과 약혼하고 동거하기 전에 성령으로 잉태된 것이 나타났더니

19 그의 남편 요셉은 의로운 사람이라 그를 드러내지 아니하고 가만히 끊고자 하여

20 이 일을 생각할 때에 주의 사자가 현몽하여 이르되 다윗의 자손 요셉아 네 아내 마리아 데려오기를 무서워하지 말라 그에게 잉태된 자는 성령으로 된 것이라

21 아들을 낳으리니 이름을 예수라 하라 이는 그가 자기 백성을 그들의 죄에서 구원할 자이심이라 하니라

22 이 모든 일이 된 것은 주께서 선지자로 하신 말씀을 이루려 하심이니 이르시되

23 보라 처녀가 잉태하여 아들을 낳을 것이요 그의 이름은 임마누엘이라 하리라 하셨으니 이를 번역한즉 하나님이 우리와 함께 계시다 함이라

24 요셉이 잠에서 깨어 일어나 주의 사자의 분부대로 행하여 그의 아내를 데려왔으나

25 아들을 낳기까지 동침하지 아니하더니 낳으매 이름을 예수라 하니라

기도요점

하나님은 부족한 인간임에도 버리지 않고 죄인과 함께 하시는 임마누엘(우리와 함께 하시는) 하나님

이다. 예수님을 나의 구원자로 믿게 해 주시니, 그리고 성령께서 믿음을 주신 것을 감사한다. 세상의 소망은 오직 하나님이시며, 예수가 구원자이시고, 성령께서는 보이지 않지만 역사하는 실체임을 믿고 전하는 사람이 되도록 기도한다.

도움의 말

예수님의 계보가 아브라함으로부터 시작된다. 아브라함은 인간을 구원하시려는 하나님의 계획 가운데 선택된 사람이다. 하나님은 아담과 하와가 하나님께 불순종했으나 가죽 옷을 입혀주시고, 동생 아벨을 살인한 가인이지만 그를 보호해 주셨으며, 죄가 만연한 세상을 홍수로 심판했으나 노아 가족을 살리시어 인류가 다시 번성하게 하셨다. 바벨 성읍과 탑을 건설하며 하나님께 대항한 사람들이 온 세상으로 흩어지게 되었으나, 하나님은 이전처럼 인간을 결코 포기하지 않고 해결 방안을 마련하신다. 아브라함을 택하여 하나님으로부터 멀어지고 흩어진 만민을 다시 부르신다(창 12:3). "또 하나님이 이방을 믿음으로 말미암아 의로 정하실 것을 성경이 미리 알고 먼저 아브라함에게 복음을 전하되 모든 이방인이 너로 말미암아 복을 받으리라 하였느니라"(갈 3:8)고 하셨고, 또한 "이는 그리스도 예수 안에서 아브라함의 복이 이방인에게 미치게 하고 또 우리로 하여금 믿음으로 말미암아 성령의 약속을 받게 하려 함이라"고 말씀하셨다(갈 3:14). 또한 예수님을 다윗의 자손이라고 서술한 것은 단지 혈통을 말한 것일 뿐 아니라 예수 그리스도가 하나님의 약속으로 오신 분이며 메시아이심을 말해준다.

18절은 "예수 그리스도의 나심"이란 표현으로 시작된다. "그리스도"(헬. 크리스토스)는 히브리어 '마쉬아흐'(메시아)의 헬라어 번역이다. 그 의미는 '기름부음을 받은 자'이다. 왕(삼상 24:6; 시 2:2), 제사장(레 4:3), 선지자(왕상 19:16)에게 적용되며 특정한 목적을 위해 하나님께서 택정하신 사람도 메시아로 지칭된다(예. 사 45:1의 고레스). 그러나 예수 그리스도는 세상의 어떤 메시아(기름부음 받은 자)와는 비교될 수 없는 분이다. '세상을 구원할 유일'의 그리스도(메시아)이시기 때문이다.

"예수"(예슈아)라는 이름은 '구출하다'를 뜻하는 동사 '야샤'에서 나왔다. 여호수아(수 1:1), 호세아(신 32:44; 호 1:1), 예수아(스 2:2)가 같은 어근에서 나온 이름들이다. 당시 유대 사회에서 예수란 이름은 부모들이 자식에게 주는 흔한 이름이다. 그 이름은 자녀가 구원자가 될 것이라는 뜻이 아니라 자녀에게 구원이 있기를 바라는 뜻에서, 혹은 하나님께서 가족이나 민족을 구원해 주시기를 바라는 뜻으로 지어준 이름이다. 그러나 성령으로 잉태된 예수님의 이름은 예수께서 친히 "자기 백성을 그들의 죄에서 구원할 자"라는 뜻에서다. 예수님의 생애 동안에 예수님은 죄를 사하셨으며(눅 5:24), 제자들과의 마지막 식사에서 "죄를 용서해 주려고 많은 사람을 위하여 흘리는 내 계약의 피"라고 말씀하셨다(마 26:28).

예수님의 탄생은 "임마누엘"(하나님이 우리와 함께)이란 아이에 대한 이사야 선지자의 탄생 예언과 연결된다(22절). "보라 처녀가 잉태하여 아들을 낳을 것이요 그의 이름은 임마누엘이라 하리라"는 이사야 7:14에 나오며 아람 왕 르신과 북 왕국 이스라엘 왕 베가가 예루살렘을 침공한 때, 두려워하는 유다 왕 아하스 왕에게 주신 말씀이다. 그러나 특정한 역사 시점에서 아하스에게 주신 임마누엘 약속은 하나님의 개입과 구원의 한 예시이다. 임마누엘 약속은 이스라엘 백성의 구원으로 확장된다(사 8:8, 10). 이사야 9:6-7에 나오는 아기는 영원히 정의와 공의로 다스릴 신적 구원자이다. 마태가 이사야 7:14를 인용하여 예수님께 적용한 것은 유다 왕 아하스에게 처음 준 말씀임을 모르는 무지에서 나온 것이 아니다. 하나님의 임마누엘 되심에 대한 깊은 신학적 이해에서 인용한 것이다. 그 이전에도 하나님은 이스라엘과 특정 신앙인물의 임마누엘이셨으며, 특히 예수님의 생애를 통해 예수님과 함께 하시는 임마누엘 하나님으로 역사하신다. 그러나 예수님은 하나님이 세상을 사랑하시어 보내신 결정적이며 궁극적인 임마누엘이시다.

마리아는 정혼 기간 동안에 잉태했다. 유대인의 결혼 풍습을 보여주는 '가나의 혼인 잔치'라는 다큐멘터리 영상이 있다. 결혼 상대는 부모가 정한다. 집안 간의 합의로 혼사가 진행된다. 순서는 약혼, 정혼, 결혼식으로 이어진다. 영어로는 'betrothal'(베트로달), 'espousal'(이스포절), 'wedding'(웨딩)이다. 약혼에서 결혼 예식에 이르기까지 다섯 단계를 거친다. 약혼 예식, 예비신랑의 돌아감, 예비신부의 기다림, 예비신랑의 돌아옴, 결혼예식이다. 먼저 약혼 예식에 대해서 말하자면, 약혼예식은 신부 마을에서 한다. 신부의 집이 아니라 마을 입구에서 하는 것은 동네의 축제이기도 하고 마을 사람들이 약혼 예식의 증인이 되기 때문이다. 다음으로 신랑의 아버지가 신부에게 주어질 약속을 기록한 결혼 증서(서약서)를 신부에게 읽어준다. 신랑은 포도주병과 잔을 들고 신부에게 포도주 잔을 건넨다. 신부가 먼저 마시고 신랑도 마시면 '혼인이 결정'된다. 증인들 앞에서 한 약속이므로 법적인 효력을 가진다. 이제 예비신부와 신랑은 '정혼 상태'가 되어 법적으로 남편과 아내가 된다. 신랑이 성혼되었음을 선언하고 신부는 몸을 물에 담그는 예식(미크바)를 갖는다. 그 후 신랑 측은 돌아가고 신부는 신랑이 결혼을 위해 돌아오기까지 약 1년간 기다리게 된다.

요셉과 마리아는 약혼예식을 하고 혼인식을 기다리는 정혼 관계였다. 개역개정판은 "마리아가 요셉과 약혼하고"로 번역하지만 이전의 개역성경은 "마리아가 요셉과 정혼하고"라고 번역한다. 사실상 결혼한 것이나 다름없다는 점에서 정혼이다. 영어 'espouse'(KJV)에 들어있는 'spouse'는 부부라는 뜻이다. 정혼하면 이미 법적으로는 부부이지만 정혼만 한 요셉과 마리아에게선 아기가 생길 수 없었다. 그런데 마리아가 잉태하게 되었으니 마리아는 얼마나 두려웠겠는가! 누가복음 2장에는 천사로부터 "성령이 네게 임하시고 지극히 높으신 이의 능력이 너를 덮으시리니 이러므로 나실 바 거룩한 이는 하나님의 아들이라 일컬어지리라"는 말씀을 듣고 마리아는 아멘으로 받는다. 이어서 마리아가 잉태한 것을 요셉도 알게 된다. 요셉에게 알리지 않을 수 없었을 것이다. 요셉 역시 두려워하였다. 당시 유대 율법대로라면 마리아는 돌로 쳐 죽이는 형벌을 받아야 했다. 요셉이 어떤 사람인지 짧지만 명확하게 기술된다. 요셉은 의로운 사람이었다. 그가 윤리적으로나 인격적으로 어떤 사람이었는지는, 갑자기 임신한 정혼녀에 대한 태도에서 나타난다. 마리아가 나쁜 여자라고 난리를 피울 수도 있었겠지만 요셉은 신중히 행동한다. "가만히 끊고자"는 조용히 정혼관계를 파기하려 한 것이다. 예수님의 탄생을 위해 마리아가 하나님의 택함을 받았지만, 요셉 역시 아기 예수님의 보금자리가 될 만한 인격과 신앙을 갖춘 사람이었다. 오늘의 신앙인들은 요셉으로부터 충격적인 상황에서도 "가만히 끊고자"하는 배려의 인격과 신앙을 배운다.

묵상 나누기

위에서 묵상한 내용을 간략히 기록하고 함께 나눈다.

찬송

"곧 오소서 임마누엘"(104장)

2. 성령이 비둘기 같이 내려 자기 위에 임하심을 보시더니 (마 3:13-17)

주제와 연관된 질문 _

1. 세례(침례)를 받았을 때 목사님은 무엇이라고 말씀하며 세례를 베풀었는가?
2. 세례를 받을 때 머리에 물을 뿌리거나 바르는 이유는 무엇이라 생각하는가?
3. 세례를 받을 때 무엇을 결심했는가?

주제 내용 _

예수님의 공생애는 요한에게서 물세례를 받고, 예수님의 하나님 아들 되심이 선포되고, 성령님께서 임하심으로 시작된다. 마태복음 3장은 세례 요한의 사역과 예수님의 세례 받으심을 말한다. 세례요한은 유대 광야에서 회개를 선포하고 요단 강에서 회개의 세례를 베풀고 있었다. 예수님이 세례를 받으려 하자 세례 요한은 "내가 당신에게서 세례를 받아야 할 터인데 당신이 내게로 오시나이까"라며 말렸다. 세례 요한은 예수님이 하나님이 보내신 특별한 사람임을 알고 있었다. 예수님은 "우리가 이와 같이 하여 모든 의를 이루는 것이 합당하니라"며 세례 요한에게 세례를 받으신다. 요한의 세례는 진노의 대상임을 깨닫고 회개하는 사람이 받는다. 그런데도 예수님이 요한의 세례를 받으신 것은 세대의 죄악성을 고발하고 회개를 요청하는 세례 요한의 사역과 말씀의 진정성을 인정하신 것이다. 세례요한이 잡힌 후 예수께서도 세례 요한처럼 "회개하라 천국이 가까이 왔느니라"고 선포하셨다(4:17).

세례는 죄에 대한 참회와 용서와 하나님 안에서의 새로운 삶을 결단하는 예식이다. 그러나 예수님의 세례 받으심은 공식적인 천국복음의 사역을 위한 취임식이라 할 수 있다. 예수님의 공적 사역이 아버지 하나님과 성령 하나님의 계획아래 예수께서 결심하시고 세례 요한이 집례한 세례를 통해서 시작되었다. "하늘이 열리고"는 하나님 아버지의 주도하심과 하나님의 능력과 은혜가 임함을 뜻한다. 이로써 예수님은 이제 세상 사람들의 죄를 대속하고 새로운 삶을 주는 십자가에서의 죽음과 부활에서 확연히 드러나는 공생애를 시작하신다. 그러므로 예수님의 세례는 자신의 생명을 바치고자 하는 결단의 세례이기도 하다.

하나님은 "이는 내 사랑하는 아들이요 내 기뻐하는 자라"(마 3:17; 17:5; 벧후 1:17)고 하신다. "내 아들"은 시편 2:7에도 나온다. 열방을 통치하도록 여호와 하나님이 택하신 메시아 왕을 이르는 말이다. "내 기뻐하는 자"는 이사야 42:1의 인용이다. "내가 붙드는 나의 종, 내 마음에 기뻐하는 자 곧 내가 택한 사람을 보라 내가 나의 영을 그에게 주었은즉 그가 이방에 정의를 베풀리라." 두 구절 다 열방에 이르는 하나님의 통치를 말해준다. 예수님은 어떤 통치자가 될 것인가? 우리는 이미 알고 있다. 그분은 만백성을 구원하실 분이며 그분이 걷는 길은 십자가의 길이다.

주제와 연관된 성경공부와 말씀묵상 _

성령이 비둘기 같이 내려 자기 위에 임하심을 보시더니

본문 말씀(마태복음 3:13-17)

13 이 때에 예수께서 갈릴리로부터 요단 강에 이르러 요한에게 세례를 받으려 하시니
14 요한이 말려 이르되 내가 당신에게서 세례를 받아야 할 터인데 당신이 내게로 오시나이까
15 예수께서 대답하여 이르시되 이제 허락하라 우리가 이와 같이 하여 모든 의를 이루는 것이 합당하니라 하시니 이에 요한이 허락하는지라
16 예수께서 세례를 받으시고 곧 물에서 올라오실새 하늘이 열리고 하나님의 성령이 비둘기 같이 내려 자기 위에 임하심을 보시더니
17 하늘로부터 소리가 있어 말씀하시되 이는 내 사랑하는 아들이요 내 기뻐하는 자라 하시니라

기도요점

요한에게 세례를 받으신 예수님의 겸손과 순종을 본받는다. 하나님의 뜻에 따라 공생애를 사신 예수님을 본받아 나에게 맡겨진 사명을 잘 감당하게 해 달라고 기도한다. 예수님의 세례 받으심이 십자가

길의 첫걸음임을 알고 묵상한다. 나의 삶에서 일어나는 모든 일에서 예수님 십자가로 승리하게 해 달라고 기도한다.

도움의 말

예수님은 죄가 없으시고 용서를 필요로 하지 않는 분이시다. 그런데도 회개를 요청하는 요한의 세례를 받으셨다. 세례 요한과 그의 회개의 세례 사역을 인정하고 존중한 것이다. 또한 세례를 통해서 공생애의 시작을 선포한 것이다. 하나님은 예수님이 사랑하는 아들임을 나타내신다.

세례(洗禮)는 헬라어로 '밥티스마'이다. 동사 '밥티조'와 '밥토'는 '물에 담그다,' '물을 붓다,' '물을 뿌리다' 등을 뜻한다(참고. 막 7:4; 눅 11:38; 16:24). 요한이 준 세례는 흐르는 물인 요단 강에서 몸을 물속으로 잠그는 '흐르는 물 침례' 방식이다. 예수님의 제자들도 세례를 주었는데 상황에 따라 유연한 방식의 세례(침례)를 준 것으로 추정된다. 베드로가 오순절에 설교했을 때 삼천 명이 세례를 받았는데(행 2:38-41), 그들에게 공개적 자리에서 침수 세례를 줄만한 충분한 물을 가진 장소가 예루살렘에 있었던 것 같지는 않다. 아나니아가 어떤 집에 머물고 있는 사울을 만나 세례를 주었을 때도(행 9:18) 강이 아니라 그 집에서 물로 세례를 준 것으로 보인다. 베드로는 고넬료 집에서 설교했고 고넬료에게 세례를 베푼다(행 10:47, 48). 고넬료 집에서 일어난 일이므로 머리에 물을 뿌리거나 물을 붓는 세례 방식을 택했을 것으로 추정된다. 바울과 실라가 빌립보의 간수와 그 가족에게 세례를 베풀었는데 밤에 물가로 가서 침례를 준 것 같지는 않다(행 16:33).

세례 요한의 사역을 고려하면 침례가 대표적인 것이긴 하다. 그러나 '역사적 기독교,' 즉 여러 상황들을 만나는 실제 세상에서의 교회에게는 이상적 방식을 택할 수 없는 사정들이 있었다. 심각한 중증 환자들에게도 세례를 베풀고, 유아에게 세례를 주며, 물을 쓸 수 없는 뜨겁고 건조한 지방에서 그리고 복음이 확장되어 매우 추운 곳에서도 세례를 베풀었다. 박해로 인해 산중이나 토굴에서 생활하기도 했으며 숨어서 세례를 주기도 했다. 많은 사람들이 세례를 받을 경우 박해 상황에서는 흐르는 물에서 세례를 줄 수 없었다. 어떤 경우에는 오늘의 수천 명씩 세례를 받는 군대의 진중 세례에서 보듯, 물을 머리에 붓거나 바르는 세례 방식을 택했을 것이다. 머리에 붓거나 바르는 것은 머리까지 잠김을 상징한다. 자유롭게 차로 이동이 가능하고 종교의 자유가 있는 곳에서는 세례 요한의 방식을 따를 수 있다. 그리하여 어떤 이들은 흐르는 물에서의 침례를 고수하여 차량을 이용하여 주거지에서 멀리 떨어진 강으로 간다. 어떤 교회는 교회 안에 세례조를 만들고 수돗물을 사용한다. 어떤 교회는 계절에 따라 물이 차지 않게 데워서 잠기게 하는 침례 방식을 택한다. 기독교를 박해하는 국가의 은밀한 신앙공동체 중에서는 여전히 숨어서 몰래 물을 머리에 붓거나 바르는 세례를 주기도 한다.

그 방식이 어떠하든지 간에 세례는 성부와 성자와 성령의 세례이다. 세례는 예수를 주로 믿기로 작정한 사람들이 받는 예식이다(행 2:40–41). 예수를 믿으므로 죄 사함 받고(행 2:38), 예수 그리스도와의 연합하며(갈 3:27) 새 생명 가운데서 행하게 하는(롬 6:3–5) 의미를 갖고 있다. 또한 신앙인은 세례를 통해 그리스도의 몸의 한 지체가 된다(고전 12:12–13).

묵상 나누기

위에서 묵상한 내용을 간략히 기록하고 함께 나눈다.

찬송

"빈들에 마른 풀 같이"(183장)

3. 성령이 네게 임하시고 지극히 높으신 이의 능력이 너를 덮으리니(눅 1:30-35)

주제와 연관된 질문 _

1. 예수님의 모친 마리아는 이스라엘 사회에서 경제적으로 사회적으로 어떤 위치의 사람인가?
2. 처녀인 마리아가 수태고지를 받았을 때 어떤 심정이었을까?
3. 나는 어느 정도까지 하나님의 말씀에 순종할 수 있는가?

주제 내용_

마리아가 받은 '수태고지'는 기독교 회화(미술작품)에서 반복해서 그려지는 주제이다. 그중 유명한 작품은 레오나르도 다빈치의 1472-1476년 작품이다. 이탈리아 피렌체(영. 플로렌스)의 산 바르톨로메오 올리베탄 수도원의 제단화로 그려졌고 지금은 근처 우피지(Uffizi) 미술관에 전시되어있다. 배경은 집 앞 정원이다. 마리아는 조각이 된 값비싼 탁자 위에 있는 책을 읽고 있고 중세 부인의 전형적인 복장을 하고 있다. 머리 뒤에는 둥근 휘광이 그려져 있다. 가브리엘은 날개달린 여성으로 묘사되어 있다. 가브리엘은 오른 손을 들고 세 손가락을 표시하고 마리아는 놀란 얼굴을 하고 있다. 가톨릭 전통인 '성모 마리아'의 귀족풍 이미지이다. 그러나 실제 마리아는 나사렛 동네의 가난한 집 안 처녀였다. 당시의 결혼 관습으로 볼 때 16세가 되지 않았을 것이다. 당연히 독서생활과는 거리가 멀고 옷차림새도 수수했을 것이다.
하나님께서 로마식민지 시골 나사렛의 가난하고 어린 한 여성을 택하셔서 구원의 대역사를 여셨다.

천사 가브리엘이 마리아를 찾아가서 예수님의 탄생을 고지한다. 세례 요한의 탄생 고지가 있은 후였다(1:13). 나사렛에는 요셉과 정혼한 마리아라는 처녀가 살고 있었다. "마리아"는 히브리어로는 '미르얌'(미리암)으로 당시에는 흔한 이름이다. 그러나 예수님을 잉태한 점에서 특별하신 마리아이다. 가브리엘이 "은혜를 받은 자여 평안할 지어다 주께서 너와 함께 하시도다"(28절)라고 인사하며 또 "무서워하지 말라 네가 하나님께 은혜를 입었느니라"(30절)이라고 말한다. 무서워하는 마리아를 안심시키는 말이며 하나님께서 은혜를 주기 위해서 온 것임을 말씀한 것이다.

천사 가브리엘이 전한 핵심은 성령과 하나님의 능력으로 아들을 낳을 것이라는 것이다. 태어날 아들의 이름은 "예수"라고 하신다. 헬라어 '이에수스'는 히브리어 '예슈아'를 번역한 것이다(한글의 '예수'가 영어의 '지저스'보다 원어 발음에 가깝다). '구원'을 뜻하며 여호수아(수 1:1, 여호와는 구원), 예수아(스 2:2), 호세아(호 1:1), 바예수(행 13:6, 예수의 아들)가 같은 뜻을 가진 이름이다. 아들 이름을 예수라 한 것은 그가 세상을 구원하실 분이기 때문이다. 천사 가브리엘은 태어날 아들의 미래와 사역에 대해서 말한다. 첫째, 그는 "큰 자"가 될 것이다. 위대한 사람이 된다는 뜻이다. 둘째, 그는 "지극히 높으신 이의 아들," 즉 하나님의 아들이라 불리게 될 것이다. 셋째, 하나님께서 그에게 그의 조상 다윗의 왕위를 주실 것이다. 요셉이 다윗의 후손이기 하지만 여기서 말하는 것은 다윗과 같은 메시아로서 가장 위대한 왕이 될 것이라는 뜻이다. 넷째, 그 아들은 왕으로서 영원히 야곱의 집을 왕으로 다스릴 것이다. 다섯째, 그의 나라는 무궁할 것이다. 세상의 제국과 나라들은 시효가 있지만 그분이 다스리는 나라는 영원무궁하다.

마리아는 "나는 남자를 알지 못하는데, 어떻게 이런 일이 있겠습니까?"라고 반문한다. 그 아들이 나중에 어떤 인물이 되든 상관없이, 자신은 처녀인데 어떻게 아들을 낳을 수 있는가 하는 것이다. 예수님의 잉태에는 성령의 임하심과 가장 높으신 분의 능력의 감싸심이 있었다. 예수님은 동정녀 마리아에게 성령과 하나님의 능력으로 잉태하신 것이다. 죄인들의 구원을 위한 유일한 해결책으로 성령님과 성부께서 함께 일하시고 하나님의 아들을 이 땅에 보내신 것이다.

주제와 연관된 성경공부와 말씀묵상_

네가 하나님의 은혜를 입었느니라

본문 말씀(누가복음 1:30-35)

30 천사가 이르되 마리아여 무서워하지 말라 네가 하나님께 은혜를 입었느니라

31 보라 네가 잉태하여 아들을 낳으리니 그 이름을 예수라 하라
32 그가 큰 자가 되고 지극히 높으신 이의 아들이라 일컬어질 것이요 주 하나님께서 그 조상 다윗의
왕위를 그에게 주시리니
33 영원히 야곱의 집을 왕으로 다스리실 것이며 그 나라가 무궁하리라
34 마리아가 천사에게 말하되 나는 남자를 알지 못하니 어찌 이 일이 있으리이까
35 천사가 대답하여 이르되 성령이 네게 임하시고 지극히 높으신 이의 능력이 너를 덮으시리니 이러
므로 나실 바 거룩한 이는 하나님의 아들이라 일컬어지리라

기도요점

성령님을 늘 의지하고 성령님의 지시에 귀 기울이는 삶을 위해 기도한다. 예수님을 나의 왕으로 섬기며 순종하게 해 달라고 간구한다. 무궁한 나라인 하나님 나라를 사모하여 소망으로 삼는다.

도움의 말

하나님께서 보낸 천사 가브리엘은 '게베르'와 '엘'의 합성명이다. '게베르'는 '용사'나 '능력'이고 '엘'은 '하나님'이다. 그러므로 '하나님의 용사' 혹은 '하나님의 능력'을 뜻한다. 가브리엘은 성경에서 그 이름이 나오는 첫 번째 천사이다. 성경에는 모두 두 명의 천사 이름이 나온다. 가브리엘은 성경 네 곳에 나오며 하나님의 소식을 전한다. 두 번은 다니엘에게, 한 번은 세례 요한의 아버지 사가랴에게, 한 번은 처녀 마리아에게 나타난다. 가브리엘은 하나님의 뜻을 사람에게 전하는 역할을 맡은 천사장이다. 가브리엘 천사는 다니엘이 본 이상을 설명해 준다(단 8:15-26; 9:21-27). 가브리엘은 인간의 모습으로 나타나는데(단 8:15) 그를 본 사람들은 처음에는 모두 무서워한다.

천사장 미가엘은 성경에 네 구절에 나온다. 다니엘 10:13에서 바사 왕국의 군주가 다니엘을 막을 때 가장 높은 군주 중 하나인 미가엘 천사가 와서 다니엘을 도우며 마지막 날에 백성이 당할 일을 깨닫게 한다. 미가엘 천사는 민족을 호위하는 큰 군주로 나타나며 큰 환난이 있을 것임을 알려준다(단 12:1). 미가엘 천사는 모세의 시체에 관하여 마귀와 다투어 변론한 천사장으로 나오며(유 1:9), 악한 영들과 전쟁하는 천사로도 나타난다(계 12:7).

또 다른 천사로는 공중의 권세 잡은 자이며 불순종의 아들들 가운데서 역사하는 영이 있다(엡 2:2). 그는 광명의 천사로 변장하며(고후 11:14) 온 세계를 잘못된 길로 인도한다(계 12:9). 그는 살인자요 거짓의 아버지이다(요 8:44). 예수께서 세상에 다시 오실 때 영원한 불로 던져질 자이다(계 20:10). 그는 아마 히브리어로 아바돈이라고 하고 헬라어로 〈아폴리온〉이라하는 파괴자이며 무저갱으로 떨어지기로

결정된 존재이다(계 9:11).

예수님은 "높으신 이의 아들"(32절)이다. '아들'은 헬라어 '휘오스'나 히브리어 '벤'의 번역이다. '벤'은 신분이나 소속이나 범주를 뜻하기도 한다. 예를 들어, '브네 에돔'(시 13:7, 에돔의 아들들)은 에돔 사람을 말하고, '선지자의 아들'(암 7:14, 벤 나비)은 선지자를 말한다. 마가복음 3:28의 "사람의 모든 죄"는 문자적으로는 "사람의 아들들의 모든 죄들"(토이스 위오이스 톤 안드로폰)이다. 그러므로 "지극히 높으신 이의 아들"은 "지극히 높으신 분"과 같은 표현으로 해석할 수도 있다. 35절의 "거룩한 이는 하나님의 아들이라 일컬어지리라"에서 "하나님의 아들"도 하나님과 같은 분이다. 하나님 아버지를 가리키는 "지극히 높으신 분"(휩시스토스)은 히브리어로는 '엘욘'이다. '엘욘"은 여호와 하나님을 이르는 칭호이다(창 14:18, 20, 22; 민 24:16).

묵상 나누기

위에서 묵상한 내용을 간략히 기록하고 함께 나눈다.

찬송

"성령이여 강림하사"(190장)

4. 너는 내 사랑하는 아들이라(눅 3:21-22; 마 3:13-17; 막 1:9-11)

주제와 연관된 질문 _

1. 내가 가장 사랑하는 사람은 누구이며 나를 가장 사랑하는 분은 누구인가?
2. 내가 누군가로부터 사랑받는다면 어떤 이유로 인해 사랑을 받는가?
3. 하나님은 아들이신 예수님을 세상에 왜 보내셨는가?
4. 성령님은 하나님의 아들이신 예수님의 사역에 어떻게 관여하는가?

주제 내용 _

예수님이 세례 받으실 때 하늘에서 소리가 들렸다. 예수님의 세례는 백성들이 받는 세례와도, 요한이 생각하는 세례와도 달랐다. 하늘이 열리고 하늘에서 소리가 났다. 성령이 "비둘기 같은 형체"로 예수님께 내려왔다. 다른 곳에서 성령의 임함은 하나님의 권능을 받고 사역을 감당하는 것을 의미한다(행 1:8). 이사야 61:1은 하나님의 영을 받은 종의 사명에 대해서 말씀한다.

> [1] 주 여호와의 영이 내게 내리셨으니 이는 여호와께서 내게 기름을 부으사 가난한 자에게 아름다운 소식을 전하게 하려 하심이라 나를 보내사 마음이 상한 자를 고치며 포로된 자에게 자유를, 갇힌 자에게 놓임을 선포하며 [2] 여호와의 은혜의 해와 우리 하나님의 보복의 날을 선포하여 모든 슬픈 자를 위로하되 [3] 무릇 시온에서 슬퍼하는 자에게 화관을 주어 그 재를 대신하며 기쁨의 기름으로

그 슬픔을 대신하며 찬송의 옷으로 그 근심을 대신하시고 그들이 의의 나무 곧 여호와께서 심으신 그 영광을 나타낼 자라 일컬음을 받게 하려 하심이라

하늘로 부터 소리가 난 것은 성부 하나님의 선택과 임명을 말하는 것이다. “너는 내 사랑하는 아들이라 내가 너를 기뻐하노라”는 시편 2:7과 이사야 42:1을 붙여 말씀 한 것이다. 이는 예수를 메시아적 왕으로 임명함을 말한다. 당연히 당시 사람으로서는 전혀 생각할 수 없는 성격의 메시아이시다. 이와 같이 예수님의 공생애는 성부 하나님과 성령 하나님과 함께 시작되었다. 그러나 예수님은 세상 사람들이 요구하는 제국을 쳐부수는 메시아가 아니라 만인을 구원하기 위해 십자가에서 죽는 메시아이다.

주제와 연관된 성경공부와 말씀묵상 _

너는 내 사랑하는 아들이라

본문 말씀(누가복음 3:21-22)

21 백성이 다 세례를 받을새 예수도 세례를 받으시고 기도하실 때에 하늘이 열리며
22 성령이 비둘기 같은 형체로 그의 위에 강림하시더니 하늘로부터 소리가 나기를 너는 내 사랑하는
아들이라 내가 너를 기뻐하노라 하시니라

기도요점

사랑하는 아들이며 기뻐하는 아들인 예수님을 이 땅에 보내신 하나님의 마음에 대해 묵상한다. 그 귀한 아들 예수님을 우리도 사랑하고 예수님의 명령에 따라 살게 해달라고 기도한다. 아들에게 임하신 성령님께서 예수를 사랑하는 우리에게도 늘 함께 하심을 감사한다. 예수께서 성령님과 함께 사역하신 것처럼, 우리도 성령으로 충만하여 맡기신 사명 기쁨으로 감당할 것을 결단한다.

도움의 말

예수님이 세례를 받으신 때는 30세 쯤 된 때였다(눅 3:23). “백성이 다 세례를 받을 새”는 세례 요한의 임박한 진노와 회개에 대한 선포가 전국적 반응이(을) 일으켰음을 말해준다. 세례 요한의 활동과 함께 이제 하나님 나라가 본격적으로 선포될 때가 온 것이다. 예수님이 세례 요한에게 가서 일반 백성들처럼 요한에게서 세례를 받으신다. 그러나 사람들이나 세례 요한이 생각하는 세례와는 그 목적이 달랐

다. 하나님이 부과하신 사명을 시작할 때가 되자 세례를 받으신 것이다. 요한의 세례는 주의 길을 예비하는 세례였다(눅 3:4, 16). 세례 요한은 자신을 그리스도가 아닌지 생각하는 사람에게 "나는 물로 너희에게 세례를 베풀거니와 나보다 능력이 많으신 이가 오신다"고 하였다(눅 3:16).

예수님은 세례를 받으리(시)고 "기도"하셨다. 예수님의 기도하심은 누가복음의 특징이기도 하다. 신약성경의 네 복음서 중 누가복음이 예수님께서 기도하시는 것을 가장 많이 언급한다(마 14:23; 26:36, 39, 42, 44; 막 1:35; 6:46; 14:23, 32, 39; 눅 3:21; 5:16; 6:12; 9:18, 28, 29; 11:1; 22:17, 19, 32; 22:41, 44; 요 17:1). 이는 누가나 누가가 속한 신앙공동체가 신앙생활이나 복음 전파 사역에서 기도를 중시했음을 말해주는 것이기도 하다. 하나님의 아들이신 예수님도 가장 중요한 순간마다 기도하셨다. 예수의 사람들은 예수님을 본받아 늘 기도하고 성령님의 능력을 간구한다.

묵상 나누기

위에서 묵상한 내용을 간략히 기록하고 함께 나눈다.

찬송

"비둘기같이 온유한"(187장)

5. 보혜사 곧 아버지께서 내 이름으로 보내실 성령 (요 14:25-31)

주제와 연관된 질문 _

1. 길을 잃은 적이 있는가?
2. 여행 중 길을 잃었을 때 어디서 도움을 구할 수 있는가?
3. 인생 여중 중 내가 의지할 길 안내자는 누구라 생각하는가?
4. 하나님께서 우리를 위해 보내신 길 안내자가 있음을 늘 인식하고 사는가?

주제 내용 _

예수께서 지상 사역을 마치시고 하나님께로 가야할 때가 이르렀다. 예수님은 십자가에서 죽음을 당하시고 또 부활 후 승천하시게 될 것이다. 그러나 예수님은 복음 전파의 무거운 사역을 연약한 사람에 불과한 제자들의 능력에만 맡기지 않으신다. 예수님은 하나님께서 또 다른 보혜사를 보내실 것이라고 말씀하신다. "또 다른 보혜사"를 보내신다고 한 것은 예수님이 보혜사(대언자)였기 때문이다. 요한일서 2:1 말씀이다. "나의 자녀들아 내가 이것을 너희에게 씀은 너희로 죄를 범하지 않게 하려 함이라 만일 누가 죄를 범하여도 아버지 앞에서 우리에게 대언자(파라클레토스)가 있으니 곧 의로우신 예수 그리스도이시라."

제자들에게 오실 보혜사는 어떤 분이실까? 그 보혜사는 성령님이다. 성령님은 하나님 아버지와 늘 함께 계신 분으로 아버지 하나님께서 보내시는 분이다. 성령님은 예수의 이름("내 이름")으로 보냄을 받는다. 보혜사 성령은 하나님의 구원계획 가운데 예수님께서 완성하신 구원 사역을 이으시고 하나님의 아들 예수님을 영화롭게 하실 것이다. 보혜사는 구체적으로 어떤 분이신가? 첫째, 하나님께서 보내시는 "진리의 영"이시다(16절). 진리 자체이시며 진리를 분간케 하시고 진리를 가르치시며 진리 편에서 일하게 하시는 분이다. 구약성경에서 여호와 하나님이 "진리의 하나님"인 것처럼(시 31:5; 사 65:16), 성령님도 진리의 영이시다. 둘째, 보혜사는 예수께서 말(씀)한 것을 생각하게 하신다(26절). 보혜사는 무엇보다 예수 그리스도를 제자들에게 증언하며, 제자들로 하여금 다른 사람들에게 예수 그리스도를 증언하게 하신다. 셋째, 보혜사는 '거룩한(하기온) 영'이시다(요 1:33; 20:22). '하기온'은 구약성경의 '코데쉬'(거룩한 것) 혹은 '카도쉬'(거룩한)에 해당한다. '카도쉬'는 '제의적 깨끗함'(레 10:10; 20:7), '성화'(출 3:5; 30:37), '구별됨'(창 2:3)을 뜻한다. 하나님을 거룩하신 분이라 할 때에는 세상의 어떤 존재와도 비교할 수 없다는 뜻에서이다(출 15:11; 사 6:3). 거룩한 영이신 보혜사 성령도 성부 하나님과 같은 비교불가의 분이시다. 넷째, 보혜사는 하나님의 사람들과 영원토록 함께 계시고 그리고 신앙인의 마음속에 계시는 분이다(16-17절). 성령님은 제자들 삶과 사역의 모든 것을 가르치실 것이다. 생각과 믿음과 행함을 가르치실 것이며 예수님의 교훈을 생각하게 하실 것이다(26절). 제자들은 예수의 복음을 전파할 때 성령은 그들과 함께 하실 것이다.

이제 예수님은 제자들에게 이별의 말씀을 하신다. '평안을 빈다'고 하지 않고 "평안을 주노라"고 하신다. 그 누구라도 사람은 단지 평안을 빌거나 평안을 얻거나 평안을 누릴 수 있어도, 평안을 준다고 하지는 않는다. 또한 누구도 항구적이며 완전한 평안을 줄 수 없다. 예수님이 주는 평안은 세상이 주는 것과는 질적으로 다른 평안이다. 그 평안은 하나님 나라가 보장된 사람이 누리는 평안이며 성령께서 함께 하므로 모든 것을 이겨내는 평안이다.

예수님은 "근심하지 말고 두려워하지 말라"고 하신다. 제자들이 예수님의 떠남을 두려워하고 근심하고 있기 때문이다. 예수님이 하시던 사역을 할 수 있을까? 아무런 능력도 자격도 권위도 없는데 과연 복음을 선포를 제대로 할 수 있을까? 예수님도 십자가에서 처형당했는데, 예수를 전할 때에 고난과 핍박이 있을 텐데 과연 감당할 수 있을까? 예수님은 제자들의 연약함과 그들이 겪을 고난을 아시고 "근심하지 말고 두려워하지 말라" 하신 것이다. 예수님이 떠나시더라도 성령께서 제자들과 함께 하시고 아버지 하나님께서 보호하시며 만약 복음을 위해 핍박을 받아야 한다면 감내할 힘을 주실 것이기 때문이다.

오늘도 하나님은 예수님의 사람들과 함께 계시고 일마다 때마다 성령으로 위로하시고 교통하시고 인도하신다. 또한 하나님의 사람으로 변함없이 살아가게 하시고 예수 구원의 증인으로 넉넉히 일하게 하신다.

나의 평안을 너희에게 주노라

본문 말씀(요한복음 14:25-31)

25 내가 아직 너희와 함께 있어서 이 말을 너희에게 하였거니와
26 보혜사 곧 아버지께서 내 이름으로 보내실 성령 그가 너희에게 모든 것을 가르치고 내가 너희에게
말한 모든 것을 생각나게 하리라
27 평안을 너희에게 끼치노니 곧 나의 평안을 너희에게 주노라 내가 너희에게 주는 것은 세상이 주는
것과 같지 아니하니라 너희는 마음에 근심하지도 말고 두려워하지도 말라
28 내가 갔다가 너희에게로 온다 하는 말을 너희가 들었나니 나를 사랑하였더라면 내가 아버지께로
감을 기뻐하였으리라 아버지는 나보다 크심이라
29 이제 일이 일어나기 전에 너희에게 말한 것은 일이 일어날 때에 너희로 믿게 하려 함이라
30 이 후에는 내가 너희와 말을 많이 하지 아니하리니 이 세상의 임금이 오겠음이라 그러나 그는 내게
관계할 것이 없으니
31 오직 내가 아버지를 사랑하는 것과 아버지께서 명하신 대로 행하는 것을 세상이 알게 하려 함이로
라 일어나라 여기를 떠나자 하시니라

기도요점

세상에 근심 걱정 많아도 예수님은 평안을 주신다. 성령님은 부족한 우리와 늘 함께 하시며 가르치시고 생각나게 하시고 주 예수님의 사람으로 살아갈 힘을 주신다. 우리는 "나의 평안을 너희에게 주노라"하신 말씀을 믿고 의지하고 담대히 살아간다. 주님이 주시는 평안은 이웃에게 나누어져야 할 평안이다. 우리는 근심 걱정 좌절에 빠진 이웃을 위해 사랑하고 위로하며 기도하는 사람이 되게 해 달라고 기도한다.

도움의 말

예수님은 제자들에게 "보혜사"를 보내신다. "보혜사"는 신약성경에 모두 다섯 번 나온다. 요한복음에 네 번(14:16, 26; 15:26; 16:7), 요한 1서에 한 번(2:1) 나온다. 요한일서에서는 "대언자"로 번역된다. "보혜사"는 헬라어로 '파라클레토스'이다. KJV와 NIV은 "Counselor"(위로자, 상담자)로, NRS는

"Advocate"(옹호자, 변호사)로, 가톨릭성경은 "보호자"로 번역한다. '파라클레토스'는 '파라'(옆에서)와 '칼레오'(부르다, 소환하다)와 관련된 명사이다. 어떤 사람을 돕기 위해 그 사람 옆으로 불려나온 사람이다. 원래 '파라클레토스'는 주로 법정에서 피고를 돕는 대언자 혹은 변호사를 뜻한다. 로마 세계의 아드보카투스(Advocatus)에 해당하며, 아드보카투스는 법정에서 피고 편에서 말하는 고위인사이다 (Lochlan Shelfer, "The Legal Precision of the Term 'παράκλητος'," *Journal for the Study of the New Testament* 32/2 [2009], 131–150, 특히 141).

보혜사는 그분은 우리를 위해 탄원하시는 분이며, 대신 말해 주시는 분이며, 힘들어하고 고통 받을 때 우리를 위로하시는 분이고(마 2:18; 5:4의 수동사 '파라칼로'; 욥 16:2), 우리를 지키시는 보호자시며, 우리의 삶과 사명을 일깨우시는 상담자이시다. 무엇보다 늘 우리 옆에서(파라) '우리를 위하여' 그리고 '우리에게' 말씀하기 위해 오신 분이시다.

성령은 제자들로 하여금 예수님을 더욱 깊이 알게 하신다. 성령을 통해 예수에 대해 밝히 알게 되는 예수님 제자들은 확신을 갖게 되고 예수님이 원하시는 삶을 살게 된다. 예수님 제자들은 지리적으로는 땅 끝까지 육체적으로는 인생의 극한 상황까지 이르게 될 것이지만, 성령님의 도움과 위로하심과 능력으로 말미암아 진리를 포기하지 않고 진리이신 예수님을 끝까지 붙들며 증언하게 될 것이다. 무엇을 말해야하는지 어떤 모습을 보여야 하는지 어떻게 대답해야 하는지 알 수 없을 때라도, 진리의 성령은 제자들이 말할 것과 행할 것을 생각나게 하신다(14:26). 오늘도 성령님은 예수님의 제자들을 위해 일하시며, 예수님의 사람들은 늘 성령님을 의식하고 성령님을 의지하고 성령님을 앞세우며 살아간다.

묵상 나누기

위에서 묵상한 내용을 간략히 기록하고 함께 나눈다.

찬송

"내 영혼의 그윽히 깊은데서"(412장)

6. 보혜사 곧 아버지께로부터 나오시는 진리의 성령이 오시면 (요 15:26-27; 16:12-15; 20:19-23)

주제와 연관된 질문 _

1. 개선이 필요한 나의 성격이나 기질로는 어떤 것이 있는가?
2. 개인 윤리와 사회윤리에 진리가 반드시 필요한 이유가 무엇이라 생각하는가?
3. 나는 어떻게 진리를 알며 진리 가운데로 인도함을 받는가?

주제 내용 _

사도행전은 성령의 오심, 증언자의 역할, 그리고 역사하심에 관해 집중적으로 설명한다. 예수께서 부활 승천하시고(40일), 열흘이 지난 오순절(유월절에서 오순절 까지 약 50일)에 성령이 강력하게 임하셨다. "오순절 성령강림절"이라 불리는 날이다. 성령이 제자들에게 임하자, 제자들은 각종 기적을 행하고 은사를 나타내며 예수가 그리스도임을 전했다.

요한복음 역시 성령의 역할과 사역에 대해 비교적 자세하게 기술한다. 예수께서는 숨어 있는 제자들에게 오셔서 파송의 말씀을 하신다. "아버지께서 나를 보내신 것 같이 나도 너희를 보낸다" 하셨다. 이어 숨을 내쉬며 "성령을 받으라"고 말씀하신 것(요 20:21)은 예수께서 제자들에게 직접 성령을 수여하신다는 의미이다.

요한복음 14-16장은 예수께서 세상을 떠나시며 제자들에게 남긴 이른바 고별담론이다. 예수께서 부활 후 세상을 떠나 아버지(하나님)께로 가신다. 남겨진 제자들은 예수께서 부탁하신 지상 과제를 이행

해야 한다. 예수가 떠나시는 상황 자체가 제자들에게 낯설고(14:1) 자신들에게는 힘과 지식이 없으므로 버려진 고아 같은 존재가 되었다고 근심한다(14:18; 16:6). 또한 예수의 증언자로 살아 갈 때 받을 고난과 박해에 대해서(15:18-21) 그리고 박해자들 앞에서 무엇을 말해야 할 지 염려한다. 예수께서는 이를 아시고 제자들이 버려진 존재도 아니며 홀로 있지도 않을 것임을 말씀한다. 아버지께서 예수 대신 보내신 보혜사는 제자들과 함께 하며 가르치고 인도하고 예수의 증인으로 살 힘을 주실 것이다.

성령님이 누구이신지 그리고 어떤 일을 하시는지 대체로 일곱 항목으로 요약될 수 있다. 첫째, 성령은 하나님께서 보내시는 또 다른 보혜사시다(14:16; 15:26). 둘째, 성령은 제자들과 영원토록 함께 하신다(14:16). 셋째, 성령은 제자들을 가르치고 예수께서 말씀하신 것을 기억나게 하신다(14:26). 넷째, 성령은 진리의 성령으로 제자들과 함께 예수를 증언하신다(15:26). 다섯째, 진리의 성령이 제자들을 모든 진리 가운데로 인도하신다(16:12-15). 여섯째, 성령은 예수님의 영광을 나타내신다(16:14). 일곱째, 성령께서는 죄에 대하여, 의에 대하여, 심판에 대하여 세상을 책망하신다(16:8, 11).

주제와 연관된 성경공부와 말씀묵상 _

진리의 성령이 오실 때에 그가 나를 증언하실 것이라

본문 말씀(요한복음 15:26-27)

26 내가 아버지께로부터 너희에게 보낼 보혜사 곧 아버지께로부터 나오시는 진리의 성령이 오실 때에 그가 나를 증언하실 것이요

27 너희도 처음부터 나와 함께 있었으므로 증언하느니라

본문 말씀(요한복음 16:12-15)

12 내가 아직도 너희에게 이를 것이 많으나 지금은 너희가 감당하지 못하리라

13 그러나 진리의 성령이 오시면 그가 너희를 모든 진리 가운데로 인도하시리니 그가 스스로 말하지 않고 오직 들은 것을 말하며 장래 일을 너희에게 알리시리라

14 그가 내 영광을 나타내리니 내 것을 가지고 너희에게 알리시겠음이라

15 무릇 아버지께 있는 것은 다 내 것이라 그러므로 내가 말하기를 그가 내 것을 가지고 너희에게 알리시리라 하였노라

본문 말씀(요한복음 20:19-23)

19 이 날 곧 안식 후 첫날 저녁 때에 제자들이 유대인들을 두려워하여 모인 곳의 문들을 닫았더니 예
수께서 오사 가운데 서서 이르시되 너희에게 평강이 있을지어다
20 이 말씀을 하시고 손과 옆구리를 보이시니 제자들이 주를 보고 기뻐하더라
21 예수께서 또 이르시되 너희에게 평강이 있을지어다 아버지께서 나를 보내신 것 같이 나도 너희를
보내노라
22 이 말씀을 하시고 그들을 향하사 숨을 내쉬며 이르시되 성령을 받으라
23 너희가 누구의 죄든지 사하면 사하여질 것이요 누구의 죄든지 그대로 두면 그대로 있으리라 하시
니라

기도요점

범사에 성령님보다 하나님께 기도하는 것보다 앞서지 않기를 결심한다. 나의 삶이 예수님을 증언하는 삶이 되도록 성령님을 의지한다. 사도신경에 나오는 "성령을 믿사오며"가 단지 입술과 이성으로의 고백을 넘어 삶에서 드러나게 해 달라고 간구한다. 온 가정과 교회에 성령님의 역사가 넘치게 해 달라고 기도한다.

도움의 말

보혜사(保惠師, 파라클레토스)는 오직 요한복음과 요한서신에만 나온다(요 14:16, 26; 15:26; 16:7; 요일 2:1). 사랑의 하나님은 자신의 자녀들을 홀로 내버려 두시지 않는다. 아버지가 사랑 때문에 아들을 세상으로 파송하신 것처럼, 아들은 제자들을 사랑하여 아버지로부터 성령을 파송하신다. 성령은 예수께서 보내시는 분이며 아버지께서 부터 나오시는 분이다. 성령님은 예수님과 하나님 아버지와 함께 계신 분으로서 예수님에 관한 하나님의 깊은 것을 아시는 분이다.

제자들이 받은 사역은 예수 증언의 사역이다(15:26-27). 하나님 아버지와 함께 계시고 하나님 아버지로부터 오시는 성령님은 하나님이 보내신 그 아들 예수를 제자들에게 증언하실 것이며, 제자들은 성령과 함께 세상에 예수의 구원자이심을 증언할 것이다. 증인은 변호인이 아니다. 변호인은 직접 겪지 않은 제3자이지만 증인은 직접 보고 겪은 것을 사실대로 말하는 사람이다. 제자들은 성령의 조명을 받으면서도 자신들이 겪은 예수님을 전하게 될 것이다.

자신들을 '여호와의 증인'이라고 지칭하는 사람들도 있지만, 우리는 '예수의 증인'이다. 그리하여 우리의 교회도 그 명칭이 '여호와의 교회'가 아니라 '예수 교회'나 '그리스도 교회'이다. 예수님의 제자들은 원래

부터 여호와 하나님을 잘 아는 유대인들이었다. 사도 바울도 여호와 하나님에 대해서는 누구보다도 많이 아는 사람이었다. 그럼에도 예수님의 제자들은 여호와를 증언하거나 전파한 것이 아니다. 예수님을 통해서 오는 하나님 나라와 예수님의 대속적 죽음과 부활을 선포했으며, 사도 바울도 예수님을 만난 후에 오직 예수님만을 사랑하고 알기로 작정하며 예수님의 사도로 종으로 살아가게 된다. 가는 곳마다 예수님이 구원자임을 유대인들과 이방인들에게 선포했다. 유대인에게 박해를 받은 이유도 여호와를 전해서가 아니라 예수를 전했기 때문이다. 예수님은 제자들에게 "오직 성령이 너희에게 임하시면 너희가 권능을 받고 예루살렘과 온 유대와 사마리아와 땅 끝까지 이르러 '내[예수의] 증인'이 되리라" 하셨다. 이미 구약성경과 여호와 하나님을 알고 있었으나 사도행전의 사람들은 예수를 전했다. 로마서를 필두로 신약성경의 서신들은 "예수 그리스도"의 종이며 사도된 분들이 쓴 글들이다. 요한계시록도 "예수 그리스도의 계시"이며(계 1:1) 마지막 부분도 "이것들을 증언하신 이가 이르시되 내가 진실로 속히 오리라 하시거늘 아멘 주 예수여 오시옵소서 주 예수의 은혜가 모든 자들에게 있을지어다 아멘"(계22:21)으로 끝난다. 왜 여호와가 아니라 예수를 전하는가? 오직 하나님의 아들이신 예수님의 죽음과 부활을 통한 은혜를 입은 사람만이 하나님의 사랑이 얼마나 지극한지 알 수 있기 때문이다. 그리하여 바울은 "예수 그리스도의 은혜와 하나님의 사랑과 성령님의 교제" 순서로 축원한다(고후 13:13).

성령님은 제자들을 진리가운데로 인도하고 장래 일을 알리신다(16:12-15). 예수님의 공생애 동안 제자들은 아직 예수님의 십자가에서의 죽음과 부활 사건에 대해서 알지 못한다. 제자들은 단지 예수님과의 동행을 통해 그분이 '신적인 분'임을 알고 있을 뿐이다. 제자들은 지금은 예수님의 신분과 구원사역을 제대로 알지 못하고 들어도 감당할 수 없다. 그러나 성령이 오셔서 그들과 함께 하실 때 제자들은 예수님이 누구신지 왜 오셨는지 정확하게 알게 될 것이다. 성령은 제자들 혹은 신앙인들을 진리 가운데도 인도하신다. 성령은 하나님의 것을 말씀하며(13절) 또한 "내 것"(14절) 즉 예수의 것을 가지고 알리신다. 예수님은 "아버지께 있는 것은 다 내 것이라" 하신다(15절). 사람은 과거와 현재의 일만 알지만 성령은 장래의 것을 알게 하신다. "장래 일"이 무엇을 말하는 것일까? 예수님의 수난과 부활, 예수 안에 있는 구원과 생명, 제자들이 겪을 일들, 마지막 날에 임할 하나님의 심판과 위로일 것이다. 그리하여 성도들은 고난가운데서도 "장래의 영광 비추사 소망이 되게 하옵시고"라고 기도의 찬송을 올린다.

성령님은 예수님 영광(" 내 영광")을 위해 일하시며 나타내신다. 아들은 아버지의 영광을 위하여(마 6:13) 아버지는 아들의 영광을 위하여(요 8:54; 12:28) 성령은 아들과 보내신 분의 영광을 위해 일하신다. 그리하여 그때나 오늘이나 신앙인들은 하나님의 영광을 위하여 인내하고 섬기고 전파하며 살아간다(마 5:16; 고전 6:20; 10:31). 타락한 신앙지도자의 특징은 하나님의 일을 한다고 하면서도 자신이 영광을 받는 것이다. 거짓 지도자의 특징은 처음부터 속여서 자신이 영광을 받는 것이다. 누구의 영광인지가 참됨과 거짓됨을 분별하는 표지이다. 거짓 지도자들은 하나님의 위대함을 말하고 예수님의 이름을 사용하고 성령을 강조하고 유사교회를 세우면서도 결국은 자기 영광을 위한다(참고. 요 12:43). 참 신앙인들은 성령님의 능력으로 일하며 일을 맡겨주신 것에 대해 감사하고 모든 영광을 하나님께 돌리며 혹 자신이 영광을 취할까보아 늘 조심한다.

성령님은 예수님의 영이시며 제자들에게 죄 사함 복음을 선포하게 하신다(20:19-23). 예수님의 시신이 사라진 것을 알게 된 로마 당국과 유대인 지도자들은 매우 당황했다. 예수님의 부활 소식이 막달라 마리아를 통해 제자들에게 알려졌다(18절). 제자들도 너무나 충격적인 이야기인지라 함께 모였다. 당국의 의심을 받고 있고 유대인들이 두려워 문도 다 닫았다. 그때 예수께서 나타나셨다. 너무도 놀라운 일을 만난 것이다. 예수님께서 달아났던 제자들에게 하신 말씀은 "너희에게 평강"(에이레네 휘민)이다. 히브리어로는 '샬롬 알레켐'이다. 놀라는 제자들과 일상의 인사를 하는 예수님이 대비된다. 예수님은 부활하신 것을 알려주기 위해 제자들에게 못 박혔던 손과 찔린 옆구리를 보이신다. 그제야 제자들은 주님임을 알아보고 기뻐한다.

예수님은 다시 "너희에게 평강이 있을지어다"라고 말씀하신다. 인사인 동시에 축복이며 약속이다. 예수님은 "평안을 너희에게 끼치노니 곧 나의 평안을 너희에게 주노라"고 말씀하신 적이 있다(14:27). 이는 사역을 맡기면서 주님께서 제자들에게 주시는 약속이다.

예수님은 "아버지께서 나를 보내신 것 같이 나도 너희를 보내노라"라 하신다. 세상 구원 사역을 처음에는 주님이 시작하셨고 이제는 제자들에게 맡기신다. 어떻게 제자들이 감당할 수 있겠는가? 그들은 주로 어부들이며 해외를 가보지 못했고 언어가 준비되어있지 않은 사람들이다. 그러나 그들은 가는 곳마다 당당하게 예수님을 전했고 헬라와 로마를 복음으로 점령해 갔다. 여러모로 부족한 사람들이지만 많은 영혼을 구원하는 놀라운 일을 이루었다. 성령을 받아 하나님의 능력으로 사역했기 때문이다. 그러므로 사도의 행전은 성령의 행전이다.

예수님은 "그들을 향하여 숨을 내쉬며 이르시되 성령을 받으라"라 하셨다(20:22). "숨을 내쉬며"에 해당하는 헬라어 '엠피사오'인데, 창세기 2:7에서 아담에게 생기를 불어넣으신 것을 연상케 한다. 주요 번역 성경들(KJV, NIV, NRS, 새번역, 가톨릭성경)은 "그들에게 숨을 불어 넣었다"(breathed on them)로 번역한다. 여호와 하나님께서 흙에 불과한 아담에게 생기를 불어넣으시어 생령이 되게 하신 것처럼, 예수님은 제자들에게 새로운 활력과 능력을 주신 것이다. '숨을 내쉼'과 '성령을 받으라'가 연속된 것이라 보면, 하나님의 영이 하나님께로부터 나오듯이 하나님의 영이 예수께로부터 나옴을 추정할 수 있다. "성령을 받으라"(20:22)는 말씀은 사도행전 2:1-4의 성령강림 때 제자들과 함께 모인 무리들에게도 이루어진다. 물론 성령을 받은 제자들의 삶은 예수를 위한 순교자의 삶이 될 것이다.

묵상 나누기

위에서 묵상한 내용을 간략히 기록하고 함께 나눈다.

찬송

"온 세상 위하여"(505장)

7. 증거 하는 이가 셋이니(요일 5:4-8)

주제와 연관된 질문

1. 운동선수들은 무엇을 위해 그렇게 열심히 훈련하는가?
2. 나는 어떤 이김을 추구하며 살아가는가?
3. 내가 세상에 사는 동안 세상을 이기는 힘은 어디서 얻을 수 있는가?
4. 찬송가에 있는 것처럼 '최후 승리를 얻기 위해'서는 무엇을 해야 하는가?

주제 내용 _

어떤 주일학교에서 있었던 일이다. 어린이 예배 후 아이들에게 맛있는 과자, 사탕을 나누어 주었다. 더 가지려는 아이들이 있기 마련이다. 유별난 아이가 옆 아이에게 게임을 제안했다. 이긴 쪽에게 하나씩 넘겨주는 게임이다. 이 게임을 제안한 아이는 상대와 상황을 정확하게 파악하는 영민한 아이다. 상대로 선택된 아이는 지적 성장이 좀 늦어 자기 능력에 대한 바른 평가를 하기 어려운 아이였다. 부족한 아이는 "내가 이길거야"라며 시작했지만 하나씩 하나씩 잃게 되었다. 누가 기쁘고 누가 슬프게 되었을까? 옆에 있던 다른 한 아이가 가만히 보고 있었다. 그렇게 이 게임을 옆에서 지켜보던 아이는 거의 다 빼앗겨 슬퍼하는 아이를 보고서는 옆으로 갔다. "우리 게임할까?" 잃은 아이는 새로운 기회를 갖게 되어 기뻤다. 물론 또 다른 영민한 아이를 만나면 빈털터리가 될 것이다. 이번 아이는 따뜻한 마음을 가진 아이였다. 일부러 게임을 지고 하나씩 잃어주었다. 부족한 그 아이는 이겨서 너무 기뻤다. 그러나 져준 아이도 기뻤다. 슬퍼하던 아이가 기뻐하는 것을 보고 기뻤다. 이와 마찬가지로 우리 주님은 자신의 생명마저 잃고 기뻐하셨다. 우리 예수님은 하늘 보좌를 잃고 친히 험한 십자가에 달리시고 입고 있던 옷까지 병정에게 뺏기고 마지막에는 생명마저 잃었다. 멸망으로 운명 지어진 사람들에게 새 생명을 주셨기 때문이다. 그것이 우리를 향하신 주님의 기쁨이다.

세상은 경기장과 같다. 우리들은 어렸을 때부터 경쟁을 경험하게 된다. 형제들 간에도 급우(친구나 동무)들 간에도 어떤 형태로든지 경쟁한다. 이기는 사람은 기쁘고 지는 쪽으로 몰린 사람은 아픔을 겪는다. 신앙인들 역시 경쟁의 세상에 살기는 매한 가지이다. 큰 사업을 하든지 작은 가게를 경영하든지 직장생활을 하든지 어떤 형태로든지 생존이나 이김을 추구한다. 우리는 연약한 사람들이다. 죄와 유혹과 탐욕과 교만과 연약함으로 무너지거나 스스로 낙심한다. 삶의 여정에서 질 수 밖에 없는 본성과 연약함을 갖고 있다. 또한 주님께서 맡기신 사역의 무게도 상당하다. 4, 5절에서 "세상을 이기느니라," "세상을 이기는 승리," "세상을 이기는 자가 누구냐"라며 '세상을 이김'이 반복된다. 누가 이기는가? 무릇 하나님께로부터 난 자, 즉 예수님을 하나님이 보내신 그리스도로 믿는 사람이 세상을 이긴다. 하나님의 자녀는 예수 그리스도를 통하여 하나님께로 부터 오는 세상을 이기는 힘을 가지고 있다. 하나님께로부터 난 자는 세상을 현재 이기고 있다(4절의 '니카오'). 또한 지속적으로 이길 것이다. "이기는 자"(5절의 '니콘')는 '니카오'(나이키는 명사)의 현 분사형으로 승리가 지속적으로 일어남을 말한다.

"세상을 이기는 승리"의 비결은 하나님과 예수님에 대한 "우리의 믿음이다." 그 믿음으로 우리는 사회와 문화 환경을 이기고, 죄악을 이기고, 시험을 이기고, 자기 사랑과 정욕을 이긴다. 예수님은 이기신 분이시다. 그분은 십자가 사랑으로 이기셨다. 그러므로 예수님을 믿는다는 것은 사랑할 수 없는 것을 하나님의 사랑의 힘으로 사랑하는 것이고, 하나님의 그 크신 사랑을 말씀과 삶으로 세상에 전하는 것이다(요일 4:9, 16-17).

주제와 연관된 성경공부와 말씀묵상 _

증언하는 이가 셋이니 성령과 물과 피라

본문 말씀(요한일서 5:4-8)

4 무릇 하나님께로부터 난 자마다 세상을 이기느니라 세상을 이기는 승리는 이것이니 우리의 믿음이
니라
5 예수께서 하나님의 아들이심을 믿는 자가 아니면 세상을 이기는 자가 누구냐

6 이는 물과 피로 임하신 이시니 곧 예수 그리스도시라 물로만 아니요 물과 피로 임하셨고 증언하는
이는 성령이시니 성령은 진리니라
7 증언하는 이가 셋이니
8 성령과 물과 피라 또한 이 셋은 합하여 하나이니라

기도요점

이 세상에 살지만 믿음으로 세상을 살고 믿음으로 나를 이기고 세상을 이기도록 기도한다. 예수 그리스도에 대한 신앙이 더욱 굳건하게 되도록 성령님의 역사를 간구한다. 세상에 속하여 이리저리 흔들리지 않게 하시고 늘 하나님의 사람으로 그 나라를 최우선적으로 구하며 살게 해달라고 기도한다. 피 흘리신 예수 십자가 붙들고 성령님의 능력 의지하여 하나님을 기쁘게 하는 삶을 살기를 결심한다.

도움의 말

예수님은 "물과 피로 임하신 이"이다. "물"이 무엇을 뜻하는지 다양한 견해가 있다. 십자가에서 물과 피를 흘린 것, 성도의 세례와 성찬 참여 등이 그 예이다. "물"은 무엇보다 예수님의 세례를 말씀하는 것으로 생각된다. 예수님의 공생애는 세례요한에게 받은 "물세례"로 부터 시작되었다. "피"는 예수님께서 십자가에서 흘리신 '대속의 피'이다. 예수님은 십자가 위에서 "다 이루었다" 말씀하셨다. 그러므로 "물과 피"는 하나님께서 아들에게 부여하신 사명의 시작과 완성을 말하는 것으로 볼 수 있다.
"증언하는 이는 성령이시니"는 성령님은 예수님이 하나님으로부터 나온 분임을 증언하신다. 성령님은 예수님의 공생애가 하나님이 계획하신 것임을 증언한다. 예수님과 함께 계셨던 성령님은 제자들을 통해 예수님이 하나님의 아들이고 구세주이심을 계속 증언하신다(행 1:8).
"증언하는 이"는 "성령과 물과 피"이다. 물은 세례 요한의 증언, "피"는 예수님의 대속의 십자가를 뜻하는 것으로 보인다. 신앙인에게 일어나는 성령 강림과 세례와 성찬 참여를 말하는 것일 수도 있다.

묵상 나누기

위에서 묵상한 내용을 간략히 기록하고 함께 나눈다.

찬송

"나의 죄를 씻기는"(252장)

8. 하나님의 오른손으로 예수를 높이시매 그가 약속하신 성령을 아버지께 받아서(행2:29-36)

주제와 연관된 질문 _

1. 왜 사람들은 교회를 기독교 혹은 그리스도교라고 하는가?
2. 인간을 구원하시고자 하는 하나님의 결정적 계획은 무엇인가?
3. 우리로 하여금 예수님이 유일한 구원자임을 알고 믿게 하는 분은 누구인가?

주제 내용 _

예수 신앙인의 특징은 예수 그리스도를 믿을 뿐 아니라 예수님께서 구원자임을 전파한다는 것이다. 베드로는 자신이 경험한 예수님의 부활 사건을 유대인들에게 설명하기 위해 유대인들이 존경하는 다윗을 들고 시편을 재해석한다. 베드로는 "조상 다윗"이 후손 후계자에 대해 말했으므로 다윗을 "선지자"라 칭한다. 베드로는 시편 16:10의 "주께서 내 영혼을 스올에 버리지 아니하시며 주의 거룩한 자를 멸망시키지 않으실 것임이니이다"는 말씀을 예수 그리스도의 죽음과 부활에 대한 예언으로 재해석한다. 구약성경의 원뜻이 무엇이든, 베드로와 예수 신앙인들에게 중요한 것은 예수님이다. 하나님 아버지께서 예수를 보내셔서 구원 역사를 이루셨다는 것이 신앙의 핵심이다. 예수님이 하나님의 결정적 계시이다. 예수님 부활과 신약성경이 기록되는 기간 사이에 예수를 구원의 주로 믿는 신앙공동체가 있었다. 그들은 성경학자나 예언 해석 전문가가 아니라 자신들이 직접 겪은 것을 증언한 사람들이다. 그들은 자신들이 겪은 예수를 전파하고 또 예수께서 약속하신대로 성령 임재를 경험했다.

베드로는 성령강림에 대해서 말한다. 성령의 오심의 표징은 "너희가 보고 듣는 이것"이다. 놀라운 이적을 말하는 것이다. 당연히 목숨을 아끼지 않고 용감히 전하는 제자들의 변화도 포함된다. 하나님께서 성령 보내심은 예수님께서 약속한 일이고 예수님의 주되심을 증명하는 것이다. 베드로는 "이스라엘 온 집은 확실히 알지니 너희가 십자가에 못 박은 이 예수를 하나님이 주와 그리스도가 되게 하셨느니라"(36절)며 증언한다.

주제와 연관된 성경공부와 말씀묵상 _

약속하신 성령을 아버지께 받아서 성령을 부어 주셨느니라

본문 말씀(사도행전 2:29-36)

29 형제들아 내가 조상 다윗에 대하여 담대히 말할 수 있노니 다윗이 죽어 장사되어 그 묘가 오늘까지 우리 중에 있도다
30 그는 선지자라 하나님이 이미 맹세하사 그 자손 중에서 한 사람을 그 위에 앉게 하리라 하심을 알고
31 미리 본 고로 그리스도의 부활을 말하되 그가 음부에 버림이 되지 않고 그의 육신이 썩음을 당하지 아니하시리라 하더니
32 이 예수를 하나님이 살리신지라 우리가 다 이 일에 증인이로다
33 하나님이 오른손으로 예수를 높이시매 그가 약속하신 성령을 아버지께 받아서 너희가 보고 듣는 이것을 부어 주셨느니라
34 다윗은 하늘에 올라가지 못하였으나 친히 말하여 이르되 주께서 내 주에게 말씀하시기를
35 내가 네 원수로 네 발등상이 되게 하기까지 너는 내 우편에 앉아 있으라 하셨도다 하였으니
36 그런즉 이스라엘 온 집은 확실히 알지니 너희가 십자가에 못 박은 이 예수를 하나님이 주와 그리스도가 되게 하셨느니라 하니라

기도요점

예수 그리스도가 하나님께서 예비하신 구원자이심을 믿을 수 있게 하심에 감사한다. 목숨 걸고 예수님의 부활을 증언한 제자들처럼 예수 그리스도의 증인된 삶을 살게 해 달라고 간구한다. 우리에게 거하시는 성령님을 늘 인식하며 그 말씀을 경청하며 능력 받아 그리스도인의 삶을 살아간다. 예수 부활 신앙, 성령의 능력, 십자가 복음으로 주변을 변화시키고 주님의 몸된 교회를 세우는 일에 쓰임 받기를

결단한다.

도움의 말

이 단락은 오순절 성령 강림 후 베드로가 유대인들 앞에서 한 설교(행 2:14-41)의 일부이다. 베드로는 구약성경의 본문들을 들어 예수님이 하나님께서 미리 정하신 그리스도, 즉 메시아임을 증언한다. 베드로는 요엘 3:1-5를 인용하여 성령 부어주심을(17-21절), 시편 16:8-11을 들어 주님의 부활을(31-32절), 시편 109:1을 들어 예수님이 주와 메시아 되심(36절)을 증언한다.

"하나님이 오른손으로 예수를 높이시매"에서 '오른손'은 능력의 손이며 정의의 손이며 하나님의 권능의 손이시다. 또한 "내 우편에 앉아 있으라 하셨도다"에서 '우편에 앉아'는 후계자의 자리인 동시에 왕의 왕과 동등한 자격을 가졌다는 의미이다. 처음에는 다윗 후손 왕들에게 주신 말씀이지만 베드로는 다윗의 혈연이 아니라 예수님이 하나님께서 친히 메시아로 인정하시고 높이셨다는 말씀으로 인용한다.

베드로가 구약 본문을 이렇게 달리 해석한 근거가 무엇일까? 예수님의 부활 사건과 성령강림이 듣도 보도 못한 너무도 충격적인 사건이었기 때문이다. 베드로는 구약성경을 잘 알고 있는 사람이지만, 예수님의 십자가 죽음과 부활을 목격하고 예수님이 하나님이 보내신 분이고 하나님의 아들이며, 또 성령의 강림과 제자들의 성령충만과 성령의 역사하심을 겪은 후 구약성경의 주요 구절들을 하나님의 구원계획 관점에서 재해석하고 설교한 것이다. 구약성경은 신약성경을 기다리는 책이다. 예를 들어, 아담의 죄는 이스라엘의 죄가 아니라 전 인류를 대표하는 죄이다. 바벨탑 사건 이후 흩어짐은 이스라엘의 흩어짐이 아니라 모든 백성의 흩어짐이다. 아브라함은 이스라엘 사람이 아니라 메소포타미아 사람이다. 아브라함을 부르심은 그가 믿음의 조상이 되어 믿는 모든 사람들이 하나님께 돌아오게 하기 위함이다. 이처럼 구약성경의 초반부는 이스라엘 사람의 회복이 아니라 모든 백성의 회복에서 완성되어야 한다. 그러므로 구약성경만으로는 하나님의 구원 역사가 종결되지 않는다. 창세기 1-2장의 창조와 인간의 타락은 구약성경의 마지막 책인 말라기와 상응하지 않고 새 하늘과 새 땅을 언급하는 요한계시록과 상응한다. 죄악 세상을 향한 하나님의 구원역사는 예수 그리스도의 생애와 죽음과 부활에서 절정과 정점에 이른다. 그리하여 그리스도인들은 구약 성경을 그 배경에서 읽으면서도 그 의미에 대해서 그리스도를 통한 하나님의 구원사라고 하는 관점에서 다시 읽어낸다.

오늘의 신앙인들은 단지 성경의 독자임을 넘어서서 성경에서 말씀 하신 하나님과 함께 살아가는 사람들이다. 성경에 증언된 하나님과 예수 그리스도와 성령님은 오늘도 제자들과 함께 역사하신다. 오늘의 제자들도 예수님의 친 제자들처럼 예수 그리스도의 증인이 되고, 삶의 모든 영역에서 주님을 영화롭게 하려고 노력한다. 2:32 말씀이다. "이 예수를 하나님이 살리신지라 우리가 다 이 일에 증인이로다."

묵상 나누기

위에서 묵상한 내용을 간략히 기록하고 함께 나눈다.

찬송

"예수님은 누구신가"(96장)

9. 여호와의 영, 곧 지혜와 총명의 영, 모략과 재능의 영, 지식과 여호와를 경외하는 영(사11:1-5)

주제와 연관된 질문 _

1. 지식과 지혜의 차이는 무엇인가?
2. 지혜는 어디서 혹은 어떻게 얻을 수 있는가?
3. 교만한 사람의 특징은 무엇이며 그에게 결핍된 것은 무엇이라 생각하는가?
4. 하나님의 지혜는 어디서 어떻게 얻을 수 있는가?

주제 내용 _

여호와 하나님은 이 세상에 만연한 고통과 눈물을 아신다. 그것을 해결하기 위해 여호와 하나님은 세상을 지혜로 다스릴 한 통치자를 일으키실 것이다. 그 통치자는 이새의 줄기와 뿌리에서 나오는 분이다. 혈연적으로 이새와 다윗의 후손이라는 뜻이다. 그 절망의 상황에서 새로운 싹이 나고 한 가지가 나서 열매를 맺는다.

이 왕의 이름이나 언제 통치하는지에 대한 언급은 없다. 그는 왕이긴 하지만 "여호와의 영"이 강림하심으로써 통치를 하시는 분이다. "강림하시리니"의 히브리어 '누아흐'(거하다)이다. 단순히 그 분 위에 내려온다는 뜻이 아니라 그 분 위에 '거하신다' 혹은 '자리 잡는다'는 뜻이다. 여호와의 영은 지혜와 총명의 영이며 모략과 재능의 영이며 지식과 여호화 하나님을 경외하는 영이며 하나님이 택한 그 통치자와 함께 하는 영이시다. 여호와 하나님, 여호와의 영, 여호와께서 보내시는 메시아는 함께 세상을 정의롭게 다스리실 것이다. 그 메시아는 여호와의 영과 함께 여호와를 경외하며 백성으로 하여금 여호와를 경외하게 하실 것이다. 한국 장로교회가 1907년에 채택하여 지금까지 사용하는 '웨스트민스터 소요리문답' 107문답과, '21세기 대한예수교장(로)회 교리문답'의 제1항은 사람의 제일 되는 목적에 대하여, "하나님을 영화롭게 하고 영원토록 그를 즐거워하는 것"이라고 기술한다.

여호와의 영이 거하시는 그 메시아는 지혜와 공의의 심판자이시다. 뇌물을 받거나 힘 있는 사람 편을 들고 정의를 왜곡하는 재판관과는 달리 공의로 심판하신다. 가려지고 조작된 것을 알지 못하는 세상 재판관과 달리 보이는 대로 들리는 대로 판단하지 않는다(3절). 그 메시아는 가난한 자와 비천한 자를 정의롭게 판단할 것이며 악인들에게 합당한 벌을 내리신다. 그분은 앗수르나 세상의 왕과 달리 무력으로 심판하는 분이 아니다. 그분의 입과 입술의 기운이 심판 도구이다. 이것은 신적 권위와 신적 능력을 가진 말씀을 말한다.

그 메시아는 성심을 다해 일하는 메시아이다. "허리 띠"는 일을 하거나(눅 12:37; 17:8) 전쟁을 할 때(시 18:39; 65:6; 엡 6:14) 옷이 걸리지 않도록 끈으로 허리 부분을 두르는 것을 말한다. 그 메시아는 하나님의 영이 거하시는 가운데 하나님의 영광과 백성들을 위하여 일할 것이다.

우리는 이 본문을 읽으면서 우리의 영원한 주님이시며 위로자이시며 정의로 악을 심판하시는 예수님을 생각하고 찬양한다. 그리고 우리는 예수께 함께 하셨으며, 오늘도 하나님의 백성을 인도하시고 통치하시는 성령님을 생각한다.

주제와 연관된 성경공부와 말씀묵상 _

이새의 줄기에서 난 싹과 그 위에 임하신 여호와의 영

본문말씀(이사야 11:1-5)

1 이새의 줄기에서 한 싹이 나며 그 뿌리에서 한 가지가 나서 결실할 것이요

2 그의 위에 여호와의 영 곧 지혜와 총명의 영이요 모략과 재능의 영이요 지식과 여호와를 경외하는 영이 강림하시리니

3 그가 여호와를 경외함으로 즐거움을 삼을 것이며 그의 눈에 보이는 대로 심판하지 아니하며 그의 귀에 들리는 대로 판단하지 아니하며

4 공의로 가난한 자를 심판하며 정직으로 세상의 겸손한 자를 판단할 것이며 그의 입의 막대기로 세상을 치며 그의 입술의 기운으로 악인을 죽일 것이며

5 공의로 그의 허리띠를 삼으며 성실로 그의 몸의 띠를 삼으리라

기도요점

절망의 순간에도 우리의 소망되시며 새로운 길을 열어주시는 하나님을 믿고 기도한다. 악이 만연하고 불의가 이기는 이 세상이지만 공의와 정직으로 세상을 심판하시는 하나님을 믿고 올바른 삶을 택하도록 도움을 구한다. 여호와 하나님의 지혜를 매순간 구한다. 여호와의 영을 의지하며 여호와 하나님을 경외하는 삶을 살기를 결단한다.

도움의 말

이 본문은 이스라엘의 참혹한 역사 현실 가운데서 주신 소망의 말씀이다(사 11:1-5). 이사야가 활동 하던 시기는 주전 8세기 앗수르가 고대근동을 지배하던 때이다. 앗수르는 주변 국가들을 위협하여 조공을 받았고 말을 듣지 않으면 침공하여 약탈하였다(사 10:5-7). 앗수르는 북왕국 이스라엘을 괴롭혔으며 결국은 멸망시킨다(사 7:17; 17:3). 남왕국에 대해서도 아하스를 겁박하였고(1:7-9) 히스기야 통치 시기에는 유다를 유린하고 예루살렘을 포위하였다(사 36-37장). 유다 내부적으로는 지배 권력자들이 가난하고 힘없는 사람을 억압하고 착취했다. 제사는 드려졌으나 형식적인 것이었으며(1:11-14), 정의가 없는 사회가 되었다(1:23). 고관들은 악랄한 도둑과 다름없었고(3:14-15) 백성들은 소망이 없는 삶을 이어갔다(5:7).

이사야 선지자는 당시의 종교적 정치적 사회적 상황을 비판하면서도 계속하여 하나님이 다스리는 나라를 선포한다. 앗수르는 영원한 제국이 아니다. 세상 어떤 강대국도 영원하지 않다. 세상 어떤 왕도 최종 심판자가 아니며 그 역시 하나님의 심판 아래 있다. 하나님은 영원히 정의와 공의로 다스릴 평화의 왕을 보내실 것이다(9:6-7).

'줄기'와 '뿌리'(1절)는 허물어진 이스라엘(유다)과 다윗 가문을 뜻한다. 그러나 그 잘린 곳에서 새로운 생명의 역사가 일어난다. 이 역사는 하나님이 보내신 메시아의 강림으로 일어난다. 그 메시아에게는 여호와 하나님의 영이 임하시며 거하신다. 여호와의 영은 지혜와 총명, 모략과 재능, 지식과 여호와 경외함의 영이다. 지혜, 총명, 모략, 재능, 지식, 여호와 경외는 여호와를 위해 일하는 메시아가 반드시 갖추어야 할 자질이다. 지혜(호크마)와 총명(비나)은 지적이며 도덕적인 이해력이며 옳고 옳지 않음을 인식하는 능력이다. 모략(에차)은 어떤 일을 규모 있게 계획하고 문제를 해결하는 깊은 사고를 말한다. 재능(그부라)은 일을 추진하는 강력한 힘을 뜻한다. 여호와의 지식(다아트 야훼)은 여호와 그분을 아는 지식이며 여호와의 뜻을 아는 지식이다. 여호와 경외(이라트 야훼)는 택하시고 보내신 여호와

를 의식하고 인정하고 영광을 돌리는 것이다.

여호와께서 준비하신 그 메시아는 예수이시다. 예수님은 보내신 이의 뜻을 행하며 그의 일을 온전히 이루셨다(요 4:34)라고 하셨다. 예수님은 "성령의 능력으로" 이끌림을 받으시고, 성령의 임하심으로 자유와 은혜의 복음을 전파하셨다(행 4:14, 21).

묵상 나누기

위에서 묵상한 내용을 간략히 기록하고 함께 나눈다.

찬송

"하늘에 가득 찬 영광의 하나님"(9장)

10. 쉬게 하시는 영(사 63:7-14)

주제와 연관된 질문 _

1. 어려움에 직면했을 때 나는 누구에게 도움을 요청하는가?
2. 내가 힘들어 할 때 위로와 안식을 주는 분은 누구인가?
3. 하나님의 인도를 받기 위해 우리가 해야 할 일은 무엇인가?

주제 내용 _

예수님의 십자가는 인류최고의 사랑 사건이다. 하나 밖에 없는 아들을 내어주고 다른 사람들의 생명을 구한 하나님의 사랑, 영원히 함께하는 불멸의 사랑이다. 하나님은 사랑의 신이시고, 사랑의 대상을 갖기를 원하는 신이시고, 사랑에 아파하고 그리워하고 사랑 때문에 고통 받는 분이시다. 세상에는 여러 종교가 있고 그 종교가 무엇이든 어느 정도 공통점을 갖고 있다. 아주 저급하거나 원시적인 종교를 제외하면, 대개 종교의식, 경전, 신비추구, 헌신, 그리고 윤리도덕을 강조한다. 기독교는 한 가지 더, 사귐을 가질 대상이 있다는 것이다. 그리고 그 사귐은 사랑이라는 단어로만 가장 적합하게 표현될 수 있다. 하나님은 "세상을 이처럼 사랑하사 독생자를 주셨다"(요 3:16). 우리가 믿는 하나님은 사랑의 마음을 가지고 계시며, 사랑 자체시며, 죄인들을 사랑하여 긍휼히 여기시고 사랑하는 독생자를 희생시킨 분이다. 믿음의 사람도 고통과 절망을 겪는다. 그러나 믿음의 사람은 고통과 절망의 시간에 여호와 하나님을 더욱 의지한다. 그분은 사랑의 하나님이며 우리의 목자시며 우리의 아버지이기 때문이다.

이 구절에 제목을 붙인다면 “여호와의 자비에 대한 회상”이다. 히브리어 문장으로 첫 단어는 ‘자비’(헤세드)이다. 하나님께 심판을 받은 이스라엘에게 옛적에 보이신 자비와 사랑과 은총을 베풀어 달라고 선지자는 하나님께 애통하며 탄원한다. 7절에 나오는 “말하며”와 “말하리라”는 히브리어로는 한 단어 ‘아즈키르’(내가 기억하리라)이다. 여호와를 경외하는 사람은 여호와께서 지금까지 베푸신 은택을 기억한다. 성도는 은혜를 기억하고 여호와 하나님은 이스라엘을 향하여 고백한다. “그들은 실로 나의 백성이요 거짓을 행하지 아니하는 자녀”이다(8절). 이스라엘은 정말 “거짓을 행하지 아니하는 자녀”인가? 이스라엘이 거짓의 사람들인데도 “거짓을 행하지 아니하는 자녀”라고 말씀하는 것이 바로 하나님의 자비며 긍휼이며 은총이다. 오직 하나님은 긍휼하심으로 원수 된 자이며 죄인인 자들을 자녀로 삼으신 것이다(롬 5:6, 8, 10).

하나님은 “자기 앞의 사자”를 보내어 이스라엘을 구원하셨다고 한다(9절). “‘자기 앞’의 사자”는 누구일까? 모세일까? 그러나 모세가 자신의 사랑과 자신의 자비로 이스라엘을 구원한 것이 아니며, 그들을 모든 날에 품에 안은 것도 아니다. 모세가 아니라면 어떤 천사(사자)인가? 하지만 성경에 어떤 천사가 이스라엘을 ‘사랑했다’는 말씀은 전혀 없다. 출애굽기 23:20에는 한 천사의 인도함이 나온다. 21절에서 ‘그에게 순종하라는 말씀’으로 볼 때 여호와 하나님 자신임을 알 수 있다. 그러므로 “자기 앞의 사자”는 여호와 하나님 자신에 대한 표현이다. “자기 앞”(파나우)은 문자적으로는 ‘그의 얼굴(파님)’이다. 출애굽기 33:14-15에도 같은 표현이 나온다. “여호와께서 이르시되 내가 ‘친히’(파님, 얼굴) 가리라 내가 너를 쉬게 하리라 모세가 여호와께 아뢰되 주께서 친히(파님, 얼굴) 가지 아니하시려거든 우리를 이곳에서 올려 보내지 마옵소서.” 그러므로 이사야가 말하는 ‘자기 앞의 사자’는 여호와 자신의 임재를 말한다. 구약성경에서 여호와의 이름이나 여호와의 얼굴은 자주 여호와의 현존이나 임재를 이른다. 이사야 63:9에서처럼 신명기 4:37도 여호와의 얼굴이 사랑하고 인도하신 것을 말씀한다: “여호와께서 네 조상들을 사랑하신 고로 그 후손인 너를 택하시고 큰 권능으로 ‘친히’(브+파나우, 그의 얼굴로) 인도하여 애굽에서 나오게 하시고.” “자기 앞”에 보내신 분, 즉 ‘그분의 얼굴’이 누구를 말하는지 이제 분명하게 드러난다. 그 사자는 여호와 하나님 자신이시며, 그분의 성령을 통해 역사하시는 분이다.

하나님의 사랑에도 불구하고 이스라엘은 하나님을 거역했고 “주의 성령을 근심하게” 했다. 그리하여 주의 성령은 이스라엘의 대적이 되셨다. 시편 78:40-41 말씀이다. “그들이 광야에서 그에게 반항하며 사막에서 그를 슬프시게 함이 몇 번인가 그들이 돌이켜 하나님을 거듭거듭 시험하며 이스라엘의 거룩하신 이를 노엽게 하였도다.” “그들 중에 거룩한 영을 두심”은 하나님의 임재를 말한다. 여호와의 영은 이스라엘의 성막에 계셨고 성전에 계신 하나님이시다. 배반함으로 말미암아 하나님의 심판을 경험하고 고통을 겪는 백성들은 여호와를 향하여 옛적에 구원하신 하나님, “어디 계시냐”고 탄식한다(11절).

믿음의 사람은 고통과 절망의 시간에 여호와 하나님을 더욱 의지한다. 그분은 사랑의 하나님이며 우리의 목자시며 우리의 아버지이기 때문이다. 이스라엘을 인도하시고 역사 가운데 임재하시고 사랑으로 안으신 분이며, 어떤 어려운 상황에서도 우리가 불러야 할 하나님이시다.

주제와 연관된 성경공부와 말씀묵상 _

쉬게 하시는 주의 영

본문 말씀(이사야 63:7-14)

7 내가 여호와께서 우리에게 베푸신 모든 자비와 그의 찬송을 말하며 그의 사랑을 따라, 그의 많은 자비를 따라 이스라엘 집에 베푸신 큰 은총을 말하리라

8 그가 말씀하시되 그들은 실로 나의 백성이요 거짓을 행하지 아니하는 자녀라 하시고 그들의 구원자가 되사

9 그들의 모든 환난에 동참하사 자기 앞의 사자로 하여금 그들을 구원하시며 그의 사랑과 그의 자비로 그들을 구원하시고 옛적 모든 날에 그들을 드시며 안으셨으나

10 그들이 반역하여 주의 성령을 근심하게 하였으므로 그가 돌이켜 그들의 대적이 되사 친히 그들을 치셨더니

11 백성이 옛적 모세의 때를 기억하여 이르되 백성과 양 떼의 목자를 바다에서 올라오게 하신 이가 이제 어디 계시냐 그들 가운데에 성령을 두신 이가 이제 어디 계시냐

12 그의 영광의 팔이 모세의 오른손을 이끄시며 그의 이름을 영원하게 하려 하사 그들 앞에서 물을 갈라지게 하시고

13 그들을 깊음으로 인도하시되 광야에 있는 말 같이 넘어지지 않게 하신 이가 이제 어디 계시냐

14 여호와의 영이 그들을 골짜기로 내려가는 가축 같이 편히 쉬게 하셨도다 주께서 이와 같이 주의 백성을 인도하사 이름을 영화롭게 하셨나이다 하였느니라

기도요점

우리가 하나님의 원수요 죄인이었음을 알고 늘 겸손한 마음으로 하나님을 섬긴다. 독생자를 희생시키시고 우리를 자녀로 삼으신 것을 묵상한다. 우리의 삶 속에서 고비 때마다 베푸신 자비와 사랑을 기억하고 감사한다. 고통 가운데 있을 때 낙심하지 않고 변함없는 하나님의 사랑을 의지하고 간구한다. 하나

님의 은혜를 기억하고 이웃을 사랑하고 주의 일에 헌신하는 사람이 될 것을 결심한다.

도움의 말

본문은 네 부분으로 이루어진다. 하나님께서 베푸신 자비(1-9절), 성령님을 근심케 함과 그로 인한 고통(10절), 선지자의 탄식 혹은 백성들의 탄원(11-13절), 하나님의 개입과 구원(14절)이다. 먼저 하나님의 사랑과 관심과 돌보심이 여러 단어로 강조된다. 첫째, 하나님의 자비하심이다. 7절의 "모든 자비"와 마지막 부분에 나오는 "큰 은총"에서 '자비'와 '은총'은 '헤세드'의 번역이다. '헤세드'는 자비, 친절, 사랑, 인애, 은혜 등을 뜻한다. 사람 간에도 사용되고 하나님의 값없이 베푸는 구원 행동이나 하나님의 변함없는 사랑, 혹은 약속한 것을 반드시 지키는 헌신을 뜻한다. 그러므로 하나님의 '헤세드'는 하나님의 본성이나 마음의 결심을 넘어 구체적인 행동을 포함한다. 하나님의 '헤세드'는 이스라엘을 향한 변함없는 사랑으로 역사를 지나면서 구원과 보호와 복 주시는 행동으로 나타난다. 둘째, 하나님의 넉넉한 사랑이다. "그의 사랑을 따라"는 "여호와께서 우리에게 베푸신 모든 것을 따라"를 의역한 것이다. 셋째, 하나님의 사랑은 어머니의 사랑처럼 애끊는 사랑이다. "그의 많은 자비를 따라"에서 '자비'는 앞에서 언급한 '헤세드'가 아니라 '라하밈'이다. 단수형인 '라함' 혹은 '레헴'은 원래 '자궁'을 뜻한다. 복수형 '라하밈'은 부드러운 모성애, 품는 사랑, 부모들이 자녀에게 가지는 원초적 사랑, 넉넉한 마음과 조건 없는 보호, 불쌍히 여기는 마음을 뜻한다. 넷째, 하나님은 이스라엘을 자녀로 삼으셨다(8절). 조건 없이 자녀를 사랑하고 자기 목숨을 바쳐 사랑하는 것이 부모이다. 그러나 부모의 사랑 역시 하나님의 사랑의 그림자에 불과하다. 하나님은 부모 이상의 사랑으로 자기 백성을 사랑하신다. 다섯째, 하나님은 백성의 환난에 동참하시고 그들을 구해주셨다. 우리는 인생길에서 홀로 걷는 것 같으나 하나님은 동행하시고, 환난에 동참하시고 삶의 힘에 겨운 투쟁 속에 참전하신다(야곱과 요셉의 삶을 생각해 보라). 여섯째, 하나님은 사랑과 자비로 그들을 들어 올려 안으셨다. 아기를 안은 부모의 모습은 호세아서에도 나온다. 여호와 하나님은 부모-자녀 은유를 사용하며 이스라엘 역사의 첫 시절을 상기시킨다(호 12:1). 그 때 이스라엘은 아직 걸음마를 배우지 못한 아기였다. 아기의 생존에 부모의 도움이 절대적으로 필요하듯, 하나님은 아기 이스라엘을 돌보셨다. 하나님은 고아와 같은 이스라엘을 "내 아들, 내 장자"라 하셨다(출 4:22; 참고. 신 14:1; 32:6; 사 43:6; 49:22; 렘 3:19, 22). "팔로 안음"은 부모의 사랑을 말하지만 또한 부모의 고통도 내포한다. 부모는 아기가 아팠을 때 그를 안고 함께 고통 받고 돌보며 치료하기 위해 애쓴다. 이 은유는 애굽이라는 가혹한 상황에서, 결핍의 광야에서, 역사의 어려운 순간마다 하나님께서 함께 해주셨음을 말한다.

10절은 이스라엘의 배반과 그로 인해 백성이 당한 심판과 고통을 말한다. 그들은 고통가운데서 하나님을 찾는다. 예전에 구원한 하나님이 어디 있느냐고, 성령으로 함께 하신이가 어디 있냐고, 기적으로 베푸시고 광야를 통과하게 하신 하나님이 지금 어디 계시냐고 탄식한다. 14절 목자이신 하나님을 말한다. 자비를 베푸시는 하나님은 마치 시편 23편의 목자처럼 그들을 쉬게 하시고 인도하시고 나아가 그 백성을 영화롭게 하신다. 우리가 가진 특권과 축복은 본성이 사랑이신 하나님의 자비와 사랑과 인도하심과 용서하심과 영화롭게 하심이다. 어찌 찬양하지 않을 수 있는가!

묵상 나누기

위에서 묵상한 내용을 간략히 기록하고 함께 나눈다.

찬송

"날 위하여"(303장)

11. 여호와의 영으로 말미암아 능력과 정의와 용기로 충만해 (미 3:8-12)

주제와 연관된 질문 _

1. 사회에서 일어나는 불의를 보았을 때 어떤 마음이 드는가?
2. 세상과 역사에는 최종적인 재판관이 있어야 한다고 생각하는가?
3. 권력을 가진 사람들이 범하기 쉬운 일들은 어떤 것이 있는가?
4. 성경의 선지자들은 이스라엘 사회의 어떤 문제에 대해서 말씀을 선포했는가?

주제 내용 _

미가는 주전 8세기 유다에서 예언한 사람이다. 주전 8세기에 유다는 경제적으로 큰 성공을 이루었다. 그러나 사회 내부는 정의가 사라지고 억압과 착취가 난무했다. 미가는 억울한 사람이 양산되는 사회에서 하나님의 심판을 선포한다. 우상숭배도 문제이지만 하나님 백성으로서 불의하게 사는 것이나 자기 이익을 위해 동료 백성을 희생시키는 것도 하나님의 분노를 일으키는 일이다.

심판의 대상은 악을 행한 자들이다. 구체적으로는 큰 영향력을 가진 큰 야곱 족속의 우두머리들과 이스라엘 족속의 통치자들이다. 그들은 정의와 정직을 비웃었다. 그들은 뇌물 받는 재판관들이고 삯을 위해 교훈하는 제사장들이고 거짓 예언과 아첨 예언을 일삼는 선지자들이었다. 통치자들은 자기 업적과 안락과 명성을 위해 백성의 고혈로 시온, 즉 예루살렘을 건축했다. 시온은 하나님의 택한 도시라고, 여호와 하나님이 거기 계신다고 주장하면서 온갖 악행을 서슴없이 행했다. 미가서 3:1-5 말씀이다.

[1]...야곱의 우두머리들과 이스라엘 족속의 통치자들아 들으라 정의를 아는 것이 너희의 본분이 아니냐 [2] 너희가 선을 미워하고 악을 기뻐하여 내 백성의 가죽을 벗기고 그 뼈에서 살을 뜯어 [3] 그들의 살을 먹으며 그 가죽을 벗기며 그 뼈를 꺾어 다지기를 냄비와 솥 가운데에 담을 고기처럼 하는도다 [4] 그 때에 그들이 여호와께 부르짖을지라도 응답하지 아니하시고 그들의 행위가 악했던 만큼 그들 앞에 얼굴을 가리시리라 [5] 내 백성을 유혹하는 선지자들은 이에 물 것이 있으면 평강을 외치나 그 입에 무엇을 채워 주지 아니하는 자에게는 전쟁을 준비하는도다.

여호와 하나님은 세계와 역사의 최종 심판자이시다. 시온은 갈아엎은 밭이 되고 예루살렘은 무더기가 되고 심지어 성전 산도 풀이 우거진 곳이 될 것이다. 이 선포에 대해 우두머리들은 공권력을 동원할 것이고 종교인들은 이스라엘과 예루살렘에 대한 하나님의 선택 신학을 들면서 미가를 거짓 선지자라고 비난할 것이다. 그러나 미가는 하나님의 종으로서 결연히 다짐한다. "오직 나는 여호와의 영으로 말미암아 능력과 정의와 용기로 충만해져서 야곱의 허물과 이스라엘의 죄를 그들에게 보이리라." 여호와의 영은 약한 자에게 힘을 주시는 능력의 영이시며, 불의를 참지 않는 정의의 영이시며, 용기를 주시는 힘과 위로의 영이시다. 여호와의 영은 죄를 지적하고 회개를 요청하는 영이시기도 하다.

주전 8세기 종교의 행태는 우리에게 교훈을 준다. 여호와 하나님을 믿고 예배를 드렸지만 예루살렘 성전도 종교지도자들도 부와 권력과 명예를 추구했다. 오늘 우리와 우리의 신앙행태는 물질과 성공의 복을 가장 귀한 것으로 여기지만, 인애와 공정과 정의를 하찮게 여기는 경향이 없지 않다. 우리가 믿는 하나님은 정의와 공의의 하나님이시고 억울함을 당한 자의 원통함을 풀어주시는 하나님이다. 신앙인들은 무엇보다 올바른 삶을 추구해야 한다. 종교지도자, 경제인, 정치가, 공무원들은 불의를 탐하지 않고 거짓을 말하지 않고 늘 바른 삶을 살도록 애써야 한다. 겸손한 마음으로 주님을 섬기고, 인자한 언어 행실로 사람을 감화하며, 할 수 있는 대로 연약한 사람을 돕는 삶을 살아야 한다. 여호와의 영에 충만한 사람은 사회의 불의에 아파하고 부정과 부패를 미워하고 피해당한 사람들을 돕는 삶을 살게 된다.

주제와 연관된 성경공부와 말씀묵상 _

여호와의 영으로 말미암아 능력과 정의와 용기가 충만한 신앙인

본문 말씀(미가 3:8–12)

8 오직 나는 여호와의 영으로 말미암아 능력과 정의와 용기로 충만해져서 야곱의 허물과 이스라엘의

죄를 그들에게 보이리라
9 야곱 족속의 우두머리들과 이스라엘 족속의 통치자들 곧 정의를 미워하고 정직한 것을 굽게 하는
자들아 원하노니 이 말을 들을지어다
10 시온을 피로, 예루살렘을 죄악으로 건축하는도다
11 그들의 우두머리들은 뇌물을 위하여 재판하며 그들의 제사장은 삯을 위하여 교훈하며 그들의 선지
자는 돈을 위하여 점을 치면서도 여호와를 의뢰하여 이르기를 여호와께서 우리 중에 계시지 아니
하냐 재앙이 우리에게 임하지 아니하리라 하는도다
12 이러므로 너희로 말미암아 시온은 갈아엎은 밭이 되고 예루살렘은 무더기가 되고 성전의 산은 수
풀의 높은 곳이 되리라

기도요점

우리의 신앙이 기복신앙이 아닌지 깊이 생각한다. 오늘의 교회가 더욱 순결한 교회가 되도록 간구한다. 나의 삶과 삶의 주변에 뇌물과 권력과 탐심이 있는지 철저하게 살피고 회개한다. 오늘의 교회와 사회와 지도층의 문제점에 대한 바른 판단을 갖게 해달라고 기도한다.

도움의 말

이스라엘은 하나님의 백성이라고 자처하지만 하나님의 말씀대로 살지 않았다. 예루살렘 성전은 이스라엘 신앙의 중심이었지만 그 성전과 성전 제사장들 역시 어느새 탐욕과 권력의 중심지가 되고 말았다. 주전 7세기, 예레미야는 예루살렘 성전의 부패와 제사장들의 불신앙에 대해서 충격적인 말씀을 전한다. 다음은 이른바 '예레미야의 성전설교'이다.

[3] 만군의 여호와 이스라엘의 하나님께서 이와 같이 말씀하시되 너희 길과 행위를 바르게 하라 그리
하면 내가 너희로 이곳에 살게 하리라 [4] 너희는 이것이 여호와의 성전이라, 여호와의 성전이라, 여
호와의 성전이라 하는 거짓말을 믿지 말라 [5] 너희가 만일 길과 행위를 참으로 바르게 하여 이웃들
사이에 정의를 행하며 [6] 이방인과 고아와 과부를 압제하지 아니하며 무죄한 자의 피를 이곳에서 흘
리지 아니하며 다른 신들 뒤를 따라 화를 자초하지 아니하면 [7] 내가 너희를 이 곳에 살게 하리니 곧
너희 조상에게 영원무궁토록 준 땅에니라 [8] 보라 너희가 무익한 거짓말을 의존하는도다 [9] 너희가
도둑질하며 살인하며 간음하며 거짓 맹세하며 바알에게 분향하며 너희가 알지 못하는 다른 신들을
따르면서 [10] 내 이름으로 일컬음을 받는 이 집에 들어와서 내 앞에 서서 말하기를 우리가 구원을 얻

었나이다 하느냐 이는 이 모든 가증한 일을 행하려 함이로다 [11] 내 이름으로 일컬음을 받는 이 집이 너희 눈에는 도둑의 소굴로 보이느냐 보라 나 곧 내가 그것을 보았노라 여호와의 말씀이니라(7:3-9)

예레미야는 예루살렘 성전이 여호와의 성전이라고 설교하는 제사장들의 말이 거짓말이니 믿지 말하고 한다. 그들이 입술로 여호와 경외를 말하지만 실상은 탐욕을 추구하기 때문이다. 하나님은 제사장들을 도둑이라 하시고 예루살렘 성전을 도둑의 소굴이라 하신다. 하나님은 호화로운 예전이나 제사장들의 고상한 설교를 칭찬하지 않으신다. 길과 행위를 바르게 하고 이웃들 사이에 정의를 행하고 의지할 데 없는 이방인과 고아와 과부를 압제하지 아니하며 무죄한 자의 피를 흘리지 않는 삶을 살라 하신다(5-6절). 예수님께서도 당시의 예루살렘 성전 행태를 "강도의 소굴"이라 하셨고(마 21:13; 막 11:17; 눅 19:46), 사도들은 가난한 자에게 구제하고 가난한 자를 멸시하지 말아야 함을 말씀하였다(엡 4:28; 약 2:3).

신앙인들은 정의와 공의를 추구하고 사랑을 실천하는 사람들이다. 플리니우스 2세(Pliny the Younger, 61-113)는 로마 제국의 정치가이며 작가이며 행정가였다. 111년에서 113년까지 비두니아-폰투스 지방 총독으로 근무했다. 그가 로마 황제 트라야누스(98-117)에게 보낸 편지 중 247개가 전해지고 있다. 플리니우스는 한 서신(Epistulae X. 96)에서 그리스도인들의 삶의 모습을 묘사한다: "그들은 정해진 날 새벽에 함께 모여 그리스도를 찬양하는데 익숙합니다. 마치 그리스도를 신으로 여기는 것 같았습니다...그들은 어떤 범죄에도 연루되지 않을 것과, 절도, 강도, 간음을 범하지 않고, 신앙을 버리지 않을 것이며, 맡겨진 자금을 돌려달라고 요구받을 때 거절하지 않을 것을 맹세합니다." 로마인의 눈에 비친 그리스도인의 삶이다. 우리는 어떤 신앙인이 되어야 하는가를 깊이 생각해 본다. 그리스도인은 그리스도 예수께서 원하는 삶을 살아야 하며 교회도 그런 교회가 되어야 한다. 그리고 정의와 공의와 인애가 넘치는 사회가 되게 해 달라고, 그리고 우리 자신이 모범을 보이게 해달라고 하나님께 간구한다.

묵상 나누기

위에서 묵상한 내용을 간략히 기록하고 함께 나눈다.

찬송

"겸손히 주를 섬길 때"(212장)

12. 너희는 두려워하지 말라(학 2:5-9)

주제와 연관된 질문 _

1. 내가 가장 많은 시간을 함께 보내는 이는 누구인가?
2. 내가 그리스도인으로서 생각하고 말하고 행하도록 돕는 이나 돕는 것들로는 어떤 것이 있는가?
3. 신앙공동체는 우리의 삶과 신앙에 어떤 유익을 주는가?

주제 내용 _

본문은 포로 귀환한 후 예루살렘에서 있었던 일을 기술한다. 포로로 잡혀간 사람들이 주전 538년 이래 희망을 가지고 본토로 돌아왔으나(스 2:64), 여러 가지 어려운 상황을 맞게 되었다. 식량을 얻기 위해 버려진 땅을 다시 일구어야 했으며 살 집도 새로 지어야 했다. 행정 제도도 갖추고 치안체계도 만들어야 했다. 포로로 잡혀가지 않고 남아있던 사람들이 남겨진 땅이나 집을 점유한 경우도 있었고 행정적 기득권도 갖고 있었으므로 분쟁이 불가피했다. 돌아온 백성들은 신앙적 정체성도 보존해야 했다.
538년에 귀환한 총독 스룹바벨과 대제사장 여호수아는 신앙의 정체성 보존과 확립을 위해 성전 건축을 시작했다. 그러나 얼마가지 않아 이웃 주민들의 방해 공작으로 그마저 중단되었다. 520년경 학개와 스가랴는 올바른 신앙생활과 민족의 정체성 보존을 위해 성전이 얼마나 중요한 역할을 하는지 잘 알고 있었다. 그리하여 학개는 스가랴와 함께 중단된 성전 재건을 백성들에게 촉구했다.
작업을 시작한 지 거의 한 달 쯤 되었을 때(2:1), 학개는 여호와께서 주신 말씀을 전한다. 성전이 모습을 갖추어가게 되자, 백성들 중에는 포로이전의 성전과 지금 성전을 비교할 수 있는 나이든 사람들이 낙심했다. 재건된 성전은 규모나 재료 면에서 너무도 실망스러운 것이었다. 솔로몬이 짓고 왕들이 지속적으로 수축한 왕국의 성전과 귀환한 평민들이 헌신하여 지은 성전은 당연히 비교가 될 수 없었다. 여호와 하나님은 스룹바벨과 여호수아와 백성들에게 각각 한 번씩 모두 세 번, "스스로 굳세게 할지어다"라고 명하신다(2:4). 새 성전이 옛 것과는 비교될 수 없이 소박한 것일지라도(스 3:12), "내가 너희와 함께 하노라"라고 말씀하신다. 또한 애굽에서 나올 때에 약속한 말씀을 상기시키시고, 하나님의 영이 계속하여 유대 공동체에 머물러 있으니 두려워하지 말라고 하신다(5절). 처음 출애굽 백성이 소박한 삶을 살았으나 구름으로 나타나는 하나님의 영광이 함께 했던 것처럼, 바벨론에서 귀환한 백성은 이제 하나님과 함께 새로운 출애굽을 하고 있기 때문에 소박한 성전에도 하나님의 영광이 충만하다(5절).

6절의 "조금 있으면"은 현실을 넘어 믿음의 눈으로 보아야 한다는 말씀이다. 현재의 형편은 어렵지만, 말씀과 자신의 영으로 백성과 함께 하는 하나님은 자연 질서와 나라를 진동시키는 권능의 하나님이시다. 때가 이르면 하나님이 영광스러운 분인 것처럼 하나님의 영이 거하시는 성전 역시 영광스럽게 될 것이다. 신앙인들은 성전의 영광이 재료에서 오는 것이 아니라 거기 거하시는 하나님과 그분의 영으로부터 말미암는다는 것을 명심한다(7, 9절).

주제와 연관된 성경공부와 말씀묵상 _

나의 영이 계속하여 너희 가운데에 머물러 있나니 두려워하지 말라

본문 말씀(학개 2:5-9)

5 너희가 애굽에서 나올 때에 내가 너희와 언약한 말과 나의 영이 계속하여 너희 가운데에 머물러 있나니 너희는 두려워하지 말지어다

6 만군의 여호와가 이같이 말하노라 조금 있으면 내가 하늘과 땅과 바다와 육지를 진동시킬 것이요

7 또한 모든 나라를 진동시킬 것이며 모든 나라의 보배가 이르리니 내가 이 성전에 영광이 충만하게 하리라 만군의 여호와의 말이니라

8 은도 내 것이요 금도 내 것이니라 만군의 여호와의 말이니라

9 이 성전의 나중 영광이 이전 영광보다 크리라 만군의 여호와의 말이니라 내가 이 곳에 평강을 주리라 만군의 여호와의 말이니라

기도요점

나는 하나님의 영광을 위해 살고 있는지 점검한다. 나는 내가 성령이 거하시는 성전으로 늘 인식하고 사는지 살핀다. 만복의 근원이 누구인지 은금이 여호와의 것임을 깨닫고 바른 물질관으로 살아가도록 기도한다. 내가 교회 혹은 신앙공동체를 위해 할 수 있는 일이 무엇인지 생각하고 헌신의 기도를 올린다.

도움의 말

이스라엘 역사에서 성전은 신앙의 중심지 역할을 했다. 이스라엘 백성과 함께 거하시는 하나님은 상징적으로 성막 혹은 성전에 거하시는 하나님이셨다. 성전의 원형인 성막은 여호와의 현존의 상징이었고(출 40:34-35, 38) 솔로몬 성전건축은 '하나님의 함께 하심'(임마누엘) 약속의 성취였다(삼하 7:13). 솔로몬 성전이 완성되었을 때 하나님의 영광이 그곳에 머물렀다: "제사장이 성소에서 나올 때에 구름이 여호와의 성전에 가득하며 제사장이 그 구름으로 말미암아 능히 서서 섬기지 못하였으니 이는 여호와의 영광이 여호와의 성전에 가득함이었더라"(왕상 8:10-11). 그 이후 솔로몬이 건축한 성전은 이스라엘 역사를 통해 가장 귀한 장소로 받아들여졌다. 그러나 이스라엘은 하나님에 반역함으로 성전의 완전한 파괴를 보아야했다. 포로에서 귀환한 사람들은 옛 솔로몬 성전을 기억하며 다시 성전을 짓고자 했다. 재건된 성전은 귀환한 백성들이 하나님께 나아가는 가장 중요한 수단 중의 하나였으며, 회복된 땅에서 하나님이 그 백성과 함께 영원토록 함께하시기를 바라는 소망의 징표였다(참고. 겔 48:35의 "여호와 삼마[여호와가 거기 계심]"). 그러므로 학개는 백성들에게 성전의 재건을 독려했다.

우리는 성전과 성전예배가 오용되었을 때, 심판의 대상이 될 수 있음을 성경을 통해 그리고 역사를 통하여 알고 있다. 예레미야는 성전이 하나님의 집이라는 주장을 거짓말이라 하였고(렘 7:4) 예수님도 당시의 성전이 도둑의 소굴과 다름 아님을 꾸짖으셨다(막 11:17). 스데반은 이사야 66:1을 인용하면서 "지극히 높으신 이는 손으로 지은 곳에 계시지 아니 하신다"(행 7:48)고 설교했다. 옛날 헤롯이 자신의 통치권 확보를 위해 성전을 지은 것처럼, 오늘도 성전건축이 오용되기도 한다. 그러나 이스라엘의 성전은 본질상 신앙공동체의 중심지이며 마음을 준비하여 하나님께 예배를 드리는 가시적인 헌신의 자리였다.

신약성경은 새로운 성전관에 대해 말씀해 준다. 예수님 자신이 참 성전이시며(요 2:19), 하나님 백성인 성도가 성전이고(고후 6:16), 성도들은 서로 연결되어 주 안에서 성전이 되어간다(엡 2:21). 바울 사도는 "너희는 너희가 하나님의 성전인 것과 하나님의 성령이 너희 안에 계시는 것을 알지 못하느냐"라며 성령께서 하나님의 성전인 성도의 심령에 거하심을 강조한다(고전 3:16).

묵상 나누기

위에서 묵상한 내용을 간략히 기록하고 함께 나눈다.

찬송

"내 주의 나라와"(208장)

13. 나의 영을 네 자손에게 주리니(사 44:1-8)

주제와 연관된 질문

1. 나는 어떻게 하나님의 자녀가 되었는가?
2. 내가 믿는 그 하나님은 어떤 분이신가?
3. 하나님이 부모이시고, 창조주이시고, 구원자이심은 나의 구체적인 삶에 어떤 영향을 미치는가?
4. 나는 하나님과 그 아들 예수님에 대해 증인인가 아니면 변호인인가?

주제 내용 _

하나님께 반역하여 하나님을 잃은 이스라엘 백성은 결국 모든 것을 잃고 말았다. 하나님이 이스라엘을 버리셨다면, 이제 어떻게 회복할 수 있는가? 이스라엘이 회복해야 할 것은 이전에 잃었던 토지와 명예와 물질적 재산만이 아니다. 정말 필요한 것은 하나님의 돌아오심과 반역한 백성마저 사랑하시는 하나님의 조건 없는 은혜이다.

그러나 백성들은 하나님이 자신들을 완전히 버리셨다고 생각했다. 여호와 하나님은 여전히 이스라엘의 하나님이신가? 귀환한 사람들은 자신할 수 없었고 감히 하나님 존전에 나갈 수 없었다. 그러나 여호와 하나님이 먼저 찾아오셔서 위로와 확신의 말씀을 주신다. 이스라엘/유대를 "나의 종 야곱, 내가 택한 이스라엘"이라 하신다. "나의 종"이란 하나님께 속했다는 것, 하나님의 소유라는 것, 하나님의 일군이라는 것, 하나님이 지키시는 대상임을 말한다. 이스라엘은 하나님을 배반하고 잊었으나 하나님은 여전히 그들의 하나님이 되어주신다. 하나님은 이스라엘에게 더 놀라운 말씀을 주신다. 이스라엘이 하나님이 지으시고 모태에서 만든 자녀라는 것이다(2절). 이스라엘의 근원이 여호와 하나님의 은혜에 있으며 여호와 하나님은 이스라엘의 창조주이시고 부모이시다.

여호와께서 만드시는 이스라엘의 회복이 생생한 언어로 표현된다. 역사적으로 영적으로 목말라하는 이스라엘에게 물을 주시며 마른 땅에 시내가 흐르게 하시며 하나님의 영과 복을 자손에게 부어주신다. 여호와 하나님은 이스라엘을 풀밭과 물가로 인도하신다. 하나님의 무조건적인 자비로 말미암아 이스라엘은 이제 "여호와께 속하였다"고 말할 수 있다. 여호와의 은혜를 "그의 손의(으로) 기록하고" 다시 하나님의 백성 야곱, 즉 이스라엘이란 이름에 자부심을 갖게 될 것이다.

여호와 하나님은 자신이 누구인지 이스라엘에게 알려 주신다. 이스라엘의 왕이시며 이스라엘의 구원자이신 하나님은 실상은 '처음이요 마지막'이신 분이며 유일하신 신이시다. 세상의 모든 것은 그 어떤 위대한 것이라 할지라도 잠간 왔다가 사라진다. 애굽도 앗수르도 바벨론도 페르시아도 마찬가지이다. 그러나 오직 여호와 하나님만이 변함없이 영원토록 계시며, 또 모든 것을 있게 하시고, 모든 것을 종결시키는 분이시다. 세상 누구도 미래를 알 수 없다. "될 일과 장차 올 일"도 여호와 하나님만 아신다. 이스라엘은 여호와 하나님이 누구신지에 대한 역사적 경험을 갖고 있다. 또한 하나님의 약속대로 새로운 삶을 경험하게 될 것이다. 그러므로 역사를 통해 하나님과 함께 걸어온 이스라엘은 여호와의 증인이다. 여호와의 영은 이스라엘을 소생케 하시어 이스라엘로 하여금 여호와의 증인이 되게 하신다.

우리의 삶도 이스라엘의 삶과 다르지 않다. 여호와 하나님은 떨고 있는 자들에게 "너를 도와 줄 여호와"(2절)라 하시고 "두려워하지 말고 겁내지 말라"고 하신다(8절). 두려워하는 이스라엘에 주신 따뜻한 위로와 보호해 주시겠다는 확언은 하나님의 새로운 백성인 우리에게도 해당된다. 하나님은 우리의 형편을 아시고 살피시며 의지할 곳 없어 손들고 나가면 박대하지 않고 도와주신다. 하나님은 나의 이름을 불러 주시고 과거의 죄를 씻어주시며 새로운 생명으로 거듭나 참빛 안에서 삶을 살아가도록 창조를 하신다. 또한 하나님은 하나님의 영으로 우리와 함께 하시고 우리의 필요를 채우시며 우리에게 복을 주신다. 갈급할 때 생수로 목을 축여주시며 마른 광야 같은 인생길에 시내를 흐르게 하신다. 우리는 하나님은 사랑에 감격하며 옛 이스라엘에게 주신 사명처럼 성령님의 능력을 힘입어 하나님의 사랑과 그의 아들 예수 그리스도의 은혜의 증인으로 살아간다.

주제와 연관된 성경공부와 말씀묵상 _

나의 영을 네 자손에게, 나의 복을 네 후손에게 부어 주리라

본문말씀(이사야 44:1–8)

1 나의 종 야곱, 내가 택한 이스라엘아 이제 들으라
2 너를 만들고 너를 모태에서부터 지어 낸 너를 도와 줄 여호와가 이같이 말하노라 나의 종 야곱, 내
가 택한 여수룬아 두려워하지 말라
3 나는 목마른 자에게 물을 주며 마른 땅에 시내가 흐르게 하며 나의 영을 네 자손에게, 나의 복을 네
후손에게 부어 주리니
4 그들이 풀 가운데에서 솟아나기를 시냇가의 버들 같이 할 것이라
5 한 사람은 이르기를 나는 여호와께 속하였다 할 것이며 또 한 사람은 야곱의 이름으로 자기를 부를
것이며 또 다른 사람은 자기가 여호와께 속하였음을 그의 손으로 기록하고 이스라엘의 이름으로
존귀히 여김을 받으리라
6 이스라엘의 왕인 여호와, 이스라엘의 구원자인 만군의 여호와가 이같이 말하노라 나는 처음이요
나는 마지막이라 나 외에 다른 신이 없느니라
7 내가 영원한 백성을 세운 이후로 나처럼 외치며 알리며 나에게 설명할 자가 누구냐 있거든 될 일과
장차 올 일을 그들에게 알릴지어다
8 너희는 두려워하지 말며 겁내지 말라 내가 예로부터 너희에게 듣게 하지 아니하였느냐 알리지 아
니하였느냐 너희는 나의 증인이라 나 외에 신이 있겠느냐 과연 반석은 없나니 다른 신이 있음을 내
가 알지 못하노라

기도요점

하나님은 잘못에 대해 벌하시고 꾸짖으시지만 자기 백성을 결코 버리지 않으신다. 자신의 현 상태가 어떠함을 깨닫고 회개하는 마음으로 하나님께 나아가야 한다. 하나님은 우리를 지으시고 또한 자녀로 삼으신 부모님이시다. 모든 것을 의논하고 모든 일에 도움을 구하고 모든 일에 하나님을 기쁘게 하는 삶을 살게 해 달라고 기도한다. '될 일과 장차 올 일'은 아무도 알 수 없으므로 하나님을 붙들고 이 세상을 살아가도록 해 달라고 기도한다. 여호와의 영은 소생케 하는 영이므로 성령님을 의지하고 날마다 새로운 삶을 살아간다.

도움의 말

히브리어로 첫 문장은 "들으라"(쉬므우)이다. '쉬므우'는 선지자(예언자)의 선포에서 '선포 양식소'(proclamation formula)라 불린다. 모세가 이스라엘에게 하나님의 규례를 선포할 때(신 5:1), 이스

라엘의 교육과 신앙 헌장인 '쉐마'를 선포할 때(신 6:4), 예언자들이 선포를 시작할 때(예. 사 1:10; 암 3:1; 4:1; 7:16; 8:4; 미 3:1, 9; 6:1), 이 양식소가 사용된다. 이사야 선지자는 '들으라'라는 말씀으로 자기 말이 아니라 여호와 하나님의 말씀을 전한다.

히브리 성경에서 2절 첫 문장은 "여호와께서 이렇게 말씀하셨다"(코 아마르 야훼)이다. '코 아마르 야훼'는 '대언자 양식소'(messenger speech formula)라 불리며 예언서에 자주 나타난다. 선지자는 자기의 생각이나 판단을 전하는 것이 아니라 여호와 하나님의 대리인으로서 여호와의 친 말씀을 전한다. 우리는 하나님의 말씀을 전하는 사람이 가져야 하는 바른 태도가 무엇인지 배운다. 거짓 선지자는 하나님의 말씀을 전한다고 하면서 자기 말을 한다. 당연히 그런 선지자는 하나님과 깊은 관계를 갖고 있지 않다. 참선지자는 여호와 하나님과 깊이 교제하고, 삶에서 하나님 뜻을 따라 살며, 여호와의 부르심과 파송에 순종하고, 여호와께서 맡기신 말씀을 정직하게 전한다.

하나님의 말씀을 들어야하는 대상은 포로 상황에서 귀환한(할) 이스라엘 백성이다. 패망을 겪고 비참하게 되었으며 남들로부터 멸시를 받았다. 하나님은 두려워하지 말라고 하시면서 이스라엘 혹은 야곱을 '여수룬'이라 칭하신다. 여수룬은 구약성경에서 이곳을 포함하여 모두 네 번 나온다('모세의 노래'[신 32:15]; '모세의 축복'[신 33:5; 26]). 여수룬은 이스라엘 백성(신 32:15; 33:26)이나 이스라엘 땅(신 33:5)을 이른다. 그 문자적 의미가 무엇인지는 확정적으로 말하기 어렵다. 몇 가지 해석을 소개하면 다음과 같다. 첫째, 가장 널리 받아들여지는 견해로서 '여수룬(여슈룬)'이 '야샤르'('정직한' 혹은 '올바른')에서 나왔다는 것이다. 하나님을 배반한 불의한 백성을 하나님께서 은혜로 '정직한 백성'이라고 부른다는 해석이다(칼빈의 신명기 32장 주석). 지금까지는 이스라엘 백성이 불의하게 살았지만, 은혜를 입어 회복된 지금부터는 하나님의 자녀답게 '의로운' 삶을 살아야 한다는 하나님의 의도가 담긴 용어일 수도 있다. 둘째, '노래하다'를 뜻하는 '쉬르'에서 나왔다고 설명된다. 야곱의 후손이 이제 하나님의 은혜와 구원을 찬양하게 될 존재임을 말한 것이 된다. 셋째, '바라보다'를 뜻하는 '슈르'와 관련된다고 설명된다. 이스라엘을 향한 하나님의 사랑스런 눈길이나 하나님만 바라보고 살아야 함을 말한 것이 된다.

이곳에서 하나님의 영("나의 영," 3절)은 생명을 주시는 영이다. "목마른 자에게 물을 주며 마른 땅에 시내가 흐르게"하는 것은 이스라엘의 부활과 새 생명을 상징한다. 하나님의 영은 하나님이 주시는 복("나의 복," 3절)과 평행을 이룬다. 하나님의 영은 아무것도 없는 자들에게 풍성한 복을 주시는 영이시다. 하나님의 영을 받은 사람은 여호와께 속한 사람이 되고 하나님의 백성으로 존귀함을 받게 된다(5절). 오늘 우리는 하나님의 영이시며 예수께서 보내신 보혜사이신 성령으로 거듭나서 새 생명을 얻었다. 성령님의 능력과 내주하심으로 풍성한 삶을 살아간다. 또한 하나님의 영으로 말미암아 여호와 하

나님의 사랑과 하나님의 아들 예수 그리스도께서 베푸신 은혜를 증언하는 증인의 삶을 살아간다(참고, 8절)

묵상 나누기

위에서 묵상한 내용을 간략히 기록하고 함께 나눈다.

찬송

"나 이제 주님의 새 생명 얻은 몸"(436장)

14. 너희 속에 하나님의 영이 거하시면(롬 8:9-17)

주제와 연관된 질문 _

1. 예수님이 승천하시기전 제자들에게 주신 약속은 무엇인가?
2. 제자들의 사역에서 성령님은 어떤 역할을 하시는가?
3. 나의 삶 속에서 성령님은 어떤 역할을 하시는가?
4. 내 속에 계시는 성령님은 내가 어떤 사람이기를 그리고 어떤 삶을 살기를 원하시는가?

주제 내용 _

우리는 정규 예배 때 마다 '축도,' 즉 "주 예수 그리스도의 은혜와 하나님의 사랑과 성령의 교통하심이 너희 무리와 함께 있을지어다"(고후 13:13)라는 선포를 듣는다. 순서는 '교리의 요약'인 사도신경에서 나타나는 창조주 하나님, 예수님, 성령님의 순서와 다르다. 축도 순서는 그리스도인의 '경험' 순서를 나타내는 예수님의 은혜, 하나님의 사랑, 성령님의 교통하심이다. 하나님의 사랑이 얼마나 큰 것인지 어떻게 알 수 있을까? 성경을 통해서 알지만 하나님의 사랑의 핵심과 정점은 "하나님이 (배반하여 원수가 되었음에도 불구하고) 세상을 이처럼 사랑하사 독생자를 주신" 사랑이다. 독생자 예수마저 십자가에서 죽게 하신 그 사랑에서 하나님의 사랑이 얼마나 귀한 것인지 알 수 있다. 그러므로 예수 그리스도의 은혜를 입은 사람만이 하나님의 그 크신 사랑을 알 수 있다. 예수님의 은혜를 입고 하나님의 사랑을 깨달은 사람에게 하나님은 성령님을 주신다. 그리하여 그리스도인은 성령님과 교통하며 그분의 힘과 도움을 받아 믿음으로 세상을 살아가게 된다.

로마서 8장은 이른바 '성령장'이라 불릴 만큼 '성령' 혹은 '하나님의 영'이 많이 언급 된다. 8장의 '성령론'은 바울 서신 뿐 아니라 신약의 다른 성경에 나오는 하나님의 영, 그리고 무엇보다 우리의 삶의 규정과 장래와 우리가 얻은 권한과 권리를 이해하는데 필수적이다. 인간이 하나님의 자녀가 되기 위해서 할 수 있는 일은 아무것도 없다. 오직 성령님의 역사로 하나님께서 선물로 주신 예수님을 주로 영접하면 된다. 그로써 성령님을 통해 하나님의 자녀로서 상속을 포함하여 온갖 권한을 부여받는다. 하나님의 자녀는 하나님의 가족으로 성령님의 보호를 받고 인도함을 받고 사랑을 받고 아버지의 영광을 위해 살게 된다. 하나님의 자녀는 하나님의 영광에 참여하게 되며 하나님의 영광을 위해 이 세상에서 고난도 감수한다.

주제와 연관된 성경공부와 말씀묵상 _

우리가 하나님의 자녀인 것을 증거하시는 성령님

본문말씀(로마서 8:9-17)

9 만일 너희 속에 하나님의 영이 거하시면 너희가 육신에 있지 아니하고 영에 있나니 누구든지 그리스도의 영이 없으면 그리스도의 사람이 아니라
10 또 그리스도께서 너희 안에 계시면 몸은 죄로 말미암아 죽은 것이나 영은 의로 말미암아 살아 있는 것이니라
11 예수를 죽은 자 가운데서 살리신 이의 영이 너희 안에 거하시면 그리스도 예수를 죽은 자 가운데서 살리신 이가 너희 안에 거하시는 그의 영으로 말미암아 너희 죽을 몸도 살리시리라
12 그러므로 형제들아 우리가 빚진 자로되 육신에게 져서 육신대로 살 것이 아니니라
13 너희가 육신대로 살면 반드시 죽을 것이로되 영으로써 몸의 행실을 죽이면 살리니
14 무릇 하나님의 영으로 인도함을 받는 사람은 곧 하나님의 아들이라
15 너희는 다시 무서워하는 종의 영을 받지 아니하고 양자의 영을 받았으므로 우리가 아빠 아버지라고 부르짖느니라
16 성령이 친히 우리의 영과 더불어 우리가 하나님의 자녀인 것을 증언하시나니
17 자녀이면 또한 상속자 곧 하나님의 상속자요 그리스도와 함께 한 상속자니 우리가 그와 함께 영광을 받기 위하여 고난도 함께 받아야 할 것이니라

기도요점

먼지에 불과한 우리, 죄로 물든 우리를 하나님의 자녀로 삼아주심을 묵상한다. 하나님의 아들 그리스도와 함께 우리도 하나님의 상속자로 인정해 주심에 감격한다. 죄인인 우리에게 성령께서 내주 하시면서 인도하시고 계심을 믿고 감사한다. 육신대로 살지 않고 영으로 몸의 행실을 죽이며 살게 해달라고 기도한다. 하나님의 자녀 된 우리는 하나님의 아들이신 그리스도와 함께 영광을 받기 위해서 고난도 함께 받을 믿음과 힘을 달라고 간구한다.

도움의 말

성령님은 어떤 분이신가? 첫째, 성령님은 "그리스도 예수 안에 있는" 영이다(2, 10절). 둘째, 성령님은 하나님의 영이다. 셋째, "예수를 죽은 자 가운데서 살리신 이의 영"이다(11절). 넷째, 그리스도인 안에 거하시는 하나님의 영이다(11절). 다섯째, 그리스도의 영이 있는 자만이 그리스도의 사람이다. 여섯째, 성령님은 죄로부터 성도를 해방시키는 분이다. 그리하여 "그리스도 예수 안에 있는 자에게는 결코 정죄함이 없다"(1절). 일곱째, 성령님은 그리스도인을 새로운 존재가 되게 하시고 영의 세계에 속하게 하신다(9절). 여덟째, 성령님은 신앙인과 함께 계시면서 우리의 영과 함께 우리가 하나님의 자녀인 것을 증언하신다. 우리가 하나님의 자녀임을 법적으로 확인해 주시는 것이다.

성령님이 거하시는 그리스도인은 어떤 존재일까? 그리스도인은 "몸은 죄로 말미암아 죽은 것이나 영은 의로 말미암아 살아있고"(10절), 그리스도인 안에 거하시는 그[하나님]의 영으로 말미암아 그리스도인의 죽을 몸도 살아나게 된다(11절). 하나님의 영이 거하는 사람, 즉 하나님의 자녀는 어떤 삶을 살게 될까? 첫째, 그리스도인은 "성령을 따라" 살며(13절) "하나님의 영으로 인도함을" 받는다(14절). 둘째, 두려운 마음으로 주인을 섬겨야 하는 종이 아니라 하나님의 아들로 입적된다. 그리하여 우리는 감히 하나님을 '아빠 아버지'라 부르짖는다(15절). 셋째, 하나님의 상속자요, 그리스도와 함께 한 상속자이며 하나님의 영광을 이을 자이다. 넷째, 하나님의 자녀는 성령의 인도를 따라 고난도 함께 받는다.

묵상 나누기

위에서 묵상한 내용을 간략히 기록하고 함께 나눈다.

찬송

"내 영혼이 은총 입어"(438장)

15. 너희는 성령이 거하시는 하나님의 성전(고전 3:16-23)

주제와 연관된 질문

1. 이스라엘 역사에는 어떤 성소/성전들이 있었는가?
2. 이스라엘 성전의 기능은 무엇이며 문제점들은 무엇이었는가?
3. 성전의 참 성전 됨은 어떤 요소들에 의해 결정된다고 생각하는가?
4. 우리가 성령의 전이라는 말씀은 나의 삶에 어떤 영향을 끼치는가?

주제 내용 _

신앙공동체는 성령이 거하시는 하나님의 성전이다. 한 마음으로 주님을 섬기는 공동체이다. 그러나 고린도 교회는 분쟁하는 교회였다. 바울파, 아볼로파, 게바파가 존재했고 결과적으로 주님의 몸인 교회가 찢어지고 있었다. 바울은 고린도 교회 교우들에게 준엄한 경고를 내리며 성전은 거룩한 곳임을 강조한다. "너희가 하나님이 성전인 것"에서 "너희"는 고린도 교회 신앙공동체이다. 바울은 성령이 "너희 안에 계시는 것을 알지 못하느냐"며 수사의문으로 꾸짖음을 시작한다. 고린도 교회 구성원들이 신앙공동체에 하나님이 거하시는 것을 배웠고 알고 있음을 전제로 한다. 고린도 교회 교우들은 하나님이 보내신 성령을 경험한 사람들이기도 하다(고전 2:4, 10, 13).

교회 혹은 신앙공동체는 하나님을 모시고 예배하는 거룩한 모임이며 성령이 그 안에 계신 곳이다. "하나님의 성전은 거룩하니 너희도 그러하니라"는 신앙인 개인이나 신앙공동체가 성령이 거하시는 하나님의 전이므로 거룩해야 한다는 뜻이다. 만일 하나님의 성전을 더럽히거나 파괴하는 사람이 있다면 그 사람은 하나님을 멸시하는 사람이다. 하나님은 그 사람을 어떻게 보시겠는가? 성전을 파괴하는 일은 절대로 해서는 안 될 일이며 당연히 그 사람은 하나님 심판을 받게 될 것이다. 오늘날도 별 다르지 않다. 고린도 교회의 신앙인들이 알고 있었던 것처럼, 오늘의 신앙공동체도 그 안에 하나님이 거하시며 하나님을 섬기는 공동체임을 이론적으로는 알고 있다. 하지만 실제적으로는 자기 욕심 때문에, 부족한 성품으로 인해, 사탄의 유혹을 받아, 영적 무지나 교만함으로 인해, 신앙공동체를 제 기분이나 제 생각대로 행해도 괜찮은 인간만의 모임으로 생각하는 사람들이 있다. 신앙공동체는 누구의 것이라 주장할 수 없고 실제로 누구의 것도 아니다. 누구도 어떤 생각으로도 신앙공동체를 파괴해서는 안 된다. 사도바울은 자신이 지혜 있는 줄로 생각하여 자기주장이 강하고 결국 공동체를 파괴하는 사람들에게 강하게 경고한다. 가장 지혜로운 사람은 오직 하나님의 뜻에 순복하는 사람이다. 가장 지혜로운 사람은 자신의 어리석음을 인정하고 하나님께 지혜를 구하는 사람이다.

어떤 지도자들이건 간에 그가 예수를 주로 믿는 사람이라면 그는 그리스도의 것이다(고전 1:30). 심지어 세계, 생명, 사망, 지금 것, 장래 것, 등 그 안에서 살고, 살면서 가지고 있는 모든 것, 삶 이후의 것이라도 그 모든 것은 주님이신 그리스도의 것이다. 그리스도인이 가진 모든 것은 자기 것도, 인간 지도자의 것도 아니고, 모두 그리스도께서 주신 것이고 그리스도의 것이다. 그리스도 신앙공동체의 거룩함과 하나 됨은 늘 지켜져야 한다. 예수 그리스도를 주로 믿는 신앙공동체가 성령이 거하시는 하나님의 집이기 때문이다.

주제와 연관된 성경공부와 말씀묵상 _

하나님의 성령이 너희 안에 계신다.

본문 말씀(고린도전서 3:16-23)

16 너희는 너희가 하나님의 성전인 것과 하나님의 성령이 너희 안에 계시는 것을 알지 못하느냐

17 누구든지 하나님의 성전을 더럽히면 하나님이 그 사람을 멸하시리라 하나님의 성전은 거룩하니 너희도 그러하니라

18 아무도 자신을 속이지 말라 너희 중에 누구든지 이 세상에서 지혜 있는 줄로 생각하거든 어리석은 자가 되라 그리하여야 지혜로운 자가 되리라

19 이 세상 지혜는 하나님께 어리석은 것이니 기록된 바 하나님은 지혜 있는 자들로 하여금 자기 꾀에

빠지게 하시는 이라 하였고
20 또 주께서 지혜 있는 자들의 생각을 헛것으로 아신다 하셨느니라
21 그런즉 누구든지 사람을 자랑하지 말라 만물이 다 너희 것임이라
22 바울이나 아볼로나 게바나 세계나 생명이나 사망이나 지금 것이나 장래 것이나 다 너희의 것이요
23 너희는 그리스도의 것이요 그리스도는 하나님의 것이니라

기도요점

내 안에 성령이 거하심을 늘 잊지 않는다. 하나님이 거하시는 신앙공동체인 교회를 사랑하는지 점검한다. 남의 티를 지적하고 다투는 경향을 보이는지 화평을 지향하고 싸매는 경향을 보이는지 하나님 앞에서 스스로를 살핀다. 주님의 몸 된 교회를 귀하게 여기고 내 몸처럼 아끼고 섬기게 해달라고 기도한다. 생각하고 말하고 행하는 것이 주님을 기쁘게 하는 성화된 사람이 되게 해달라고 간구한다.

도움의 말

구약성경을 통해 성전은 가장 귀한 장소로 인정된다. 성전의 원형인 성막은 여호와 하나님의 현존의 상징이다. 솔로몬 성전건축은 나중에 오용되긴 했어도 하나님 약속의 성취였다(삼하 7:13). 후에 죄로 말미암아 성전이 파괴되고 백성들은 포로 생활을 하였으나, 하나님은 귀환한 백성 가운데 거하기를 원했다. 예배는 백성이 하나님께 나아가는 가장 중요한 수단 가운데 하나였다. 재건된 성전은 백성들의 여호와 섬김의 상징이었으며 여호와께서 그들에게 허락한 땅에서 그의 백성과 함께 계실 것이라는 약속의 징표였다(학 2:18-19).

성전은 여호와 하나님이 거하시는 곳이고, 비천한 인간이 거룩한 하나님을 대면하는 장소이므로 성전 예배에 참석하는 사람과 제사를 집전하는 제사장들은 매우 경건한 자세로 임해야 했다. 그러나 마음이 부패한 사람들은 성전을 멸시하고 탐욕의 장소로 오용했다. 엘리의 아들들은 욕구 성취의 도구로 이용했다. 성전과 제사를 멸시했고(삼상 2:17) 거리낌 없이 음란의 죄를 범했다(삼상 2:22). 아모스는 남왕국 출신이지만 북왕국에서 심판을 선포했다. 당시 북왕국의 중앙 성전인 벧엘과 유서 깊은 성소인 길갈에 대해서, 온갖 희생제사를 드려도 그것은 죄를 더하는 것에 불과하다고 정죄했다(암 4:4-5; 5:5). 미가 역시 성전과 예배의 타락을 질타했다. "그들의 제사장들은 삯을 위하여 교훈하며 그들의 선지자는 돈을 위하여 점을 치면서 여호와를 의뢰하여 이르기를 여호와께서 우리 중에 계시지 아니하냐"라고 생각했기 때문이다. 예레미야는 "여호와의 성전이라" 외치는 제사장의 말을 거짓말이라고 비난했다(렘 7:4) 또한 예레미야는 성전 뜰에 서서 예배하는 자들이 일상생활에서 범하는 온갖 악행에

대해서 심판을 선포했다(렘 26:2-3). 이와 같이 하나님의 성전은 사람들에 의해 더럽혀지고 오용되었으며 하나님은 그들을 심판했다.

지금은 가시적인 성전과 제사장 제도가 존재하지 않는다. 예수 그리스도께서는 영원한 제사장이시며 하나님께 드려진 완전한 희생제물이기 때문이다. 그러나 성전의 의미를 갖는 신앙공동체는 여전히 존재한다. 성령님은 신앙공동체에 함께 하시며 성도가 하나님께 진심의 예배를 드릴 때 하나님은 그 예배 가운데 계신다. 신앙공동체는 거룩한 공동체로 하나님을 경배하고 하나님의 뜻을 배우며 하나님의 뜻을 세상에 실천하는 공동체이다. 그러나 현실적으로 성도간의 분쟁과 신앙인 개개인의 타락으로 인해 성령이 거하시는 신앙공동체가 오염되고 파괴되기도 한다. 성도들은 그 신앙공동체를 주님의 몸으로 알고 사랑하고 섬겨야 한다. 또한 신앙인 개개인이 하나님이 거하시는 성전을 깨끗하고 거룩하게 해야 한다. 신앙공동체도 신앙인 개개인도 하나님이 계시는 성전임을 알고 하나님의 교회를 귀히 여기고 성전인 자신을 하나님이 받으실만한 곳으로 늘 깨끗하게 거룩하게 유지하려고 노력한다.

묵상 나누기

위에서 묵상한 내용을 간략히 기록하고 함께 나눈다.

찬송

"사랑하는 주님 앞에"(220장)

16. 영원하신 성령으로 말미암아 흠 없는 자기를 하나님께 드린 새 언약의 중보자 예수 그리스도(히 9:8–15)

주제와 연관된 질문 _

1. 시내 산에서 이스라엘 백성에게 주어진 옛 언약의 특성은?
2. 옛 언약에서 하나님께 나아가는 방법 두 가지는?
3. 옛 언약과 새 언약의 차이는?
4. 영원하신 성령으로 말미암아 자기를 하나님께 드린 새 언약의 중보자 예수 그리스도를 통하여 하나님께 나아가게 된 경험이 있는가?

주제 내용 _

'세상에 속한 성소'란 하늘과 대조되는 지상적 성소이다. 첫 언약 즉 옛 언약에도 하나님께로 나아가는 방법 두 가지가 있었다. 하나는 섬기는 예법이다. '섬기는 예법'이란 하나님께 드리는 예배에 관한 규례이다. 다른 하나는 세상에 속한 성소이다. 세상에 속한 성소, 즉 이 성막은 두 개의 방으로 구분된다. 안쪽 방은 지성소라 부르고 바깥쪽 방은 성소라 부른다. 성소 남쪽에 등대가 있으며, 그 가운데에 중심 줄기를 기준으로 양편에 세 개의 가지가 나와 있고, 7개의 등잔과 22개의 꽃모양의 받침대가 있다(출 25:31–39; 27:20, 21). 성소 북쪽에 진설병을 놓아두는 조각목으로 만든 상이 있으며, 12개의 무교병인 진설병이 각각 6개씩 두 줄로 놓여 있는데, 안식일마다 교환된다(레 24:8).
둘째 휘장은 성소와 지성소 사이를 구분하는 휘장인데, 이 휘장의 뒤편, 즉 안쪽에 있는 방이 지성소이다. 지성소는 하나님의 임재를 상징하는 곳으로서 일 년에 한 번 대제사장이 속죄일에 향을 피운 금 향로를 가지고 그곳에 들어가 제사를 지낸다. 대제사장은 속죄제를 드리기 전에 하나님 앞에 분향하여 그 연기로 속죄소를 가린다. 향의 연기는 하나님의 임재를 상징하는 언약궤와 속죄소를 가려 범죄한 인간이 거룩한 하나님 앞에서 죽음을 면하도록 하였다(출 20 18, 19). 지성소에는 사면을 금으로 싼 언약궤(증거궤)가 있고, 그 안에는 광야에서 이스라엘 백성들을 먹이셨던 양식인 만나를 담을 금 항아리와 제사장 직분을 위하여 하나님에 의하여 선택받은 아론의 싹 난 지팡이, 그리고 모세가 시내 산에서 받은 언약의 돌판들(십계명)이 있다.

언약궤 뚜껑은 속죄소라 불린다(출 25:17, 21). 대제사장은 속죄일에 속죄제의 피를 속죄소에 뿌린다(레 16:14, 15). 속죄소인 언약궤의 뚜껑에는 영광의 그룹들이 있다. 하나님의 보좌를 수호하는 천사들인 한 쌍의 그룹은(겔 10:1-8; 계 4:6-8) 언약궤의 뚜껑 위에서 날개를 펴고 서로 마주 대하고 있다. 여기서 '한 쌍의 그룹'은 하나님의 임재를 상징하며(삼상 4:4; 시 80:1; 99:1), 그리고 '영광의 그룹'은 하나님의 백성들 가운데 임재하시는 하나님의 현현을 나타낸다.

제사장들이 첫 장막인 성소에 들어가 섬기는 예식이 세 가지이다. 첫째, 아침마다 금 향단에 분향하며, 둘째, 저녁마다 등대에 불을 밝히며, 셋째, 매 안식일 마다 떡 상에 열두 개의 진설병을 교체하는 일이다. 둘째 장막인 지성소에는 오직 대제사장만이 일 년에 한 번 자신과 백성 전체의 허물을 위하여 들어간다. 여기서 말하는 허물이란 대제사장 자신과 전체 백성들이 모르고 범한 죄를 가리킨다. 이러한 허물을 용서받기 위하여 대제사장은 피를 드려야만 했다.

구약시대의 지상의 성막과 제사로는 양심을 온전케 할 수 없는데, 그 까닭은 구약시대의 외형적 의식인 예물과 제사는 내면적이며 영적인 양심을 온전하게 할 수 없기 때문이다. 즉 이는 일 년에 한 번씩 행하는 속죄제를 통해서는 온전한 몸과 양심으로 하나님과의 전인적인 관계를 가질 수 없다는 것을 의미한다. 구약성경에 나타난 장막과 관련된 모든 규례들은 '먹는 것'(레 11장)과 '마시는 것'(레 10:8, 9; 11:33-38; 민 6:2, 3), 그리고 '씻는 것'(출 30:20; 레 15:4-27 등)이다. 이러한 규례들은 모두 육체와 관련된 외형적인 예법으로서 육체의 예법일 뿐이다. 시내 산에서 이스라엘 백성에게 주어진 옛 언약의 이러한 육체의 예법은 그리스도 예수를 통해서 양심이 깨끗해지고 하늘 성소에 자유롭게 나아갈 수 있는 새 언약이 성취될 때까지만 그 효력을 발휘하였다. 이처럼 새 언약이신 그리스도 예수께서 오시기 전에 하나님의 백성이 하나님께 나아갈 수 있는 길이란 오로지 성소와 지성소, 그리고 제의적인 규례를 통해서였음을 성령께서 가르쳐 주신다.

그리스도의 피 흘림으로 인한 새 언약

본문 말씀(히브리서 9:8–15)

8 성령이 이로써 보이신 것은 첫 장막이 서 있을 동안에는 성소에 들어가는 길이 아직 나타나지 아니
한 것이라
9 이 장막은 현재까지의 비유니 이에 따라 드리는 예물과 제사는 섬기는 자를 그 양심상 온전하게 할
수 없나니
10 이런 것은 먹고 마시는 것과 여러 가지 씻는 것과 함께 육체의 예법일 뿐이며 개혁할 때까지 맡겨
둔 것이니라
11 그리스도께서는 장래 좋은 일의 대제사장으로 오사 손으로 짓지 아니한 것 곧 이 창조에 속하지 아
니한 더 크고 온전한 장막으로 말미암아
12 염소와 송아지의 피로 하지 아니하고 오직 자기의 피로 영원한 속죄를 이루사 단번에 성소에 들어
가셨느니라
13 염소와 황소의 피와 및 암송아지의 재를 부정한 자에게 뿌려 그 육체를 정결하게 하여 거룩하게 하
거든
14 하물며 영원하신 성령으로 말미암아 흠 없는 자기를 하나님께 드린 그리스도의 피가 어찌 너희 양
심을 죽은 행실에서 깨끗하게 하고 살아 계신 하나님을 섬기게 하지 못하겠느냐
15 이로 말미암아 그는 새 언약의 중보자시니 이는 첫 언약 때에 범한 죄에서 속량하려고 죽으사 부르
심을 입은 자로 하여금 영원한 기업의 약속을 얻게 하려 하심이라

기도요점

옛 언약과 새 언약에서의 죄를 씻는 길은? "그리스도께서는 장래 좋은 일의 대제사장으로 오사 손으로 짓지 아니한 것 곧 이 창조에 속하지 아니한 더 크고 온전한 장막으로 말미암아 염소와 송아지의 피로 하지 아니하고 오직 자기의 피로 영원한 속죄를 이루사 단번에 성소에 들어가셨느니라"는 말씀을 묵상하자.

도움의 말

성령이 이로써 보이신 것은 다름이 아니라 첫 장막, 지상에 세워진 성막이 서 있을 동안 성소 안의 하나님께 나아가는 길이 아직 나타나지 아니한 것을 성령께서 알게 하신 것을 의미한다. 사실 새 언약이

신 그리스도 예수께서 이 땅에 오셔서 온전한 구속사역을 이루기 전의 옛 언약의 성막이 주는 의미를 성령께서 가르쳐 주신다.

옛 언약의 육체의 예법과는 달리 그리스도 예수께서는 장래 좋은 일의 대제사장으로 오셨다. 여기서 '더 좋은 일의 대제사장'이란 하나님의 백성으로 하여금 더 크고 온전한 장막에 의하여 하나님께로 나아갈 수 있게 되었음을 의미한다. '더 크고 온전한 장막'을 그리스도 예수의 몸으로 보는데, 그 이유는 그리스도 예수의 몸과 피를 통하여 새 언약의 구속사역이 성취되었기 때문이다. 옛 언약의 대제사장들은 속죄일에 동물의 피로 구속사역을 수행하였지만(레 16:3, 5-11, 15, 16) 그리스도 예수께서는 새 언약의 대제사장으로서 십자가에서 죽으사 피 흘리심으로 단번에 자기 몸을 제물로 드림으로써 온전한 구속사역을 성취하셨다. 이와 같이 그리스도 예수께서는 자기의 피로 영원한 속죄를 이루셨다.

옛 언약에서와 새 언약에서 피는 죄를 씻는 매개체이다. 옛 언약에서 염소와 황소의 피는 일반제사와 속죄일에 대제사장과 가족 그리고 백성의 속죄를 위한 피였다. 그리고 암송아지의 재는 정결하게 하는 의식에 사용되었다. 이러한 희생제물의 피와 재를 부정한 자에게 뿌려 그 육체를 정결하게 하여 거룩하게 하였다. 그런데 하물며 영원하신 성령으로 말미암아 흠 없는 자기를 하나님께 드린 그리스도의 피가 어찌 우리 양심을 죽은 행실에서 깨끗하게 하는 효력이 없겠는가! 흠 없는 자기를 하나님께 드린 그리스도의 피는 우리로 하여금 살아계신 하나님께 나아가게 하며 섬기게 한다.

그리스도 예수의 피가 사람의 양심을 깨끗이 하여 하나님을 섬길 수 있도록 하므로 그리스도 예수는 새 언약의 중보자이시다. 중보자이신 그리스도 예수는 첫 언약 때에 범한 죄에서 속량하려고 십자가에서 죽으심으로 말미암아 하나님께서 자기 백성과 맺기로 약속하신 새 언약을 실현시키셨다. 이와 같이 새 언약의 중보자가 되신 그리스도 예수께서는 율법의 불완전성을 해결하시어 양심까지 깨끗하게 속죄시킴으로 하나님의 부르심을 입은 사람들로 하여금 영원한 기업의 약속을 얻게 하신다. 여기서 '기업'이란 죽은 사람의 유언에 따라 얻는 재산을 가리키는 것으로 영원한 구원을 의미한다.

묵상 나누기

위에서 묵상한 내용을 간략히 기록하고 함께 나눈다.

찬송

"아무 흠도 없고"(229장)

17. 은혜의 성령을 욕되게 하는 자가 당연히 받을 형벌 (히 10:15-29)

주제와 연관된 질문 _

1. 하나님께서 이 땅에 보내신 예수께서 희생 제사의 제물로 자신을 단번에 드렸다는 말씀의 의미는?
2. 하나님의 뜻에 대한 완전한 순종으로 예수께서 자신의 몸을 단번에 희생제물로 드림으로 말미암아 우리가 거룩함을 얻어 세상과 구별되는 삶을 살 수 있게 되었는데, 이는 은혜의 성령의 역사로 가능하다. 그런데 우리가 은혜의 성령을 욕되게 한다는 것은 무엇을 뜻하는가?
3. 성령의 역사로 거룩하게 된 우리는 외적인 면만이 아니라 내면적인 양심까지 깨끗해졌다. 뿐만 아니라 그리스도 예수께서 자신을 드린 한 번의 제사로 우리는 하나님 앞에 자유롭게 나아갈 수 있게 되었는데, 이와 대비하여 구약시대의 하나님께 나아가는 방법은?

주제 내용 _

하나님의 뜻을 따라 성육신하신 그리스도 예수께서는 하나님을 믿지 아니하고 사랑하지 아니하는 우리 인간의 죄를 속죄하기 위하여 자신의 몸을 단번에 드리신다. 여기서 '단번에 드리심'이란 온전하고 효력 있는 희생제사 즉 그리스도 예수의 몸을 드리는 인격적인 제사를 의미한다. 이와 같이 그리스도 예수께서 자신의 몸을 드리신 것은 완전한 것으로 더 이상 반복할 필요가 없는 '단번에' 드린 제사이다. '단번에'란 그리스도 예수의 삶과 사역의 절정인 십자가 사건으로서 하나님의 뜻에 대한 완전한 순종과 더불어 구속 사역의 완전성을 의미한다. 그 결과, 즉 예수 그리스도의 몸을 단번에 드리심으로 말미암아 우리가 거룩함을 얻었는데, 이는 우리가 하나님께로부터 성별된 것을 의미한다. 이같은 구속의 역사는 은혜의 성령을 통하여 가능하다.

아론 계통의 제사장들은 날마다 성소에 서서 그들의 직무인 제사를 드렸다. 지상의 제사장들이 서서 제사를 드리는데, 이는 그 직무가 완성되지 않았음을 의미한다. 그들이 드리는 제사로는 언제나 죄를 없게 하지 못한다. 즉 이는 동물의 피로 드린 희생제사로는 하나님과의 교제를 갖는 데 있어서 온전하지 못하다는 것을 의미한다. 그래서 아론 계통의 제사장들은 반복적으로 계속하여 제사를 드릴 수밖에 없었다. 다른 말로 표현하면, 동물 희생제사로는 죄가 온전히 제거되지 않아 양심을 온전히 깨끗하게 할 수 없기 때문에 그들의 제사가 계속적으로 반복되었다.

죄를 위하여 단번에 자신의 몸을 드려 한 번의 영원한 제사를 드리시고 하나님 우편에 앉으신 그리스도 예수께서는 구약의 아론 계통의 제사장들, 즉 지상의 제사장들이 '서서' 그들의 직무를 반복하여 수행하는 것과 대조되신다. 하나님 우편에 앉으신 그리스도 예수의 구속 사역이 옛 언약의 속죄 사역과 달리 반복할 필요가 없는 영원한 것이다. 하나님 우편에 앉으신 그리스도 예수께서는 하나님의 백성인 그리스도인들을 위하여 중보 사역을 하시며, 또한 하나님을 대적하는 모든 원수들이 자기 발등상이 되게 하실 때까지, 즉 굴복할 때까지 기다리신다. 이와 같이 하나님 우편에 앉으신 그리스도 예수께서는 모든 원수가 멸망할 때까지 중보 사역을 하신다.

그리스도 예수께서 자신을 제물로 드려 한 번의 제사로 그가 거룩하게 된 자들을 영원히 온전하게 하셨는데, 이는 그리스도께서 자신을 제물로 드린 결과이다. 여기서 '거룩하게 된 자들'이란 성령의 역사로 말미암아 예수를 그리스도로 믿는 우리 그리스도인들이다. 성령의 역사로 거룩하게 된 우리는 외적인 면만이 아니라 내면적인 양심까지 깨끗해졌다. 뿐만 아니라 그리스도 예수께서 자신을 드린 한 번의 제사로 우리는 하나님 앞에 자유롭게 나아갈 수 있게 되었다.

주제와 연관된 성경공부와 말씀묵상 _

그리스도 희생의 영원성과 믿음의 도리

본문 말씀(히브리서 10:15–29)

15 또한 성령이 우리에게 증언하시되

16 주께서 이르시되 그 날 후로는 그들과 맺을 언약이 이것이라 하시고 내 법을 그들의 마음에 두고 그들의 생각에 기록하리라 하신 후에

17 또 그들의 죄와 그들의 불법을 내가 다시 기억하지 아니하리라 하셨으니
18 이것들을 사하셨은즉 다시 죄를 위하여 제사 드릴 것이 없느니라
19 그러므로 형제들아 우리가 예수의 피를 힘입어 성소에 들어갈 담력을 얻었나니
20 그 길은 우리를 위하여 휘장 가운데로 열어 놓으신 새로운 살 길이요 휘장은 곧 그의 육체니라
21 또 하나님의 집 다스리는 큰 제사장이 계시매
22 우리가 마음에 뿌림을 받아 악한 양심으로부터 벗어나고 몸은 맑은 물로 씻음을 받았으니 참 마음
과 온전한 믿음으로 하나님께 나아가자
23 또 약속하신 이는 미쁘시니 우리가 믿는 도리의 소망을 움직이지 말며 굳게 잡고
24 서로 돌아보아 사랑과 선행을 격려하며
25 모이기를 폐하는 어떤 사람들의 습관과 같이 하지 말고 오직 권하여 그 날이 가까움을 볼수록 더욱
그리하자
26 우리가 진리를 아는 지식을 받은 후 짐짓 죄를 범한즉 다시 속죄하는 제사가 없고
27 오직 무서운 마음으로 심판을 기다리는 것과 대적하는 자를 태울 맹렬한 불만 있으리라
28 모세의 법을 폐한 자도 두세 증인으로 말미암아 불쌍히 여김을 받지 못하고 죽었거든
29 하물며 하나님의 아들을 짓밟고 자기를 거룩하게 한 언약의 피를 부정한 것으로 여기고 은혜의 성
령을 욕되게 하는 자가 당연히 받을 형벌은 얼마나 더 무겁겠느냐 너희는 생각하라

기도요점

또한 성령이 우리에게 증언하시는 두 가지는? "그러므로 형제들아 우리가 예수의 피를 힘입어 성소에 들어갈 담력을 얻었나니 그 길은 우리를 위하여 휘장 가운데로 열어 놓으신 새로운 살 길이요 휘장은 곧 그의 육체니라"는 말씀을 묵상하자. "하나님의 집 다스리는 큰 제사장이 계시매 우리가 마음에 뿌림을 받아 악한 양심으로부터 벗어나고 몸은 맑은 물로 씻음을 받았으니 참 마음과 온전한 믿음으로 하나님께 나아가자"라고 권면하면서 히브리서가 우리에게 믿는 도리의 삶을 권면하는데, 구체적으로 그 삶이란?

도움의 말

예레미야 31:33, 34이 인용되고 있는데, 이 말씀에는 새 언약에 관한 두 가지의 약속이 있다. 하나는 "'내 법을 그들의 마음에 두고 그들의 생각에 기록하리라"는 약속이다. 다른 하나는 "그들의 죄와 그들의 불법을 내가 다시 기억하지 아니하리라'"는 약속이다. 이 두 가지 약속은 그리스도 예수께서 자신을

제물로 드린 희생제사로 실현되었다. 이를 성령께서 현재 우리에게 증언하신다. 즉 성령께서는 그리스도 예수의 구속사역으로 말미암아 하나님께서는 하나님 백성들의 죄와 불법을 다시 기억하지 않으신다는 것을 우리에게 증언하신다. 이처럼 새 언약에서 죄와 불법을 더 이상 하나님께서 기억하지 않으시기 때문에 더 이상 속죄 제사가 필요하지 않다. 그러므로 새 언약의 백성들인 우리는 하나님에게 자유롭게 나아갈 수 있게 되었다.

구약시대 성소에 들어갈 수 있는 사람은 대제사장뿐이었다. 대제사장은 일 년에 한 번 속죄일에만 하나님 앞에 나아갈 수 있었다. 그러나 새 언약에 속한 우리 그리스도인들은 예수의 피를 힘입어 언제든지 성소에 들어갈 담력을 얻었다. 이는 하나님 앞에 자유롭게 나아갈 수 있는 권리가 예수의 피로 말미암아 우리에게 있음을 의미한다. 여기서 예수의 피가 강조되는데, 이는 희생제사적 측면에서 그리스도 예수의 대속적인 죽음을 강조하는 것이다.

그리스도 예수께서 십자가상에서 몸이 찢기시고 피를 흘리시어 이루신 구속 사역을 통하여 하나님 백성이 하나님 앞에 나아갈 수 있는 새로운 길은 시간상으로 이전에 존재하지 않았던 새로운 길이다. 이 길이 그리스도 예수의 희생의 결과로 현재 그리스도인 공동체에게 주어졌다. 이 길은 또한 그리스도 예수께서 이루신 길로서 하나님 앞에 자유롭게 나아갈 수 있어 생명으로 인도하는 살 길인데, 이는 구약시대에 성소와 지성소를 분리하는 휘장 때문에 하나님께 자유롭게 나아갈 수 없었기 때문이다. 그러나 그리스도 예수의 몸이 십자가상에서 찢어져 돌아가실 때 이 휘장이 갈라졌다(마 27:51; 막 15:38; 눅 23:45).

큰 제사장이란 하나님 우편에 앉으신 그리스도 예수를 가리킨다. 그리스도 예수는 하나님의 백성이 모인 공동체인 교회를 다스리시며 중재 사역을 행하신다. 새 언약에 참여한 우리 그리스도인들은 그리스도 예수의 피로 인하여 악한 양심으로부터 벗어나 양심이 온전히 깨끗하게 되어 하나님 앞에 자유롭게 나아갈 수 있게 되었다. 그리고 또한 "몸은 맑은 물로 씻음을 받았으니"라고 표현하는데, 이는 그리스도 예수의 피로 인하여 내적인 정결을 나타내는 외적인 표징으로 '세례'를 의미한다. 이러한 정결함을 경험한 우리 그리스도인들에게 참 마음과 온전한 믿음으로 하나님께 나아가도록 히브리서가 우리를 권면한다. 이는 새 언약을 통하여 하나님께서 자기 백성에게 새 마음을 창조하시겠다는 약속과 더불어 그리스도 예수를 통하여 성령님과 함께 친히 구속사역을 하셨다. 이처럼 성령의 역사로 새로운 피조물이 된 우리 그리스도인에게 우리를 위하여 단번에 희생제물이 되신 그리스도 예수에 대한 확실한 신뢰를 하도록 권면하는 것이다.

하나님께서는 그리스도 예수의 대제사장적 희생으로 약속하신 믿는 도리의 소망, 즉 현재와 미래의 구원을 온전히 성취하신다. 하나님은 신실하시기 때문에 우리가 믿는 이러한 종말론적 구원을 반드시 성취하시므로 우리로 하여금 이 약속을 의심하지 말고 확신 가운데 굳게 잡으라고 권면한다. 이처럼 믿는 도리의 소망을 움직이지 않고 굳게 잡은 우리에게 또한 사랑과 선행을 격려하며 서로 돌아보도록 권면한다.

그리스도 예수의 이름으로 모이기를 폐하는 것은 모임의 협동적 생활을 파기하게 하며, 더 나아가 서로 돌아보므로 위로와 격려를 받을 수 있는 기회를 얻을 수 없게 한다. 그러므로 모이기를 폐하는 어떤 사람들의 습관과 같이 하지 말라고 권고하고, 이어서 그날 곧 심판의 날이 다가오면 올수록 더욱 열심을 내어 모이기를 힘쓰라고 권면한다. 이는 다가오는 고난과 박해 속에서 서로 격려와 위로를 통하여 담대해지기를 권고하는 것이다.

하나님께서 그리스도 예수를 통하여 구원하시는 계시와 그리스도 예수를 통해 드려진 희생제사로 하나님을 떠난 우리 인간과 하나님과의 교제의 길을 여셨다. 이러한 그리스도 예수의 구속 사역을 아는 진리의 지식을 받은 후, 이를 거부하고 계속 죄를 범하는 사람에게는 속죄할 수 있는 제사가 없다. 이와 같이 유일한 구원의 길인 그리스도 예수의 속죄 사역을 거부하는 사람에게는 두 가지가 기다리는데, 하나는 오직 무서운 마음으로 심판을 기다린다. 다른 하나는 하나님을 대적하는 자를 태울 맹렬한 불만 기다린다. 여기서 '맹렬한 불'이란 하나님께서 대적자들을 멸망시키신다는 것을 나타내는 표현이다.

구약의 옛 언약에서 우상숭배에 빠진 사람은 두 세 사람의 증인만 있으면 용서를 받지 못하고 죽임을 당했다(신 17:2-7). 그러나 새 언약을 성취시킨 그리스도 예수의 구속 사역을 거부하는 사람은 옛 언약의 징벌보다 훨씬 더 무거운 형벌이 있다. 사실 그리스도 예수의 구속 사역을 거부하는 사람은 첫째, 그리스도 예수의 구속 사역을 거부할 뿐만 아니라 하나님의 아들이신 그리스도 예수를 모역하는 것이다. 둘째, 그는 그를 거룩하게 한 언약의 피를 부정하는 것이다. 셋째, 그는 구속의 은혜를 가져다 주는 은혜의 성령을 욕되게 하는 것이다.

묵상 나누기

위에서 묵상한 내용을 간략히 기록하고 함께 나눈다.

찬송

"내 주의 보혈은"(254장)

18. 성령에 이끌리어 광야에서 사십일 간 마귀에게 시험받으신 예수님(눅 4:1-15)

주제와 연관된 질문 _

1. 마귀의 문자적 뜻은?
2. 마귀가 하는 일은?
3. 성경에서 마귀를 무엇이라고 표현하는가?

주제 내용 _

예수께서 성령의 충만함을 입어 요단강에서 돌아오사 성령에게 이끌리시며 40일 동안 아무것도 잡수시지 아니하고 마귀에게 시험을 받으신다. 여기서 '마귀'란 문자적으로 '비방자' 또는 '고자질쟁이'라는 뜻을 갖는다. 사탄인 마귀는 영어로 'the Devil'이며 'devils'는 the Devil의 수하에서 활동하는 수많은 마귀들을 말한다. 당연히 사탄인 마귀는 하나지만 그 수하에는 수많은 악령들이 있다. 이들을 마귀들이다.

성경에 보면 마귀 또는 사단은 인간 타락의 원인이 되고 하나님과 그의 나라를 대적한다. 또한 땅 위에 어둠의 권세를 확장시키고 사람들의 파괴를 유도하는 타락한 영(靈)들의 왕이다. 그리하여 요한복음 8:44에서는 마귀를 예수께서는 살인자라 그리고 거짓말쟁이라 말하신다. 요한일서 5:19에서는 마귀를 악한 자로, 데살로니가전서 3:5에서는 시험하는 자로, 요한계시록 12:10에서는 참소하는 자로, 그리고 요한계시록 20:10에서는 미혹하는 자로 일컫는다. 그리고 베드로전서 5:8에서는 대적하는 자로,

82

요한복음 12:31에서는 이 세상 임금으로, 에베소서 2:2에서는 공중권세 잡은 자로 부른다. 누가복음 4:6에 보면, 마귀가 또 "예수를 이끌고 올라가서 순식간에 천하만국을 보이며 이르기를 이 모든 권위와 그 영광을 내가 네게 주리라 이것은 내게 넘겨준 것이므로 내가 원하는 자에게 주노라"고 말한다. 이같이 사단이 세상의 왕이요 신이다(6절; 고후 4:4). 사단의 목적은 사람들을 하나님과 갈라놓는 것이며 사단의 궁극적 무기는 사망이다(히 2:14). 그러나 그리스도로 인해서 하나님의 왕국이 마귀의 왕국을 멸망시키고 결국 사단은 하늘로부터 쫓겨나게 되며(10:18; 요 12:31; 계 12:9) 그 결과 사단은 더 이상 비방자로서 존재할 수 없게 된다. 한편 사단과의 싸움은 그리스도의 공동체를 상대로 계속된다(고전 7:5; 엡 4:27).

주제와 연관된 성경공부와 말씀묵상 _

시험 승리와 공생애 시작

본문말씀(누가복음 4:1-15)

1 예수께서 성령의 충만함을 입어 요단 강에서 돌아오사 광야에서 사십 일 동안 성령에게 이끌리시며
2 마귀에게 시험을 받으시더라 이 모든 날에 아무 것도 잡수시지 아니하시니 날 수가 다하매 주리신지라
3 마귀가 이르되 네가 만일 하나님의 아들이어든 이 돌들에게 명하여 떡이 되게 하라
4 예수께서 대답하시되 기록된 바 사람이 떡으로만 살 것이 아니라 하였느니라
5 마귀가 또 예수를 이끌고 올라가서 순식간에 천하 만국을 보이며
6 이르되 이 모든 권위와 그 영광을 내가 네게 주리라 이것은 내게 넘겨 준 것이므로 내가 원하는 자에게 주노라
7 그러므로 네가 만일 내게 절하면 다 네 것이 되리라
8 예수께서 대답하여 이르시되 기록된 바 주 너의 하나님께 경배하고 다만 그를 섬기라 하였느니라
9 또 이끌고 예루살렘으로 가서 성전 꼭대기에 세우고 이르되 네가 만일 하나님의 아들이어든 여기서 뛰어내리라
10 기록되었으되 하나님이 너를 위하여 그 사자들을 명하사 너를 지키게 하시리라 하였고
11 또한 그들이 손으로 너를 받들어 네 발이 돌에 부딪치지 않게 하시리라 하였느니라
12 예수께서 대답하여 이르시되 주 너의 하나님을 시험하지 말라 하였느니라
13 마귀가 모든 시험을 다 한 후에 얼마 동안 떠나니라
14 예수께서 성령의 능력으로 갈릴리에 돌아가시니 그 소문이 사방에 퍼졌고

15 친히 그 여러 회당에서 가르치시매 뭇 사람에게 칭송을 받으시더라

기도요점

성령에 이끌리시어 하나님의 아들로서 예수께서 받으신 시험 세 가지는? 각 시험에서 예수께서 승리하실 수 있었던 것은? 마귀의 세 가지 시험을 승리하시고 공생애가 시작되었는데, 예수께서 성령의 능력으로 가신 곳은? 그리고 그곳에서 하신 일은?

도움의 말

야고보서 1:13-14에 보면, "사람이 시험을 받을 때에 내가 하나님께 시험을 받는다 하지 말지니 하나님은 악에게 시험을 받지도 아니하시고 친히 아무도 시험하지 아니하시느니라 오직 각 사람이 시험을 받는 것은 자기 욕심에 끌려 미혹됨이니"라고 말씀한다. 그러나 사단은 사람들이 악을 행하도록 유혹함으로써 시험'한다.

예수께서 40일 동안 금식하셨는데, 이로 인하여 힘든 상황에 처한 때에 마귀는 우선 예수님을 유혹하기를 "네가 만일 하나님의 아들이어든 이 돌들에게 명하여 떡이 되게 하라" 한다. 마귀가 여기서 떡 덩이를 말한 것은 당시 유대인들은 메시야가 오시면 광야에서 그들에게 만나를 내려주던 것 같은 이적을 베풀어 줄 것을 기대하고 있었기 때문이다. 이에 관한 말씀은 요한복음 6:30-31에서 볼 수 있다: "그들이 묻되 그러면 우리가 보고 당신을 믿도록 행하시는 표적이 무엇이니이까, 하시는 일이 무엇이니이까 기록된 바 하늘에서 그들에게 떡을 주어 먹게 하였다 함과 같이 우리 조상들은 광야에서 만나를 먹었나이다." 그러므로 사단의 첫 번째 시험은 예수에게 네가 메시야임을 증명하라는 유혹이기도 하다. 마귀의 이 유혹은 예수님으로 하여금 하나님을 신실하게 의지하지 아니하고 그 배고픔을 예수님 스스로 해결하도록 유혹함으로써 아버지 하나님과 그 아들 예수님 사이를 와해시켜 예수께서 수행하셔야 할 메시야로서의 사역을 방해하려는데 있다. 이에 이 유혹을 예수께서는 "기록된 바 사람이 떡으로만 살 것이 아니라 하였느니라"는 말씀으로 이기신다. 예수님의 말씀은 신명기 8:3, "너를 낮추시며 너를 주리게 하시며 또 너도 알지 못하며 네 조상들도 알지 못하던 만나를 네게 먹이신 것은 사람이 떡으로만 사는 것이 아니요 여호와의 입에서 나오는 모든 말씀으로 사는 줄을 네가 알게 하려 하심이니라"는 말씀이다. 예수님처럼 우리도 성령의 충만함으로 극한 고통 가운데서도 우리에게 주신 하나님 나라의 복음을 증언하는 일에 있어서 하나님의 말씀으로 어떠한 유혹으로부터도 벗어날 수 있다.

마귀가 또 예수를 이끌고 올라가서 순식간에 천하만국을 보이며 이르되 이 모든 권위와 그 영광을 내가 네게 주리라 하면서 이르기를 이것은 내게 넘겨 준 것이므로 내가 원하는 자에게 준다고 한다. 그러

므로 마귀는 예수님께 네가 만일 내게 절하면 다 네 것이 되리라 유혹한다. 여기서 마귀가 예수에게 "네가 만일 내게 절하면"이라는 말은 예수님께 완전한 복종을 요구하는 것인데, 이는 하나님께 속해 있는 천하만국의 모든 권위와 그 영광을 마귀에게 내어주는 것을 뜻하는 말이다. 그러나 예수께서는 이에 관하여 아무 말씀도 하시지 아니하고 대답하여 이르시기를 기록된바 "주 너의 하나님께 경배하고 다만 그를 섬기라 하였느니라" 하신다. 이는 신명기 6:13의 "네 하나님 여호와를 경외하며 그를 섬기며 그의 이름으로 맹세할 것이니라"는 말씀인데, 예수께서는 마귀에게 오직 하나님께만 경배하고 섬겨야 한다고 응답하심으로 마귀의 유혹에서 승리하신다.

이에 마귀가 또 예수님을 이끌고 예루살렘으로 가서 성전 꼭대기에 세우고 이르되 네가 만일 하나님의 아들이어든 여기서 뛰어내리라고 시험한다. 이어 이번에는 마귀가 기록된 말씀을 인용한다. 마귀는 "기록되었으되 하나님이 너를 위하여 그 사자들을 명하사 너를 지키게 하시리라 하였고 또한 그들이 손으로 너를 받들어 네 발이 돌에 부딪치지 않게 하시리라 하였느니라"고 하면서 시편 91:11-12 말씀, "그가 너를 위하여 그의 천사들을 명령하사 네 모든 길에서 너를 지키게 하심이라 그들이 그들의 손으로 너를 붙들어 발이 돌에 부딪히지 아니하게 하리로다"라는 말씀을 인용한다. 마귀는 시편의 "네 모든 길에서"라는 말씀을 빼고 인용한다. 뿐만 아니라 마귀가 인용한 시편 91편은 하나님께서 택하신 백성의 환란과 어려움으로부터 인도해내시는 하나님의 능력을 찬양한 시이다. 그러므로 마귀는 구약성경을 잘못 인용하고 있는 것이다. 또한 마귀는 신명기 6:16에서 "너희가 맛사에서 시험한 것 같이 너희의 하나님 여호와를 시험하지 말고"라는 말씀은 전혀 언급하지 않는다. 이러한 마귀의 유혹에 예수께서 대답하여 이르시되 "주 너의 하나님을 시험하지 말라 하였느니라"는 말씀으로 예수께서 절대적으로 하나님을 신뢰하심을 드러내신다. 세 번에 걸쳐서 예수님을 시험하였던 마귀는 예수께서 오로지 하나님의 뜻에 순종하고자 하시는 것을 확인한 후 얼마 동안 떠난다.

세 차례에 걸친 마귀의 시험에서 승리하시고 바로 예수님의 공생애가 시작된다. 예수께서 성령의 능력으로 갈릴리에 돌아가신다. 예수님의 갈릴리에서의 사역은 성령의 능력으로 인하여 그 소문이 사방에 알려졌고 그곳의 여러 회당에서 가르치시는 사역을 하시는데, 많은 사람에게서 칭송을 받으신다.

묵상 나누기

위에서 묵상한 내용을 간략히 기록하고 함께 나눈다.

찬송

"태산을 넘어 험곡에 가도"(445장)

19. 성령에 매여 예루살렘으로 가는 바울(행 20:22-28)

주제와 연관된 질문 _

1. '성령에 매여'란 무엇을 의미하는가?
2. 하나님의 뜻에 의하여 성령의 지시로 고난이 기다리고 있는 곳을 가 본 경험이 있는가?
3. 자신의 일상생활이나 혹은 신앙생활을 하는데 있어서 자신을 가장 힘들게 하는 것이 있는 가? 있다면, 그것은 무엇인가?

주제 내용 _

바울이 에베소를 들리지 않고 오순절 안에 급히 예루살렘에 이르기 위하여 밀레도에 도착하자마자 인편으로 약 50km 떨어진 에베소에 있는 장로들을 청한다. 당시 에베소교회 장로들은 교회 내의 행정적 일과 더불어 목회적 임무까지 수행하였기 때문에 바울은 교회의 형편과 성도들의 소식을 듣기 위하여 또한 그들의 신앙생활을 권면하기 위하여 서둘러서 그가 있는 곳으로 오도록 요청한 것이다. 이러한 바울의 요청에 장로들은 즉시 순종하여 삼일 이상 걸려서 밀레도에 도착한다.

약 3년에 걸친 바울의 에베소 사역을 친히 곁에서 보았던 장로들이 밀레도에 도착하자 바울은 에베소 사역에서 겸손과 눈물, 그리고 시험을 참고 오직 주님만을 바라보고 섬긴 것을 그들에게 말한다. 그의 눈물은 주님을 거부하는 사람들을 향한 안타까움과 동족의 회심을 위한 애타는 심정의 표현일 뿐만 아니라 하나님의 복음의 확장을 위한 사랑의 눈물이다. 바울에게 있어서 시험이란 복음을 전하는 곳마다 동족 유대인들이 따라다니면서 혹독하게 방해하고 핍박한 것을 뜻하는데, 바울이 이런 모든 것을 참고 주를 섬긴 것을 장로들에게 말한다. 동시에 그는 복음 전파를 위하여 다양한 방법을 사용하였다는 것을 강조한다. 예를 들면 바울은 사람들이 많이 모인 회당이나 두란노 서원에서 말씀 선포와 가르침으로, 혹은 에베소 성도들의 집에서 각 사람의 필요에 따른 권면이나 보살핌으로, 그리고 그 어느 곳에서든지 거리낌 없이 말씀을 가르치고 권면하는 일을 하였다는 사실을 장로들과 함께 나눈다.

에베소 장로들에게 계속하여 증거 한 바울의 핵심 내용은 회개와 믿음이다. 바울은 유대인과 헬라인에게 하나님께 대한 회개와 그리스도 예수께 대한 믿음을 증언한다. 모든 사람들에게 무엇보다도 먼저 필요한 것이 회개이다. 하나님께 대한 회개란 하나님을 떠나 사는 죄의 자리에서 벗어나 하나님께로 돌아오는 것을 뜻한다. 회개로 하나님께로 돌아온 사람들은 십자가에서 죽으심으로 그 피로 우리 인간이 하나님을 떠난 죄로부터 구속해 주시고 부활하시어, 승천하신 후 예수의 이름으로 성령을 보내어 사람들에게 새 생명을 주시는 예수 그리스도를 믿는 믿음이 필요하다. 이어서 바울은 장로들에게 자신 앞에 있을 고난을 확실히 예견하면서 '나는 성령에 매여 예루살렘으로 가는데 거기서 무슨 일을 당할는지 알지 못하노라.'고 말한다. 바울은 하나님의 뜻에 의하여 성령의 지시로 갈 수 밖에 없는 예루살렘에서 기다리고 있는 고난을 바라보면서 자신의 내면에서 일어나는 압박감을 이처럼 표현한다.

주제와 연관된 성경공부와 말씀묵상

모든 사람의 피에 대하여 내가 깨끗하다

본문 말씀(사도행전 20:22-28)

22 보라 이제 나는 성령에 매여 예루살렘으로 가는데 거기서 무슨 일을 당할는지 알지 못하노라
23 오직 성령이 각 성에서 내게 증언하여 결박과 환난이 나를 기다린다 하시나
24 내가 달려갈 길과 주 예수께 받은 사명 곧 하나님의 은혜의 복음을 증언하는 일을 마치려함에는 나의 생명조차 조금도 귀한 것으로 여기지 아니하노라
25 보라 내가 여러분 중에 왕래하며 하나님의 나라를 전파하였으나 이제는 여러분이 다 내 얼굴을 다시 보지 못할 줄 아노라
26 그러므로 오늘 여러분에게 증언하거니와 모든 사람의 피에 대하여 내가 깨끗하니
27 이는 내가 꺼리지 않고 하나님의 뜻을 다 여러분에게 전하였음이라
28 여러분은 자기를 위하여 또는 온 양 떼를 위하여 삼가라 성령이 그들 가운데 여러분을 감독자로 삼

고 하나님이 자기 피로 사신 교회를 보살피게 하셨느니라

기도요점

바울이 에베소교회에게 "모든 사람의 피에 대하여 내가 깨끗하니"라고 말씀하는데, 이 말씀이 의미하는 바는? 22-24절 말씀, "보라 이제 나는 성령에 매여 예루살렘으로 가는데 거기서 무슨 일을 당할는지 알지 못하노라 오직 성령이 각 성에서 내게 증언하여 결박과 환난이 나를 기다린다 하시나 내가 달려갈 길과 주 예수께 받은 사명 곧 하나님의 은혜의 복음을 증언하는 일을 마치려 함에는 나의 생명조차 조금도 귀한 것으로 여기지 아니하노라"는 말씀을 묵상하자. 바울이 에베소서 교회 장로들에게 "여러분은 자기를 위하여 또는 온 양 떼를 위하여 삼가라 성령이 그들 가운데 여러분을 감독자로 삼고 하나님이 자기 피로 사신 교회를 보살피게 하셨느니라" 권면하는 당시 상황을 상상해 보자.

도움의 말

바울이 전도하기 위하여 통과한 모든 도시에 있는 예언자들을 통해 성령께서는 바울이 예루살렘에서 받을 극심한 환난을 알려준다. 그럼에도 불구하고 바울은 장로들에게 결박과 환난이 나를 기다린다 하더라도 내가 달려갈 길과 주 예수께 받은 사명을 마치기 위하여 나의 생명을 조금도 귀하게 여기지 않는다고 단호히 말한다. 바울이 하나님의 은혜의 복음을 증언하는 일을 마치기 위해서 자신의 생명을 기꺼이 내놓겠다는 결의를 표현하고 있는데, 사실 바울에게 있어서 죽느냐 사느냐 하는 것보다 더 중요한 것은 주님께로부터 받은 사명을 마치는 것이다. 다른 말로 표현하면, 이는 자기의 생명 때문에 자기 생명의 존재목적을 잃고 싶지 않다는 결의이기도 하다.
예수 그리스도의 복음을 전파하는 것은 곧 하나님 나라를 전파하는 것이다. 예수의 복음 자체가 하나님 나라의 진리이므로 바울은 에베소 장로들에게 "내가 여러분 중에 왕래하며 하나님의 나라를 전파하였다"고 말하지만 이제는 그들이 더 이상 그의 얼굴을 다시 보지 못할 줄을 안다고 말한다. 이는 자신이 예루살렘에서 당할 어려움을 그들에게 말하는 것인데, 에스겔 33:1-7에 보면, 하나님으로부터 이스라엘의 파수꾼으로 세움을 받은 사람이 경비를 소홀히 하여 백성에게 화가 임하면 그 피가 파수꾼에게로 돌아가지만, 파수꾼의 경고를 받고도 악행을 거듭하게 되면 그 파수꾼의 생명은 보존되고, 악행을 행한 사람은 그 죄악 중에 죽는다. 이 말씀에 근거하여 바울은 하나님의 파수꾼으로 모든 사람들에게 하나님의 뜻을 다 전하였으므로 모든 사람의 피에 대하여 나는 깨끗하다고 말한다.
에베소 장로들에게 그들 자신들과 온 양떼들을 위하여 삼가라고 바울이 권면하고 자신들의 영혼을 위하여 삼가지 아니하는 지도자는 양떼의 영혼을 위하여 삼가도록 도움을 줄 수 없다 말한다. 지도자들

이 양떼들의 영혼을 위하여 도움을 줄 수 있는 길은 성령의 역사로만 가능하므로 더더욱 삼가야 한다. 장로들을 감독자로 삼고 하나님이 자기 아들의 피로 사신 교회를 보살피게 하셨기 때문에 바울이 떠난 후에 사나운 이리들로부터 양떼들을 잘 보살피려면 삼가야한다고 바울이 간절하게 권면한다. 뿐만 아니라 이리들이 여러분 제자들까지도 끌어 드리려고 어그러진 말을 하는 사람들이 일어날 것이므로 장로 자신들과 양떼들을 위하여 스스로 조심하라고 바울이 예루살렘에 도착하기 전에 마지막으로 당부한다.

묵상 나누기

위에서 묵상한 내용을 간략히 기록하고 함께 나눈다.

찬송

"나 맡은 본분은"(595장)

20. 성령으로 나를 데리고 광야로 가니라(계 17:1-14)

주제와 연관된 질문 _

1. 성경에서 말하는 음녀란?
2. 요한계시록 17장에서 말하는 음녀란?
3. 사도 요한이 본 물 위에 앉은 큰 음녀를 보는데, 이것이 의미하는 바는?

주제 내용 _

요한계시록 17:1에서 '일곱 천사 중의 하나'가 요한에게 음녀(음란한 여자)를 보여준다. 이 천사는 요한계시록 21:9에서 '어린양의 신부'를 보이려고 요한에게 나아온 일곱 천사 중의 하나와 동일하다. 이 천사는 요한에게 음녀와 어린양의 신부를 소개하여 음녀와 대조를 이루는 어린양의 신부의 정결함과 고귀함을 드러낸다.

구약성경에서 '음녀'는 하나님을 배반하고 우상을 따르며 사는 이스라엘을 나타낼 때 사용되는 표현으로서 이스라엘의 우상 숭배 행위를 음행이라 한다. 그러나 요한계시록 17:1의 음녀는 5절에서 드러난 것처럼 바벨론을 가리킨다: "그의 이마에 이름이 기록되었으니 비밀이라, 큰 바벨론이라, 땅의 음녀들과 가증한 것들의 어미라 하였더라." 이어 일곱 천사 중의 하나가 요한에게 이리로 오라 하면서 이르기를 보라 많은 물 위에 앉은 그 음녀가 받을 심판을 네게 보이리라고 하는데, 여기서 '물 위에 앉은 큰 음녀'란 실제로 역사적인 바벨론의 지리적 상황을 반영한 것으로 본다. 그 까닭은 바벨론은 유프라테스 강을 따라 위치해 있었기 때문이다.

그러나 음녀가 상징적인 의미를 지니기 때문에 '물 위에 앉은' 역시 상징적으로 해석한다. 이에 '물'은 15절에 언급되는 '백성과 무리와 열국과 방언들,' 즉 세상을 가리킨다. 이런 의미에서 볼 때 음녀가 물 위에 앉아 있는 모습은 음녀가 세상 사람들에게 커다란 영향력을 행사하고 있음을 의미한다.

주제와 연관된 성경공부와 말씀묵상 _

큰 음녀에게 내릴 심판

본문 말씀(요한계시록 17:1-18)

1 또 일곱 대접을 가진 일곱 천사 중 하나가 와서 내게 말하여 이르되 이리로 오라 많은 물 위에 앉은 큰 음녀가 받을 심판을 네게 보이리라

2 땅의 임금들도 그와 더불어 음행하였고 땅에 사는 자들도 그 음행의 포도주에 취하였다 하고

3 곧 성령으로 나를 데리고 광야로 가니라 내가 보니 여자가 붉은 빛 짐승을 탔는데 그 짐승의 몸에 하나님을 모독하는 이름들이 가득하고 일곱 머리와 열 뿔이 있으며

4 그 여자는 자주 빛과 붉은 빛 옷을 입고 금과 보석과 진주로 꾸미고 손에 금 잔을 가졌는데 가증한 물건과 그의 음행의 더러운 것들이 가득하더라

5 그의 이마에 이름이 기록되었으니 비밀이라, 큰 바벨론이라, 땅의 음녀들과 가증한 것들의 어미라 하였더라

6 또 내가 보매 이 여자가 성도들의 피와 예수의 증인들의 피에 취한지라 내가 그 여자를 보고 놀랍게 여기고 크게 놀랍게 여기니

7 천사가 이르되 왜 놀랍게 여기느냐 내가 여자와 그가 탄 일곱 머리와 열 뿔 가진 짐승의 비밀을 네게 이르리라

8 네가 본 짐승은 전에 있었다가 지금은 없으나 장차 무저갱으로부터 올라와 멸망으로 들어갈 자니 땅에 사는 자들로서 창세 이후로 그 이름이 생명책에 기록되지 못한 자들이 이전에 있었다가 지금은 없으나 장차 나올 짐승을 보고 놀랍게 여기리라

9 지혜 있는 뜻이 여기 있으니 그 일곱 머리는 여자가 앉은 일곱 산이요

10 또 일곱 왕이라 다섯은 망하였고 하나는 있고 다른 하나는 아직 이르지 아니하였으나 이르면 반드시 잠시 동안 머무르리라

11 전에 있었다가 지금 없어진 짐승은 여덟째 왕이니 일곱 중에 속한 자라 그가 멸망으로 들어가리라
12 네가 보던 열 뿔은 열 왕이니 아직 나라를 얻지 못하였으나 다만 짐승과 더불어 임금처럼 한동안
권세를 받으리라
13 그들이 한 뜻을 가지고 자기의 능력과 권세를 짐승에게 주더라
14 그들이 어린 양과 더불어 싸우려니와 어린 양은 만주의 주시요 만왕의 왕이시므로 그들을 이기실
터이요 또 그와 함께 있는 자들 곧 부르심을 받고 택하심을 받은 진실한 자들도 이기리로다
15 또 천사가 내게 말하되 네가 본 바 음녀가 앉아 있는 물은 백성과 무리와 열국과 방언 들이니라
16 네가 본 바 이 열 뿔과 짐승은 음녀를 미워하여 망하게 하고 벌거벗게 하고 그의 살을 먹고 불로 아
주 사르리라
17 이는 하나님이 자기 뜻대로 할 마음을 그들에게 주사 한 뜻을 이루게 하시고 그들의 나라를 그 짐
승에게 주게 하시되 하나님의 말씀이 응하기까지 하심이라
18 또 네가 본 그 여자는 땅의 왕들을 다스리는 큰 성이라 하더라

기도요점

성령으로 사도 요한을 데리고 광야로 가서 여자가 붉은 빛 짐승을 타고 있는 것을 보는데, 그 여자와 짐승이 의미하는 것은? 또 사도 요한이 보매 이 여자가 성도들의 피와 예수의 증인들의 피에 취한지라 내가 그 여자를 보고 놀랍게 여기고 크게 놀랍게 여기니 천사가 이르되 왜 놀랍게 여기느냐 내가 여자와 그가 탄 일곱 머리와 열 뿔 가진 짐승의 비밀을 네게 이르리라 하는데, 여기서 말하는 비밀이란? "그들이 어린 양과 더불어 싸우려니와 어린 양은 만주의 주시요 만왕의 왕이시므로 그들을 이기실 터이요 또 그와 함께 있는 자들 곧 부르심을 받고 택하심을 받은 진실한 자들도 이기리로다"라는 14절 말씀을 묵상하자.

도움의 말

곧 성령으로 요한을 데리고 광야로 가는데, 거기서 요한이 우선 본 것은 여자가 붉은 빛 짐승을 탄 것이다. 그런데 요한은 그 붉은 빛 짐승의 몸에 하나님을 모독하는 이름들이 가득하고 일곱 머리와 열 뿔이 있는 것을 본다. 여기서 '뿔이 열이요 머리가 일곱인 그 짐승'은 요한계시록 13:1에 보면 바다에서 나온 짐승이다. 그 짐승은 그 머리들에 신성모독 하는 이름들이 있는 데 비하여 17:3에서는 하나님을 모독하는 이름들이 짐승의 몸에 가득하다. 이는 그 짐승의 참람된 행위를 더 강하게 강조한 것으로 본다. 그런데 이 짐승이 사단의 용과 동일한 붉은 색깔의 짐승이라는 것(12:3)은 짐승이 사단의 권세를

위임받은 존재임을 시사한다. 또한 음녀가 짐승을 타고 있다는 사실도 음녀와 짐승 그리고 사단이 서로 불가분리의 관계를 맺고 있음을 암시한다. 여기서 참람된 이름들은 전시대에 걸쳐 하나님의 이름을 욕되게 하고 훼방하며 하나님의 자리에까지 자신을 높이고 하나님의 권위에 도전하는 것들을 가리킨다.

요한이 본 그 여자는 자주 빛과 붉은 빛 옷을 입었는데, 이는 비싼 염료로 만들어진 왕의 옷을 표현한다. 그러므로 그 여자가 입은 옷은 권위와 위엄을 나타낸다. 또한 그 여자는 금과 보석과 진주로 꾸미고 손에 금잔을 가졌는데 가증한 물건과 그의 음행의 더러운 것들이 가득한 것을 요한이 보았다. 여기서 '가증한 물건'은 우상 숭배에 관련되어 사용되며, '더러운 것들'은 신약성경에서 악한 영이나(마 10:1; 12:43) 우상 숭배(고후 6:17), 그리고 제의적인 음행(엡 5:5)에 사용된다. 이로 보아 음녀는 세상으로 하여금 하나님을 떠나 짐승과 사단을 숭배하도록 하는 존재임을 뜻한다.

그리고 그의 이마에 이름이 기록되었으니 비밀이라, 큰 바벨론이라, 땅의 음녀들과 가증한 것들의 어미라 하였던 것을 요한이 보았는데, 이것은 하나님의 백성들이 머리에 하나님의 인을 받는 것과(7:3; 9:4) 짐승을 추종하는 자들이 이마나 손에 짐승의 표를 받는 것과 유사하다(13:16, 17; 14:9; 20:4). 한편 '비밀이라'는 말씀은 영적 혹은 상징적인 의미로 이해하여 하나님을 대적하고 하나님의 백성을 핍박하는 음녀의 특성을 나타내는 것으로서 이는 음녀가 잘 드러나지 않고 사람들이 잘 분별하기 어렵다는 것을 의미한다.

요한이 그의 이마에 이름이 기록되었으니 "큰 바벨론이라, 땅의 음녀들과 가증한 것들의 어미라 하였더라"고 말하는데, 여기서 음녀의 이름은 큰 바벨론이며, 그리고 땅의 음녀들과 가증한 것들의 어미로 표현된다. 이것은 큰 바벨론이란 음녀가 하나님의 백성들을 핍박하고 하나님을 대적하여 사람들로 하여금 하나님을 섬기지 못하도록 하는 존재임을 나타내며, 땅의 음녀들과 가증한 것들의 어미란 땅의 이름 바벨론을 가리키는 것이 아님을 증거한다. 음녀인 '큰 바벨론'은 세상으로 하여금 우상 숭배를 행하게 하고 범죄와 모든 악한 일을 조장한다.

요한이 또 보니 이 여자가 성도들의 피와 예수의 증인들의 피에 취하였다. 요한은 이 여자, 즉 음녀가 세상으로 하나님을 떠나 우상숭배를 행하게 할 뿐만 아니라 우상숭배를 하지 아니하는 성도들과 예수님의 증인들을 핍박하며 죽이기까지 하는 것을 보고 크게 놀란다. 이에 천사가 요한에게 이르되 왜 놀랍게 여기느냐 내가 여자와 그가 탄 일곱 머리와 열 뿔 가진 짐승의 비밀을 네게 이르리라 말한다. '일곱 머리'는 9-11절에, '열 뿔'은 12-14절에 구체적으로 언급되어 있다. 이는 음녀가 짐승의 권세를 받아 음행을 강요하고 치부하며 성도들을 핍박하였음을 시사한다.

천사가 요한에게 이르되 '네가 본 짐승은' 전에 있었다가 지금은 없다 한다. 즉 요한이 본 그 짐승은 그리스도의 성육신과 십자가 그리고 부활 이전에는 막강한 권력을 행하였으나 그리스도의 십자가 사건과 부활로 인하여 결정적으로 패배한 사실을 의미한다. 그러나 짐승은 다시 '무저갱,' 곧 악이 거주하는 곳에서 나와서 사람들을 미혹하고 하나님을 대적하며 사람들로 하여금 우상 숭배를 하게 하여 하나님을 떠나게 한다. 그렇지만 그의 종말은 영원한 멸망, 즉 불 못에 던져지는 것이다.

땅에 사는 자들로서 창세 이후로 그 이름이 생명책에 기록되지 못한 자들이 이전에 있었다가 지금은 없으나 장차 나올 짐승을 보고 놀랍게 여기리라고 천사가 요한에게 이른다. 여기서 "땅에 거하는 자들"은 "창세 이후로 생명책에 기록 되지 못한 자들"로 정의되고 있다. "생명책에 기록되지 못한 자들"이란 표현은 고난과 핍박 속에서도 하나님과 어린양에게 충성을 다하는 "생명책에 기록된 자들"과는 달리 그 짐승을 좇아 우상 숭배를 일삼고 하나님을 대적하는 자들이다. 이러한 불신자들은 짐승의 지금은 없다가 장차 나타나는 것을 보고 놀라서 미혹되어 짐승에게 충성을 하게 된다.

천사가 요한에게 이르기를 "지혜 있는 뜻이 여기 있으니 그 일곱 머리는 여자가 앉은 일곱 산이라 이른다 또 일곱 왕이라 다섯은 망하였고 하나는 있고 다른 하나는 아직 이르지 아니하였으나 이르면 반드시 잠시 동안 머무른다"라고 말한다(9-10절). 여기서 '일곱'이 완전한 수이고 상징적인 수이기에 역사 전반에 걸쳐 짐승과 연관되어 나타난 악을 가리키는 것으로 본다. 한편 '잠간 동안'은 일곱째 왕의 등장과 지배를 나타낸다. 일곱째 왕은 하나님께서 짐승을 치시기 전에 잠깐 동안 집권할 것이다.

천사가 요한에게 이어 말하기를 11절에서 전에 있었다가 지금 없어진 짐승은 여덟째 왕이니 일곱 중에 속한 자라 그가 멸망으로 들어가리라 이른다. 짐승은 어린 양에게 패하여 죽은 것처럼 보이고 지금은 없는 것처럼 보이나 10절에서 하나가 아직 살아있다고 언급된 바와 같이 아직도 살아서 하나님의 백성들을 괴롭힌다. 이런 짐승들은 스스로 그리스도의 능력과 부활을 모방하여 사람들을 모으고 하나님을 대적하고자 하나 결국 하나님의 심판에 의해서 멸망을 당하게 된다.

이어 천사가 요한에게 네가 보던 열 뿔은 열 왕이라 이르는데, 이는 짐승의 권세를 따르는 세상의 통치자들이나 권세를 가리킨다. 그들은 아직 나라를 얻지 못하였으나 다만 짐승으로 더불어 임금처럼 권세를 일시 동안 받을 것이므로 짐승과 연합하여 어린 양에게 대적할 땅의 임금들을 가리킨다. 한편 '일시 동안'은 일곱째 왕의 '잠깐 동안'과 동일한 의미이다. 그들이 짐승과 더불어 권세를 잡고 하나님의 백성을 핍박하고 하나님을 대적하는 행위는 아주 짧은 시간에 불과하다. 그 후 그들은 멸망하게 될 것이다.

15절에서 또 천사가 요한에게 말하기를 "네가 본 바 음녀가 앉아 있는 물은 백성과 무리와 열국과 방언들"이라 한다. 여기서 '음녀가 앉아 있는 물'은 음녀의 유혹에 넘어가 그녀의 지배를 받는 온 세상을 의미한다. 또 천사가 요한에게 16절에서 "네가 본 바 이 열 뿔과 짐승은 음녀를 미워하여 망하게 하고 벌거벗게 하고 그의 살을 먹고 불로 아주 사르리라" 하는데, 이는 사단의 세력, 즉 짐승과 열 왕 그리고 음녀 사이에 일어날 분열을 나타낸다. 이어 17절에서 "이것은 하나님이 자기 뜻대로 할 마음을 그들에게 주사 한 뜻을 이루게 하시고 그들의 나라를 그 짐승에게 주게 하시되 하나님의 말씀이 응하기까지 하심"이라고 천사가 요한에게 이른다. 열 왕과 짐승이 음녀를 배반하여 멸망시키게 하는 것이 하나님의 주권과 계획에 있었음을 나타낸다. "하나님이 자기 뜻대로 할 마음을 저희에게 주사"는 하나님께서 심판의 도구로서 악의 세력을 사용하심을 시사한다. 하나님은 사단의 세력들 사이에 일어난 분열, 즉 열 왕과 짐승이 연합하여 자신들의 편이었던 음녀를 공격하고자 하는 것을 그대로 내버려 두심으로 음녀가 멸망에 이르도록 한다. 이러한 하나님의 심판은 사단의 세력이 멸망을 당하리라는 예언이 성취될 때까지 지속된다. 18절에서 천사가 요한에게 또 네가 본 그 여자는 땅의 왕들을 다스리는 큰 성이라 말하는데, 이는 근본적으로 하나님을 대적하는 초자연적인 사단의 악한 제도를 가리킨다.

묵상 나누기

위에서 묵상한 내용을 간략히 기록하고 함께 나눈다.

찬송

"영광을 받으신 만유의 주여"(331장)

21. 성령으로 나를 데리고 크고 높은 산으로 올라가 (계 21:9-27)

주제와 연관된 질문 _

1. 성령으로 사도 요한을 데리고 크고 높은 산으로 올라가 그가 본 것은?
2. 거룩한 성 안에서 사도 요한이 성전을 보지 못하였는데, 그 까닭은?
3. 거룩한 성 안에 들어갈 수 들어갈 수 없는 자는?

주제 내용 _

일곱 대접을 가지고 마지막 일곱 재앙을 담은 일곱 천사 중 하나는 요한계시록 17:1에서 '심판 받을 큰 음녀'를 말하였던 것과는 달리 요한에게 나아와 신부 곧 어린 양의 아내를 보이리라 말한다. '어린 양의 아내인 신부'는 어린 양이신 그리스도에게만 충성하여 신실하게 믿음을 지킨 하나님의 백성이다(19:6-8). 하나님의 백성을 하나님의 신부로서 표현하는 이러한 비유는 구약성경에서 자주 나타난다(사 54:6; 호 1, 2장). 신약성경에서는 교회와 그리스도의 관계를 나타내는데, 신랑과 신부의 비유는 신부의 사랑이나 신부 자체에 강조점이 있는 것이 아니라 남편 되신 하나님의 신부에 대한 선택과 사랑에 그 초점이 맞추어져 있다. 10절에서 천사는 성령으로 요한을 데리고 크고 높은 산으로 올라가 하나님께로부터 하늘에서 내려오는 거룩한 성 예루살렘을 보인다. 이 말씀 역시 17:1-5와 병행된다. 요한은 17장에서 성령에 이끌려 광야에 가서 심판받을 큰 바벨론 성을 보는 데 비하여 21:10에서는 요한이 성령으로 높은 산으로 이끌려 올라가 거룩한 성 예루살렘을 보게 된다. 이러한 병행은 의도적인 것으로 멸망당한 큰 바벨론 성과 하나님에게서 비롯된 거룩한 성 예루살렘은 극명한 대조를 이루고 있다. 그리고 여기서 거룩한 성 예루살렘이 "하나님께로부터 하늘에서 내려오는" 성이라는 것은 2절과 병행을 이루는 표현으로, 거룩한 성 예루살렘이 인간의 노력에 의해서 성취된 것이 아니라 하나님에게서 비롯된다는 것이다.

주제와 연관된 성경공부와 말씀묵상 _

거룩한 성 예루살렘

본문 말씀(요한계시록 21:9-27)

9 일곱 대접을 가지고 마지막 일곱 재앙을 담은 일곱 천사 중 하나가 나아와서 내게 말하여 이르되
이리 오라 내가 신부 곧 어린 양의 아내를 네게 보이리라 하고
10 성령으로 나를 데리고 크고 높은 산으로 올라가 하나님께로부터 하늘에서 내려오는 거룩한 성 예
루살렘을 보이니
11 하나님의 영광이 있어 그 성의 빛이 지극히 귀한 보석 같고 벽옥과 수정 같이 맑더라
12 크고 높은 성곽이 있고 열두 문이 있는데 문에 열두 천사가 있고 그 문들 위에 이름을 썼으니 이스
라엘 자손 열두 지파의 이름들이라
13 동쪽에 세 문, 북쪽에 세 문, 남쪽에 세 문, 서쪽에 세 문이니
14 그 성의 성곽에는 열두 기초석이 있고 그 위에는 어린 양의 열두 사도의 열두 이름이 있더라
15 내게 말하는 자가 그 성과 그 문들과 성곽을 측량하려고 금 갈대 자를 가졌더라
16 그 성은 네모가 반듯하여 길이와 너비가 같은지라 그 갈대 자로 그 성을 측량하니 만 이천 스다디
온이요 길이와 너비와 높이가 같더라
17 그 성곽을 측량하매 백사십사 규빗이니 사람의 측량 곧 천사의 측량이라
18 그 성곽은 벽옥으로 쌓였고 그 성은 정금인데 맑은 유리 같더라
19 그 성의 성곽의 기초석은 각색 보석으로 꾸몄는데 첫째 기초석은 벽옥이요 둘째는 남보석이요 셋
째는 옥수요 넷째는 녹보석이요
20 다섯째는 홍마노요 여섯째는 홍보석이요 일곱째는 황옥이요 여덟째는 녹옥이요 아홉째는 담황옥
이요 열째는 비취옥이요 열한째는 청옥이요 열두째는 자수정이라

21 그 열두 문은 열두 진주니 각 문마다 한 개의 진주로 되어 있고 성의 길은 맑은 유리같은 정금이더라
22 성 안에서 내가 성전을 보지 못하였으니 이는 주 하나님 곧 전능하신 이와 및 어린 양이 그 성전이
심이라
23 그 성은 해나 달의 비침이 쓸 데 없으니 이는 하나님의 영광이 비치고 어린 양이 그 등불이 되심이라
24 만국이 그 빛 가운데로 다니고 땅의 왕들이 자기 영광을 가지고 그리로 들어가리라
25 낮에 성문들을 도무지 닫지 아니하리니 거기에는 밤이 없음이라
26 사람들이 만국의 영광과 존귀를 가지고 그리로 들어가겠고
27 무엇이든지 속된 것이나 가증한 일 또는 거짓말하는 자는 결코 그리로 들어가지 못하되 오직 어린
양의 생명책에 기록된 자들만 들어가리라

기도요점

10절에서 성령으로 요한을 데리고 크고 높은 산으로 올라가 하나님께로부터 하늘에서 내려오는 거룩한 성 예루살렘을 보이는데, 요한이 본 거룩한 성 예루살렘에 관한 말씀 12절부터 14절을 통하여 그 성곽을 상상해 보자. 16절에 보면, "성은 네모가 반듯하여 길이와 너비가 같은지라 그 갈대 자로 그 성을 측량하니 만 이천 스다디온(1500마일, 2,200km)"이다. 그런데 길이와 너비와 높이가 같으니 거룩한 성 예루살렘은 정입방체이다. 17절에 보면, 그 성곽을 측량하매 백사십사 규빗(1규빗은 45cm임)이니 사람의 측량 곧 천사의 측량이다. 거대한 정입방체인 거룩한 성 예루살렘과 그 성곽을 상상하면서 16-21절에 보석으로 쌓여 있고 꾸며진 그 성곽과 동서남북에 세 개의 문이 나 있는 거룩한 성 예루살렘을 상상해 보자. 23절에서 거룩한 성 예루살렘은 해나 달의 비침이 쓸데없다 하는데, 그 까닭은? 25절에 보면, 낮에 성문들을 도무지 닫지 아니하리니 거기에는 밤이 없기 때문이다. 그 성문으로 들어갈 수 있는 자는?

도움의 말

요한이 거룩한 성 예루살렘을 보니 하나님의 영광이 있어 그 성의 빛이 지극히 귀한 보석 같고 벽옥과 수정 같이 맑다. 여기서 '하나님의 영광'은 구약성경에서 하나님의 임재를 나타내며(겔 43:5). 그 성의 빛이 지극히 귀한 보석 같고 "벽옥과 수정같이 맑더라"는 하나님의 영광을 표현하는 것으로서 이는 보좌에 나타나 앉아계신 하나님을 묘사한다. 그 거룩한 성 예루살렘은 크고 높은 성곽이 있는데, 이는 거룩한 성 예루살렘을 하나님께서 안전하게 보호하심은 물론 성 밖에 있는 자들과 구분하고 계심을 시사한다. 그 성 예루살렘은 열두 문이 있는데, 문에 열두 천사가 있다. 이 열두 문에 있는 열두 천사는

거룩한 성 예루살렘으로 통하는 문을 통제하여 출입을 제한한다. 그 문들 위에 이름을 썼으니 이스라엘 자손 열두 지파의 이름들이다. 동쪽에 세 문, 북쪽에 세 문, 남쪽에 세 문, 서쪽에 세 문이 있다. 에스겔 48장에 나타난 종말론적 예루살렘 성의 환상과 연결된다(겔 48:30-34). 에스겔서에 따르면 새 성전 문에는 열 두 지파의 이름이 새겨져 있으며 '하나님이 거기 계신다'는 의미를 지닌 '여호와 삼마'가 그 성읍의 호칭으로 부여된다. 이는 본서에 나타난 거룩한 성 예루살렘과 관련된 것으로(3절; 22:3, 4) 하나님께서 영원히 함께 거하실 것을 시사한다. 한편 '열 두 지파'는 하나님께서 택하신 모든 백성을 의미한다. 요한이 보니 그 성의 성곽에는 열두 기초석이 있고 그 위에는 어린 양의 열두 사도의 열두 이름이 있는 것을 본다. 13절에서 거룩한 성 예루살렘에 있는 열두 문에 열 두 지파의 이름이 새겨져 있다는 진술과 병행하여 14절에서는 성의 기초석에 열두 사도의 이름이 새겨져 있음을 언급한다. "어린양의 십 이 사도의 열두 이름"은 문 위에 새겨진 열두 지파의 이름과 같이 하나님의 백성을 가리키는 것으로 신약 시대에 예수 그리스도의 복음과 사도의 가르침에 기초하여 세워진 그리스도인 공동체를 의미한다. 열두 지파와 열 두 사도의 이름이 병행되어 나열된 것은 구약 시대의 이스라엘과 신약 시대의 교회의 통일성을 암시하며 동시에 거룩한 성 예루살렘이 상징하는 하나님의 백성의 공동체가 신약 시대와 구약 시대를 총괄하는 보편적인 것임을 시사한다.

요한에게 말하는 자, 그 천사가 그 성과 그 문들과 성곽을 측량하려고 금 갈대 자를 가졌는데, 15절부터 17절까지에 나타난 거룩한 성 예루살렘의 척량은 에스겔 40:3 이후에 나타나는 새 성전 척량을 배경으로 한다. 이같은 성전 척량은 하나님의 백성이 거룩하게 보존됨을 나타내며, 또한 에스겔서의 성전 척량이 이스라엘 가운데 함께 하시는 하나님의 영광과 거룩함을 드러내는 것과 마찬가지로(겔 43:12) 하나님의 백성이 영원히 거하는 성의 거룩함과 어린양의 신부를 위한 하나님의 계획의 완전한 성취를 뜻한다. 그 성은 네모가 반듯하여 길이와 너비가 같은지라 그 갈대 자로 그 성을 측량하니 만 이천 스다디온이요 길이와 너비와 높이가 같은데, 이는 1500마일(2,200km)이다. 이는 거룩한 성 예루살렘의 완전함과 거대함을 의미한다. 한편 "장광이 같다"는 말은 성전(겔 45:2)과 재건하는 성전(겔 48:20)에 대한 에스겔의 묘사에도 나타난다. '높이'도 '장과 광'과 같이 길이가 동일하므로 거룩한 성 예루살렘이 정입방체로 되어 있다. 열왕기상 6:19-20에 보면, 여호와의 언약궤를 두기 위하여 성전 안에 내소를 마련하였는데, 그 내소의 안은 길이가 이십 규빗이요 넓이가 이십 규빗이요 높이가 이십 규빗이므로 정입방체였던 것이 상기된다. 이는 거룩한 성 예루살렘이 성막이나 성전의 지성소와 마찬가지로 하나님께서 임재하시며 그의 완전한 통치가 실현되는 곳임을 시사한다. 더 나아가 이러한 사실은 거룩한 성 예루살렘에는 성전이 없으며 성전은 전능하신 하나님과 어린양이라는 사실과 연관되어 해석될 수 있다. 그 성곽을 측량하매 백사십사 규빗이니 사람의 측량 곧 천사의 측량이라 하는데, 여기서 '일백 사십 사 규빗'이 성곽의 높이를 가리키는지 혹은 두께를 가리키는지 분명하지 않지만 그것이 높이이든 두께이든 간에 그 숫자 144는 12의 제곱으로서 거룩한 성 예루살렘에 있는 하나님의 백성들과 연관되어 완전함과 안전함을 시사한다. 한편 "사람의 척량 곧 천사의 척량이라"는 말은 천사가 척량한 치수가 특수한 방법에 의한 계산된 치수가 아니라 사람이 척량하는 것과 동일한 방법으로 계산된 것임을 의미한다. 그 성곽은 벽옥으로 쌓였는데, 이는 거룩한 성 예루살렘에 임한 하나님의 영광의 빛을 나타내는 데 사용되었다(11절). 따라서 벽옥은 하나님의 임재를 통해서 나타난 하나님의 영광의 광채를 시사한다. 그 성의 재질은 맑은 유리와 같은 정금이다. 이것은 지성소와 성소의 나머지 전체가 금으로 되어있던 솔로몬 성전을 상기시킨다(왕상 6:20-22). '맑은 유리와 같은 정금'은 아무런 흠과 티도 없는 신부의 순결과 아름다움을 의미한다. 그 성의 성곽의 기초석은 각색 보석으로 꾸몄는데 첫째 기초석은 벽옥이요 둘째는 남보석이요 셋째는 옥수요 넷째는 녹보석이요 다섯째는 홍마노요 여섯째는 홍보석이요 일곱째는 황옥이요 여덟째는 녹옥이요 아홉째는 담황옥이요 열째는 비취옥이요 열한째는 청옥이요 열두째는 자수정이다.

'성곽의 기초석'은 이미 언급된 바와 같이 열두 사도의 이름이 새겨져 있는 열두 개의 보석으로 이루어져 있다(14절). 이는 비록 순서는 다르다 할지라도 출애굽기 28:17-20에 나타난 대제사장이 흉배를 가리킨다고 보는데, 이것은 하나님의 모든 약속이 거룩한 성 예루살렘에서 성취되며(요 4:21) 구약 시대에 오직 대제사장에게만 주어졌던 권한들이 거룩한 성 예루살렘에서는 하나님의 백성들에게도 주어지고 있음을 암시한다. 그 열두 문은 열두 진주니 각 문마다 한 개의 진주로 되어 있고 성의 길은 맑은 유리 같은 정금이다. 이처럼 열두 개의 진주로 이루어진 열두 문은 열두 지파의 이름이 새겨져 있는 것으로(12, 13절), 이사야 54장에서 미래의 예루살렘을 말하면서 12절에서 "홍보석으로 네 성벽을 지으며 석류석으로 네 성문을 만들고 네 지경을 다 보석으로 꾸밀 것이며"라는 말씀을 반영한다. 한편 '맑은 유리 같은 정금'으로 이루어진 길은 18절에서 언급된 성의 재질과 동일한 것으로 어떠한 흠도 찾을 수 없는 신부의 순결성과 아름다움을 나타낸다. 그런데 요한이 성 안에서 성전을 보지 못하였으니 이는 주 하나님 곧 전능하신 이와 및 어린 양이 그 성전이심이기 때문이다. 구약 시대에 성막이나 성전은 하나님이 임재하셔서 이스라엘 백성과 교제를 나누는 곳이었다. 이스라엘 백성들은 하나님께서 성막이나 성전의 지성소에 계신 것으로 이해하였다. 그러나 이제 거룩한 성 예루살렘에는 더 이상 가시적인 성전이 필요하지 않다. 왜냐하면 전능하신 하나님과 어린양이신 그리스도께서 직접 하나님 백성들 가운데 임재하셔서 그들과 교제를 나누시기 때문이다. 그래서 요한은 여기서 전능하신 하나님과 어린 양이신 그리스도께서 성전이라고 선언한다. 그 성은 해나 달의 비침이 쓸 데 없으니 이는 하나님의 영광이 비치고 어린 양이 그 등불이 되심이기 때문인데, 이 말씀은 이사야 60:19-20의 "다시는 낮에 해가 네 빛이 되지 아니하며 달도 네게 빛을 비추지 않을 것이요 오직 여호와가 네게 영원한 빛이 되며 네 하나님이 네 영광이 되리니 다시는 네 해가 지지 아니하며 네 달이 물러가지 아니할 것은 여호와가 네 영원한 빛이 되고 네 슬픔의 날이 끝날 것임이라"는 말씀을 반영한다. 거룩한 성 예루살렘은 성전이 따로 없는 곳으로 하나님께서 직접 임재하신 곳이다. 그곳에는 하나님과 어린양께서 직접 자신의 광채로서 비춰시기 때문에 해와 달과 같은 처음 하늘에 있는 자연적인 것은 전혀 불필요하다(슥 14:7). 한편 "어린양이 그 등이 되심이라"는 말은 예수께서 "나는 세상의 빛이라"고 선언하신 말씀을 상기시킨다(요 1:9; 3:19; 8:12; 12:35). 이것은 그리스도께서 온 세상을 위한 구원의 근원이시며 하나님의 영광을 나타내 보이신 존재임을 시사한다. 또한 만국이 그 빛 가운데로 다니고 땅의 왕들이 자기 영광을 가지고 그리로 들어가리라는 말씀은 이사야 60:1-11을 반영한다.

> [1] 일어나라 빛을 발하라 이는 네 빛이 이르렀고 여호와의 영광이 네 위에 임하였음이니라 [2] 보라 어둠이 땅을 덮을 것이며 캄캄함이 만민을 가리려니와 오직 여호와께서 네 위에 임하실 것이며 그의 영광이 네 위에 나타나리니 [3] 나라들은 네 빛으로, 왕들은 비치는 네 광명으로 나아오리라 [4] 네 눈을 들어 사방을 보라 무리가 다 모여 네게로 오느니라 네 아들들은 먼 곳에서 오겠고 네 딸들은 안기어 올 것이라 [5] 그 때에 네가 보고 기쁜 빛을 내며 네 마음이 놀라고 또 화창하리니 이는 바다의 부가 네게로 돌아오며 이방 나라들의 재물이 네게로 옴이라 [6] 허다한 낙타, 미디안과 에바의 어린 낙타가 네 가운데에 가득할 것이며 스바 사람들은 다 금과 유향을 가지고 와서 여호와의 찬송을 전파할 것이며 [7] 게달의 양 무리는 다 네게로 모일 것이요 느바욧의 숫양은 네게 공급되고 내 제단에 올라 기꺼이 받음이 되리니 내가 내 영광의 집을 영화롭게 하리라 [8] 저 구름 같이, 비둘기들이 그 보금자리로 날아가는 것 같이 날아오는 자들이 누구냐 [9] 곧 섬들이 나를 앙망하고 다시스의 배들이 먼저 이르되 먼 곳에서 네 자손과 그들의 은금을 아울러 싣고 와서 네 하나님 여호와의 이름에 드리려 하며 이스라엘의 거룩한 이에게 드리려 하는 자들이라 이는 내가 너를 영화롭게 하였음이라 [10] 내가 노하여 너를 쳤으나 이제는 나의 은혜로 너를 불쌍히 여겼은즉 이방인들이 네 성벽을 쌓을 것이요 그들의 왕들이 너를 섬길 것이며 [11] 네 성문이 항상 열려 주야로 닫히지 아니하리니 이는 사람들이 네게로 이방 나라들의 재물을 가져오며 그들의 왕들을 포로로 이끌어 옴이라

요한계시록 21:24의 "만국과 땅의 왕들"이란 비록 본서에서 '만국'이 사단의 유혹에 넘어가 적그리스도와 더불어 하나님을 대적하는 존재로 나타난다 할지라도(17:2) 세상의 만국을 속여서 하나님을 대적하게 했던 옛 뱀은 이미 패배하였고(12:9) 멸망당하였기 때문에(20:2, 3) 여기서의 만국과 땅의 왕들은

짐승과 바벨론을 대항하고 하나님과 어린양이신 그리스도께 신실하게 충성하여 구속받은 자들을 가리킨다고 볼 수 있다(1:5; 11:2, 18; 15:2). 한편 '빛'은 앞 절에서 언급된 하나님과 어린 양의 영광의 광채를 의미한다. 낮에 성문들을 도무지 닫지 아니하는데, 이는 거기에는 밤이 없기 때문이다. "성문들을 낮에 도무지 닫지 아니하리니"라는 말씀 역시 이사야 60:11, "네 성문이 항상 열려 주야로 닫히지 아니하리니 이는 사람들이 네게로 이방 나라들의 재물을 가져오며 그들의 왕들을 포로로 이끌어 옴이라"는 말씀을 반영한 것으로서 거룩한 성 예루살렘의 생활이 하나님의 임재로 인하여 완전하게 안전함과 동시에 모든 것이 공개되어 있음을 암시한다. 한편 "밤이 없음이라"는 상반 절에서 '낮'만 언급된 이유인데, 여기서 "밤이 없다"는 말은 두 가지 의미를 지닌다. 하나는 거룩한 성 예루살렘은 첫 창조의 때와 같이 자연의 빛에 의존하는 세계가 아니라 하나님과 어린 양의 영광의 광채가 비취는 세계임을 의미한다(23절). 다른 하나는 일반적으로 성경에서 '밤이나 어두움'은 하나님으로부터 소외되어 분리된 것을 나타내므로 '밤이 없음'은 하나님께서 우리와 함께 영원히 임재 해 계심을 의미한다.

사람들이 만국의 영광과 존귀를 가지고 그리로 들어가겠고 무엇이든지 속된 것이나 가증한 일 또는 거짓말하는 자는 결코 그리로 들어가지 못하지만 오직 어린 양의 생명책에 기록된 자들만 들어간다. 여기서 속된 것은 우상 숭배자들을 가리키며, 가증한 일을 한 자란 배교자들이나 우상숭배자들을 가리키며, 거짓말 하는 자란 하나님을 대적하는 자로서 거짓 선지자를 말하기도 한다. 23절과 26절에서는 거룩한 성 예루살렘에 들어오는 만국과 땅의 왕들에 대해서 언급하였는데, 26절과 27절에서는 들어오지 못하는 자에 대해 세 부류로 기술하고 있다. 세 부류의 사람들이 배척당하는 것은 그들이 적그리스도의 품성과 생활 방식을 좇아 그리스도를 부인하고 하나님을 대적했기 때문이다. 거룩한 성 예루살렘에 들어 갈 수 있는 자는 오직 어린양의 생명책에 기록된 자들이다. '어린양의 생명책'은 거룩한 성 예루살렘에 들어갈 수 있는 근거가 오직 그리스도의 구속 사역의 공로임을 암시한다. 생명책에 기록된 자들은 그리스도의 구속 사역에 의하여 믿음을 소유하고 영생을 받은 자들로서 하나님과 어린양의 성품과 뜻에 일치하는 자들이다.

묵상 나누기

위에서 묵상한 내용을 간략히 기록하고 함께 나눈다.

찬송

"나 가나안 땅 귀한 성에"(246장)

22. 아버지와 아들과 성령의 이름으로 세례를 주고 (마 28:16-20)

주제와 연관된 질문 _

1. 세례를 받았는가? 그렇다면 세례 받았을 때의 경험을 서로 나누자
2. 눈이 열리고 마음이 열리게 되면 알게 되는 것 네 가지는?
3. 예수 그리스도의 죽음과 부활의 증인이 되어 아버지와 아들과 성령의 이름으로 세례를 주는 사람의 근본적인 자격은?

주제 내용 _

누가복음 23:44-49에 보면, 부활하신 주님께서 엠마오의 두 제자의 눈이 열리어 주님을 알게 한 것처럼 열한 제자들의 마음을 열어주시어 성경의 말씀을 알게 하신다. 구체적으로 이는 네 가지로 나타나는데, 첫째는 그리스도께서 고난을 받는다는 것이다. 둘째는 제 삼 일에 죽은 자 가운데서 살아나리라는 기록이다. 셋째는 예수 그리스도의 이름으로 죄 사함을 받게 하는 회개이다. 넷째는 이 회개는 예루살렘에서 시작하여 모든 족속에게 전파될 것이다. 지금도 부활하신 주님을 만난 사람들은 모두 이 네 가지의 증인이다.
우리 주님께서는 예루살렘에 모인 사람들, 즉 그리스도의 모든 증인들에게 "너희는 위로부터 능력으로 입혀질 때까지 이 성에 머물라"고 명령하신다. 사실 예수님이 부활한 당시 예수 그리스도의 죽음과 부활의 증인이 되는 것은 매우 위험할 뿐 아니라 생명의 위협까지 받아야 하는 일이었다. 그러므로 예

수님은 제자들에게 내 아버지께서 약속하신 성령의 능력을 보내리니 이 능력이 입혀질 때까지 그 성에 머물라고 명령하신다. 이는 오늘날도 마찬가지이다. 특히 예수 그리스도의 죽음과 부활의 증인이 되어 아버지와 아들과 성령의 이름으로 세례를 주는 사람은 어제나 오늘이나 미래에도 성령의 능력이 입혀진 사람이어야 된다.

주제와 연관된 성경공부와 말씀묵상 _

너희는 가서 모든 민족으로 제자를 삼아라

본문말씀(마태복음 28:16-20)

16 열한 제자가 갈릴리에 가서 예수께서 지시하신 산에 이르러
17 예수를 뵈옵고 경배하나 아직도 의심하는 사람들이 있더라
18 예수께서 나아와 말씀하여 이르시되 하늘과 땅의 모든 권세를 내게 주셨으니
19 그러므로 너희는 가서 모든 민족을 제자로 삼아 아버지와 아들과 성령의 이름으로 세례를 베풀고
20 내가 너희에게 분부한 모든 것을 가르쳐 지키게 하라 볼지어다 내가 세상 끝날까지 너희와 항상 함께 있으리라 하시니라

기도요점

열한 제자가 갈릴리에 가서 예수께서 지시하신 산에 이르니 예수께서 나아와 처음으로 하신 말씀은? 그런 후 예수께서 제자들에게 세 가지 일을 분부하시는데, 그 세 가지는? 세 가지 일을 예수께서 제자들에게 말씀하신 후, 그들에게 약속하신 말씀은?

도움의 말

부활하신 예수께서 보내신 여자들을 만난 열한 제자가 그녀들의 보고대로 갈릴리에 가서 예수께서 지시하신 산에 이른다. 그곳에서 제자들은 부활하신 예수님을 뵈옵고 경배한다. 여기서 부활하신 예수께서는 십자가의 죽음에서 벗어나 승리하신 그리스도 왕으로서 경배를 받는다. 그러나 그들 가운데 아직도 의심하는 사람들이 있다. 이같이 의심하는 이들에게도 예수께서 나아와 세 가지 말씀을 하신다. 첫째는 하늘과 땅의 모든 권세를 하나님 아버지께서 부활하신 예수에게 주셨다고 말씀하신다. 예수님은 여기서 지상에서의 권세뿐만 아니라 온 우주의 권세를 가지셨음을 제자들에게 확실하게 선언

하신다.

그렇기 때문에 예수께서는 둘째로 제자들에게 너희는 가서 모든 민족을 제자로 삼으라고 명령하신다. 예수께서는 마태복음 10:5-6에서 제자들에게 이방인의 길과 사마리아인의 고을로 가지 말고 이스라엘 집의 잃은 양에게로 가라고 하신 바 있다. 또한 예수님은 이스라엘 집의 잃어버린 양에게로 보냄을 받았다고 마태복음 15:24에서 말씀하신 바 있다. 그런데 부활하신 예수께서 마지막으로 주시는 말씀에서는 제자들에게 모든 민족에게 가서 그리스도 예수님의 제자를 삼아 성부 성자 성령의 이름으로 세례를 주라 이르신다. 세례는 예수를 그리스도로 믿는 사람이 죄 사함을 받고 그리스도 예수님의 공동체인 교회의 일원이 되어 하나님의 다스리심에 온전히 순종하며 살겠다는 예식이다. 부활하신 그리스도께서 제자들에게 분부한 모든 것을 세례를 받은 사람에게 가르쳐 지키게 하라 말씀하신다. 예수께서는 지상에서 사역하실 때에 제자들을 파송하시면서 병을 고치고 하나님 나라 복음을 전파할 것을 말씀 하신 바 있다. 그런데 부활하신 그리스도 예수께서 제자들에게 마지막으로 그들이 선교하여 세례 받은 사람들에게 주께서 분부한 모든 것을 가르쳐 지키게 하라 명하신다. 그 까닭은 지상 사역에서 예수께서는 유일한 선생님이므로 가르치는 권세가 예수님에게만 있었시 때문이다. 그렇지만 부활하신 예수께서는 이제 승천하실 때가 되었기에 예수께서 지상에서 선포하시고 가르치셨던 하나님 나라 복음을 제자들에게로 위탁하신다. 이와 같이하여 부활하신 예수께서 제자들에게 주께서 분부한 모든 것을 가르치는 책임과 권위를 부여해 주신다.

셋째는 볼지어다 내가 세상 끝 날까지 너희와 항상 함께 있으리라는 말씀이다. 이는 부활하신 예수께서 이같은 지상명령을 제자들이 잘 수행할 수 있도록 세상 끝날 까지 그들과 늘 함께 계시겠다는 약속의 말씀이다.

묵상 나누기

위에서 묵상한 내용을 간략히 기록하고 함께 나눈다.

찬송

"정한 물로 우리 죄를"(224장)

23. 성령으로 거듭나다(요 3:1-8)

주제와 연관된 질문 _

1. 거듭난다는 말의 의미는?
2. 유대인의 지도자인 니고데모가 밤에 예수님을 찾아온 까닭은?
3. 성령으로 거듭난 경험이 있는가? 있다면, 자신의 경험을 서로 나누자

주제 내용 _

바리새인 중에 니고데모라 하는 사람이 있는데, 그는 유대인의 지도자이다. 유대인 지도자란 당시 유대인의 최고 종교회의 기관인 산헤드린에 소속된 사람이다. 산헤드린은 고위 사제들과 율법 학자들과 원로들 즉 백성의 지도자들로 구성되었다. 그 가운데 니고데모는 이 기관에 속해 있었으며, 조상들의 율법에 정통하여 모든 백성들로부터 존경받는 율법 교사였다.

그가 밤에 예수께 와서 이르되 랍비여 라고 호칭하면서 대화를 시작한다. 당시 랍비는 수년 동안 정규적인 연구 과정을 마쳐야 했다. 랍비라는 칭호를 받는 율법 학자가 되려면 40세가 되어야 했다고 한다. 그러나 예수께서는 당시 제자들과 일반대중으로부터 랍비라는 칭호로 불리었으며, 특히 니고데모와 같은 유대고위층으로부터 랍비라 불림을 받으셨다.

이러한 니고데모가 밤에 예수께 와서 이르기를 "우리가 당신은 하나님께로부터 오신 선생인 줄 아나이다 하나님이 함께 하시지 아니하시면 당신이 행하시는 이 표적을 아무도 할 수 없다" 말씀드린다.

여기서 니고데모는 예수님을 하나님으로부터 보내심을 받은 모세, 예레미야 세례 요한과 같은 선지자 중의 한 분으로 이해하고 있는 것을 볼 수 있다. 여기서 우리는 또한 니고데모가 예수님의 표적을 보고 들어 예수께로 직접 찾아와 대화를 하는 것임을 알 수 있다. 왜냐하면 예수께서 하나님으로부터 오신 선생이 아니면 즉 하나님이 함께 하시지 아니하시면 예수께서 행하시는 이 표적을 아무도 할 수 없음을 예수께 말씀드리고 있기 때문이다. 요한복음에서 말하는 이 표적은 신적 권위와 위엄의 증거를 보여주는 이적을 가리킨다. 그렇기 때문에 이 표적을 목격한 자는 그 기적 행위 자체보다는 그 일을 행하신 이에게로 더 많은 관심을 가게 한다.

주제와 연관된 성경공부와 말씀묵상 _

거듭남의 교훈

본문 말씀(요한복음 3:1–8)

1 그런데 바리새인 중에 니고데모라 하는 사람이 있으니 유대인의 지도자라

2 그가 밤에 예수께 와서 이르되 랍비여 우리가 당신은 하나님께로부터 오신 선생인 줄 아나이다 하나님이 함께 하시지 아니하시면 당신이 행하시는 이 표적을 아무도 할 수 없음이니이다

3 예수께서 대답하여 이르시되 진실로 진실로 네게 이르노니 사람이 거듭나지 아니하면 하나님의 나라를 볼 수 없느니라

4 니고데모가 이르되 사람이 늙으면 어떻게 날 수 있사옵나이까 두 번째 모태에 들어갔다가 날 수 있사옵나이까

5 예수께서 대답하시되 진실로 진실로 네게 이르노니 사람이 물과 성령으로 나지 아니하면 하나님의 나라에 들어갈 수 없느니라

6 육으로 난 것은 육이요 영으로 난 것은 영이니

7 내가 네게 거듭나야 하겠다 하는 말을 놀랍게 여기지 말라

8 바람이 임의로 불매 네가 그 소리는 들어도 어디서 와서 어디로 가는지 알지 못하나니 성령으로 난 사람도 다 그러하니라

기도요점

사람이 물과 성령으로 나지 아니하면 하나님의 나라에 들어갈 수 없다는 예수님의 말씀이 의미하는 바

는? 6-8절의 말씀, "육으로 난 것은 육이요 영으로 난 것은 영이니 내가 네게 거듭나야 하겠다 하는 말을 놀랍게 여기지 말라 바람이 임의로 불매 네가 그 소리는 들어도 어디서 와서 어디로 가는지 알지 못하나니 성령으로 난 사람도 다 그러하니라"는 말씀을 묵상하자.

도움의 말

이미 언급된 대로 니고데모는 당시의 최고 종교회의 기관인 산헤드린의 관원, 유대 백성의 지도자인데, 그는 예수님께 "랍비여 우리가 당신은 하나님께로서 오신 선생인줄 아나이다 하나님이 함께 하시지 아니하시면 당신의 행하시는 이 표적을 아무라도 할 수 없음이니이다"라고 말한다. 이 말에 예수께서 "사람이 거듭나지 아니하면 하나님의 나라를 볼 수 없느니라"고 말씀하시자, 그는 "사람이 늙으면 어떻게 날 수 있사옵나이까"라고 질문한다. 이 질문에 주님은 "사람이 물과 성령으로 나지 아니하면 하나님의 나라에 들어갈 수 없느니라"고 대답하신다.

세례 요한은 죄를 회개한 자에게 물로 세례를 베풀었지만 죄와 허물로 죽었던 영적 생명을 새로운 피조물로 다시 살리는 일은 성령의 역사, 즉 성령 혹은 말씀으로 거듭나는 것이다. 이것은 그리스도 예수와의 연합 곧 성령세례를 통하여 이뤄진다. 이것에 대한 공적 선포와 상징적 의식이 바로 오늘날 우리가 받는 물세례이다. 성령세례로 예수 그리스도와 연합된 사람은 하나님의 다스림 안에 있으므로 하나님의 나라가 이미 그 안에 임한 것이다.

이 땅에 사는 우리는 연약하고 사라져 갈 육체적 생명을 가졌지만, 영적 생명을 가진 사람은 성령으로 거듭난 사람을 뜻한다. 이러한 사람은 자신의 기원과 삶의 뿌리를 하나님께 둔다. 여기서 예수님은 '성령'을 '바람'으로 비유하여 설명하신다. 바람이 눈에 보이지 않는 것처럼 성령도 눈에 보이지 않는다. 바람이 소리를 통하여 바람의 실재를 알게 하는 것처럼 성령도 거듭난 사람의 변화된 삶을 통하여 성령의 실재를 알게 된다. 바람이 어디서 와서 어디로 가는지 알지 못하는 것처럼 성령도 인간의 능력으로 그 기원을 헤아릴 수 없으며 오직 믿음으로만 하나님과 동등 된 분이시요 우리의 구원을 위해 사역하시는 분, 예수님을 알고 믿게 돕는다.

묵상 나누기

위에서 묵상한 내용을 간략히 기록하고 함께 나눈다.

찬송

"나 속죄함을 받은 후"(283장)

24. 성령이 내려서 누구 위에든지 머무는 것을 보거든 그가 곧 성령으로 세례를 베푸는 이인 줄 알라(요 1:29-34)

주제와 연관된 질문 _

1. 세례 요한이 물로 세례를 베푸는 것은 무엇 때문인가?
2. 세례 요한이 예수께서 자기에게 나아오심을 보고 당시 유대인들에게 예수님을 증언한 것은 무엇인가?
3. 세례 요한이 예수님이 곧 성령으로 세례를 베푸는 이인 줄 알라고 증언할 수 있었던 것은?

주제 내용 _

"이는 하나님이 성령을 한량없이 주심이니라"는 말을 한 세례 요한은 당시 하나님 나라의 선포를 하였을 뿐만 아니라 회개를 촉구하며, 세례를 베풀면서 많은 사람들의 관심을 모았다. 당시 유대인들은 하나님 나라 사상이 편만해 있었으며 또한 자신들을 로마 지배로부터 건져 줄 메시야 즉 그리스도를 기다리고 있었기 때문에 '요한이 그들이 기다리고 있는 그리스도가 아닐까'라는 생각을 하였다. 그래서 그 당시 유대인들이 예루살렘의 제사장과 레위인을 요한에게 보내어 '네가 누구냐?'라고 묻게 하였던 것이다. 이 질문을 받은 요한은 분명하게 "나는 그리스도가 아니다"라고 대답한다. 이러한 대답으로 그는 자신의 사명, 이 즉 자신의 사역이 그리스도의 사역이 아님을 분명히 드러내고 있다.

유대인들이 예루살렘에서 제사장들과 레위인들을 요한에게 보내어 두 번씩이나 "네가 누구냐"고 묻자, 요한은 자신의 사역의 본질과 성격을 이사야 40:3을 인용하여 설명한다. 즉 요한은 그리스도 예수님을 증거하고 그 앞길을 예비하는 선구자로서의 자신의 정체성을 밝히면서, 자신의 이와 같은 증언은 이사야의 예언의 성취임을 제시한다. 이사야의 예언과 광야에서 세례 요한의 외치는 소리, 모두는 하나님에 의하여 파송된 전령 자에 의하여 하나님의 구원의 메시지를 선포한 것이다.

요한이 자신을 "오실 메시아의 길을 예비하는 자"라고 대답하자 예루살렘의 제사장들과 레위인들은, "그렇다면 왜 세례를 베푸느냐?"라고 또 질문한다. 이 질문에 요한은 자신은 물로 세례를 베풀지만, 내 뒤에 오시는 그, 즉 그리스도 예수님이신데, 나는 그의 신발 끈을 푸는 일을 하기에도 부족한 사람이라고 대답하면서 그는 성령으로 세례를 베푸신다고 증언한다.

주제와 연관된 성경공부와 말씀묵상 _

하나님의 어린 양을 보라

본문 말씀(요한복음 1:29-34)

29 이튿날 요한이 예수께서 자기에게 나아오심을 보고 이르되 보라 세상 죄를 지고 가는 하나님의 어린 양이로다

30 내가 전에 말하기를 내 뒤에 오는 사람이 있는데 나보다 앞선 것은 그가 나보다 먼저 계심이라 한 것이 이 사람을 가리킴이라

31 나도 그를 알지 못하였으나 내가 와서 물로 세례를 베푸는 것은 그를 이스라엘에 나타내려 함이라 하니라

32 요한이 또 증언하여 이르되 내가 보매 성령이 비둘기 같이 하늘로부터 내려와서 그의 위에 머물렀더라

33 나도 그를 알지 못하였으나 나를 보내어 물로 세례를 베풀라 하신 그이가 나에게 말씀 하시되 성령이 내려서 누구 위에든지 머무는 것을 보거든 그가 곧 성령으로 세례를 베푸는 이인 줄 알라 하셨기에

34 내가 보고 그가 하나님의 아들이심을 증언하였노라 하니라

기도요점

29-31절 말씀, "이튿날 요한이 예수께서 자기에게 나아오심을 보고 이르되 보라 세상 죄를 지고 가는 하나님의 어린 양이로다 내가 전에 말하기를 내 뒤에 오는 사람이 있는데 나보다 앞선 것은 그가 나보다 먼저 계심이라 한 것이 이 사람을 가리킴이라 나도 그를 알지 못하였으나 내가 와서 물로 세례를 베

푸는 것은 그를 이스라엘에 나타내려 함이라 하니라"는 말씀을 묵상하자. 32-34절 말씀, "요한이 또 증언하여 이르되 내가 보매 성령이 비둘기 같이 하늘로부터 내려와서 그의 위에 머물렀더라 나도 그를 알지 못하였으나 나를 보내어 물로 세례를 베풀라 하신 그이가 나에게 말씀하시되 성령이 내려서 누구 위에든지 머무는 것을 보거든 그가 곧 성령으로 세례를 베푸는 이인 줄 알라 하셨기에 내가 보고 그가 하나님의 아들이심을 증언하였노라 하니라"는 말씀을 묵상하자.

도움의 말

예수께서 세례 요한에게 다가오시는 것을 보자, 요한이 예수님을 '세상 죄를 지고 가는 하나님의 어린 양'이라고 직접 증언한다. 이는 세상은 죄로 인하여 하나님과 대립 되어 있으며, 이러한 대립 관계를 화목하게 할 분이 바로 영원 전부터 선재하고 계신 예수 그리스도임을 증언하는 것이며, 동시에 어린 양이신 예수 그리스도의 사역은 세상 죄를 지는 희생적 사역임을 증언하는 것이다.

메시야의 도래를 예비하기 위하여 물로 죄 사함을 받게 하는 세례를 베푼 요한도 예수를 그리스도로 알아보지 못하여 그 당시 종교지도자들과 같이 '예수님이 하나님의 아들이요 그리스도인 사실'을 알지 못하였다. 그러나 요한이 예수님 위에 강림한 성령을 보고 예수님이 그리스도이심을 증언하게 된다. '성령이 하늘로부터'라는 의미는 그리스도께서 영원 전부터 하나님과 함께 계시듯 성령도 영원 전부터 하나님과 함께 계셨음을 뜻하며, 동시에 '그의 위에 머물다'라는 의미는 성령께서 그리스도의 사역에 함께 하심을 뜻한다.

세례 요한이 하나님으로부터 전령 받은 것은 구약의 선지자들과 같이 그리스도의 도래를 예언하고, 준비하며, 예수 그리스도를 기다리는 것이다. 물로 세례를 베풀며 '죄 사함을 얻게 하는 회개의 세례'를 선포한 것은 성령세례를 예표하고 준비시키는 세례이다. 예수님이 베푸시는 성령세례란 우리로 하여금 성령 안에서 그리스도와 함께 죽고 새 생명으로 함께 거듭나는 중생의 경험을 갖게 한다. 그 결과 빛의 자녀로서 이 땅의 삶을 살 수 있게 된 것이다.

묵상 나누기

위에서 묵상한 내용을 간략히 기록하고 함께 나눈다.

찬송

"주 십자가를 지심으로"(265장)

25. 구하는 자에게 성령을 주시다(눅 11:9-13)

주제와 연관된 질문 _

1. 성령을 구하는 성도를 향한 자신의 태도는?
2. 하나님께 성령을 간절히 구한 경험이 있는가? 있다면, 이 기도를 간절히 할 수 밖에 없었던 까닭은?
3. 구하는 자에게 성령을 주시는 하나님을 사랑하는 자신의 마음의 깊이를 살펴보자.

주제 내용 _

구하는 자에게 하나님께서 성령을 주신다는 말씀을 비유로 이르시기를 "너희 중에 누가 벗이 있는데 밤중에 그에게 가서 말하기를 벗이여 떡 세 덩이를 내게 꾸어 달라 하면 어떻게 하겠느냐" 하신다. 팔레스타인의 낮은 찌는 더위로 밤에 여행하는 것은 예사로운 일이다. 그런데 떡을 요구하는 친구의 방문을 받은 이 사람은 그에게 줄 떡이 없었다. 게다가 떡을 요구하는 그 벗이 찾아 온 시각이 밤중이라 문이 닫혀 있고 식구들 모두가 잠자리에 들어갔으므로 나를 괴롭게 하지 마라 일어나 네게 줄 수가 없노라 하겠느냐고 예수께서 이르신다.

예수께서 제자들에게 말씀하시기를 비록 벗됨으로 인하여서는 일어나서 주지 아니할 지라도 그 간청함을 인하여 일어나 그 요구대로 주리라 하신다. 여기서 예수께서 떡을 청하는 친구의 요청에 즉각적으로 응하지 않으려 했던 집 주인과 하나님의 기도에 대한 하나님의 쾌히 응답을 대비함으로써 하나님께 드리는 기도가 반드시 응답받을 수 있다는 확신을 9-13절에서 말씀하신다. 또한 설혹 응답이 즉각적으로 주어지지 않더라도 계속하여 끈기를 가지고 기도해야 함을 예수께서 가르치신다.

주제와 연관된 성경공부와 말씀묵상 _

구하라 그러면 너희에게 주실 것이요

본문 말씀(누가복음 11:9-13)

9 내가 또 너희에게 이르노니 구하라 그러면 너희에게 주실 것이요 찾으라 그러면 찾아낼 것이요 문을 두드리라 그러면 너희에게 열릴 것이니

10 구하는 이마다 받을 것이요 찾는 이는 찾아낼 것이요 두드리는 이에게는 열릴 것이니라

11 너희 중에 아버지 된 자로서 누가 아들이 생선을 달라 하는데 생선 대신에 뱀을 주며

12 알을 달라 하는데 전갈을 주겠느냐

13 너희가 악할지라도 좋은 것을 자식에게 줄 줄 알거든 하물며 너희 하늘 아버지께서 구하는 자에게 성령을 주시지 않겠느냐 하시니라

기도요점

9-10절, "내가 또 너희에게 이르노니 구하라 그러면 너희에게 주실 것이요 찾으라 그러면 찾아낼 것이요 문을 두드리라 그러면 너희에게 열릴 것이니 구하는 이마다 받을 것이요 찾는 이는 찾아낼 것이요 두드리는 이에게는 열릴 것이니라"는 말씀을 묵상하자. 11-13절, "너희 중에 아버지 된 자로서 누가 아들이 생선을 달라 하는데 생선 대신에 뱀을 주며 알을 달라 하는데 전갈을 주겠느냐 너희가 악할지라도 좋은 것을 자식에게 줄 줄 알거든 하물며 너희 하늘 아버지께서 구하는 자에게 성령을 주시지 않겠느냐 하시니라"는 말씀을 묵상하자.

도움의 말

여기서 '구하라'라는 단어는 아랫사람이 윗사람에게 구하는 것을 뜻하므로 기도와 관련하여 많이 사용된다. 이런 예가 마태복음 18:19에도 있는데, 예수께서 제자들에게 이르시기를 "너희 중의 두 사람이 땅에서 합심하여 무엇이든지 구하면 하늘에 계신 내 아버지께서 그들을 위하여 이루게 하시리라" 말씀하신 바 있다. 그러므로 "구하라 그리하면 너희에게 주실 것이라"는 말씀은 '받기 위해서는 구해야 한다.' '구하지 않고서는 받을 수 없다'는 말씀으로 이해 될 수 있다. 동시에 이 말씀은 구하면 확실히

받을 수 있다는 말씀이다.

이어 예수께서 "찾으라 그리하면 찾아낼 것이요"라고 말씀하신다. 이는 기도한 것을 얻기 위해 적극적으로 행동으로 옮겨야 함을 말씀해 주시며, 동시에 이는 하나님을 찾는 것을 뜻할 수도 있다. 또한 예수께서 '두드리라 그리하면 열릴 것이니'라고 말씀하시는데, 이는 기도를 함에 있어서 인내와 끈기를 가져야 함을 말해주는 것이다.

예수께서 이르시기를 구하는 이마다 받을 것이요 찾는 이가 찾아낼 것이요 두드리는 이에게는 열릴 것이라고 하시는데, 이는 9절의 말씀을 재차 강조하시는 말씀으로서 하나님께 드린 올바른 기도는 반드시 응답하신다는 것을 주께서 우리에게 확실하게 말씀해 주신다. 여기서 우리가 알 수 있는 것은 기도하는 사람의 끈기와 인내보다는 하나님께서 필히 우리 기도에 응답해 주신다는 신뢰와 더불어 구한 것은 받는다는 확신이 더 중요하다.

이어 예수께서 너희 중에 아버지 된 자로서 누가 아들이 생선을 달라 하는데 생선 대신에 뱀을 주며 알을 달라 하는데 전갈을 주겠느냐 하신다. 이는 하나님께 기도한 사람은 반드시 하나님께서 우리의 기도에 응답을 해 주신다는 확신이 필요하다는 비유의 말씀이다. 이 세상 아버지 가운데 아들이 생선을 달라 하는데, 생선 대신 뱀을 주며 알 대신 전갈을 주겠느냐는 말씀은 적어도 세상 아버지도 아들에게 해로운 것을 주지 않을 진대, 어찌 하나님께서 구하는 자에게 응답해 주시지 않겠느냐는 말씀이다. 이뿐만 아니라 이는 선한 것으로 하나님께서 응답해 주신다는 것을 비유로 말씀해 주신 것이다.

이와 같이하여 예수께서는 "너희가 악할지라도 좋은 것을 자식에게 줄 줄 알거든 하물며 너희 하늘 아버지께서 구하는 자에게 성령을 주시지 않겠느냐" 하신다. 이는 성령을 구하는 자에게 하나님 아버지께서 반드시 이를 응답해 주신다는 말씀이다. 우리 인간이 하나님으로부터 받는 은총 가운데 최고의 선물이 성령이기 때문에 성령은 모든 좋은 것의 근원이라고 할 수 있다(고전 12:4-11). 실제로 오순절 이후 성령의 역사로 말미암아 가장 귀한 선물 곧 복음의 물결이 온 세계로 확산되어 갔는데, 이는 오늘날에도 복음의 물결이 온 세계로 확산되어 가는 데 있어서 복음 전하는 자들에게 성령이 임하는 것이 그 무엇보다도 필요하다.

묵상 나누기

위에서 묵상한 내용을 간략히 기록하고 함께 나눈다.

찬송

"주 예수여 은혜를"(369장)

26. 하나님이 자기에게 순종하는 사람들에게 주신 성령도 그러하니라(행 5:17-32)

주제와 연관된 질문 _

1. 사도들이 이 일에 증인이라 말하는데, 여기서 말하는 이 일이란?
2. 우리는 이 일에 증인이요 하나님이 자기에게 순종하는 사람들에게 주신 성령도 그러하다 하는데, 성령이 증언하는 것은?
3. 그리스도 예수를 증언할 때 자신이 증언하는 내용은?

주제 내용 _

베드로를 통하여 많은 표적과 기사가 일어나서 믿는 사람들의 수가 많아지자 산헤드린 공회의 주도 세력인 대제사장들과 사두개인들이 시기와 질투로 주님의 부활을 전하는 사도들을 저지한다. 이로 인하여 그들은 사도들을 잡아 공중감옥에 가둠으로써 교회의 무력함을 드러내려고 했으며, 동시에 그들의 세력의 막강함을 드러냈다. 주의 사자가 옥에 있는 사도들에게 나타나 옥문을 열고 그들을 옥으로부터 끌어내면서 "성전에 서서 이 생명의 말씀을 다 백성에게 말하라"고 하신다. 이와 같이 하나님께서는 친히 사도들과 교회를 보호하시고 구원하시며, 또한 사도들로 하여금 당시 공회의 지도자들을 두려워하지 않고 담대하게 성전에 서서 생명의 말씀을 사람들 앞에 증거 할 수 있도록 힘을 주신다. 여기서 생명의 말씀은 예수 그리스도의 복음을 의미하는데, 이는 하나님 나라의 일, 부활의 도, 그리고 또한 하나님의 말씀을 지칭한다.

옥에 나타난 주의 사자의 지시대로 사도들은 새벽에 성전에 들어가서 생명의 말씀을 가르친다. 이를 알지 못하는 대제사장과 그와 함께한 사람들이 공회 이스라엘 원로들을 모은다. 그리고 대제사장과 사두개인들의 권세 아래 성전의 질서를 유지하는 일을 하는 레위인들을 옥에 보내 사도들을 잡아 오도록 하였으나 옥은 잠겨있고 옥문 앞에 간수가 지키고 있었다. 그런데 옥문을 여니 그 안에 한 사람도 없었다. 레위인들이 대제사장에게 돌아와 그들이 옥에서 본 것을 그대로 다 보고한다. 이는 사도들이 옥에서 나와 성전에서 복음을 가르치는 것은 정상적으로 일어날 수 없는 기이한 일이라는 것을 보고하는 것이다. 우리가 믿는 것은 눈에 보이고 머리로 합리적인 사고 논리에 따라 믿는 것이 아니다. 눈에 보이지 않으나 확실하고 합리적인 사고에 의하여 입증된 것이 아니라 할지라도 재물이나 시간 그리고 생명까지도 드릴 수 있는 헌신을 할 수 있게 된다. 이는 우리 안에서 역사하시고 가르치시고 믿게 하시는 성령의 역사로 말미암아 가능하다.

성전 맡은 사람이란 감옥에 있는 사람들을 맡은 이이다. 소송을 제기한 제사장이 감옥 문이 잠겨있는데도 불구하고 사도들이 그곳에 없다는 보고를 받자, 당황하고 의심이 가득하여 "이 일이 어찌 될까" 라고 말한다. 이때 어떤 사람이 와서 보고하기를 사도들이 성전에서 백성을 가르치고 있다고 말한다. 이 소식은 산헤드린 공회원들과 제사장들을 또 한 번 더 크게 혼돈하게 하였을 뿐만 아니라 놀라게 하였다. 사도들이 옥에서 갑자기 기이하게 없어진 것도 놀라운 일인데, 예수 그리스도의 이름으로 가르치지 말라고 경고를 받은 바로 그 사도들이 성전에 서서 예수의 복음을 가르치고 있다니 이 일이 얼마나 놀랍고 충격스러운 일인지 성전 맡은 사람과 제사장들은 "이 일이 어찌 될까'"라고 탄식하기에 이르게 된다.

주제와 연관된 성경공부와 말씀묵상 _

사도들이 능욕을 받다

본문 말씀(사도행전 5:17-32)

17 대제사장과 그와 함께 있는 사람 즉 사두개인의 당파가 다 마음에 시기가 가득하여 일어나서

18 사도들을 잡아다가 옥에 가두었더니

19 주의 사자가 밤에 옥문을 열고 끌어내어 이르되

20 가서 성전에 서서 이 생명의 말씀을 다 백성에게 말하라 하매

21 그들이 듣고 새벽에 성전에 들어가서 가르치더니 대제사장과 그와 함께 있는 사람들이 와서 공회

와 이스라엘 족속의 원로들을 다 모으고 사람을 옥에 보내어 사도들을 잡아오라 하니
22 부하들이 가서 옥에서 사도들을 보지 못하고 돌아와
23 이르되 우리가 보니 옥은 든든하게 잠기고 지키는 사람들이 문에 서 있으되 문을 열고 본즉 그 안
에는 한 사람도 없더이다 하니
24 성전 맡은 자와 제사장들이 이 말을 듣고 의혹하여 이 일이 어찌 될까 하더니
25 사람이 와서 알리되 보소서 옥에 가두었던 사람들이 성전에 서서 백성을 가르치더 하니
26 성전 맡은 자가 부하들과 같이 가서 그들을 잡아왔으나 강제로 못함은 백성들이 돌로칠까 두려워
함이더라
27 그들을 끌어다가 공회 앞에 세우니 대제사장이 물어
28 이르되 우리가 이 이름으로 사람을 가르치지 말라고 엄금하였으되 너희가 너희 가르침을 예루살렘
에 가득하게 하니 이 사람의 피를 우리에게로 돌리고자 함이로다
29 베드로와 사도들이 대답하여 이르되 사람보다 하나님께 순종하는 것이 마땅하니라
30 너희가 나무에 달아 죽인 예수를 우리 조상의 하나님이 살리시고
31 이스라엘에게 회개함과 죄 사함을 주시려고 그를 오른손으로 높이사 임금과 구주로 삼으셨느니라
32 우리는 이 일에 증인이요 하나님이 자기에게 순종하는 사람들에게 주신 성령도 그러하니라 하더라

기도요점

17–21 상반 절, "대제사장과 그와 함께 있는 사람 즉 사두개인의 당파가 다 마음에 시기가 가득하여 일어나서 사도들을 잡아다가 옥에 가두었더니 주의 사자가 밤에 옥문을 열고 끌어내어 이르되 가서 성전에 서서 이 생명의 말씀을 다 백성에게 말하라 하매 그들이 듣고 새벽에 성전에 들어가서 가르치더니"라는 말씀을 상상해 보자. 베드로와 사도들이 당시 주를 증언하는 내용은?

도움의 말

성전 맡은 수위 대장이 부하들과 함께 성전에 가서 사도들을 잡아 오지만 백성들이 두려워 폭력을 행사하지는 못한다. 왜냐하면 예수 그리스도의 복음을 가르친다는 이유로 사도들이 옥에 갇혔으나 기적으로 성전의 백성들과 자신들 앞에 다시 나타나 복음을 담대하게 가르치는 그들을 강압적으로 다룰 수가 없었기 때문이다. 게다가 백성들이 사도들의 연행에 대비하여 돌을 준비하고 있었으므로 매우 위협적인 상황이었다. 공회 앞에 다시 선 사도들에게 대제사장이 예수 그리스도를 가르치지 말라고 하였는데, 왜 너희 가르침을 예루살렘에 가득하게 하느냐고 다그쳐 묻는다. 이로 보아 이미 예수의 이름

과 복음의 말씀이 예루살렘 전 지역에 널리 퍼져 있었던 것을 우리는 짐작할 수 있다. 연이어서 대제사장은 사도들에게 이 사람의 피, 즉 "예수의 피를 우리에게로 돌리고자 하느냐"고 질문한다. 이는 사도들이 예수 그리스도의 죽음에 대한 책임을 대제사장, 공회원들에게 돌리고자 하는 것이 아니냐는 질문과 같다.

베드로와 사도들은 대제사장과 산헤드린 공회가 결의한 "예수의 이름으로 가르치지 말라"는 경고를 따르지 않았다. 왜냐하면 그들은 예수 그리스도의 죽음으로 하나님의 구속사역이 완성되었다는 것을 하나님께서 예수 그리스도의 부활을 통하여 나타내셨을 뿐만 아니라 그들에게 임하신 성령께서 이를 확증해 주셨기 때문이다. 그래서 사도들은 대제사장에게 사람보다 하나님께 순종하는 것이 마땅하다고 말한다. 연이어서 사도들이 증언하기를 예수님을 유대인들은 저주받은 사람으로 취급하여 나무에 달아 죽였으나 하나님께서 죽음 가운데서 주를 부활케 하시고 승천케 하심으로 예수님의 무죄하심을 입증하셨다 한다. 유대인들이 죄인으로 여겨 죽게 한 그 예수님을 하나님께서 높이시어 모든 만물을 그 발아래 두셨으며, 또한 예수 그리스도께서 성령으로 말미암아 우리로 하여금 회개케 하여 죄 사함을 받게 하는 구원의 길을 주셨다고 베드로와 사도들이 증언한다. 이것이 바로 초대교회의 복음의 메시지이다.

예수께서 죽으셨다가 부활하신 것을 친히 본 사도들은 이 복음의 진리를 증거 할 수밖에 없기 때문에 우리는 이 일에 증인이라고 말한다. 사도들은 예수님의 십자가의 죽음을 직접 목격하고 부활하신 예수님을 친히 체험하였기 때문에 이 일들을 증언하는데 있어서 사람이 두려워서 그리스도 예수의 부활을 말하지 않을 수 없다는 결연한 태도를 취한다. 사도들은 하나님께서 자신에게 순종하는 이들에게 주신 성령께서 그들 안에서 복음의 진리를 확증해 주시므로 이 일 증언하기를 멈출 수 없다고 확실하게 말한다.

묵상 나누기

위에서 묵상한 내용을 간략히 기록하고 함께 나눈다.

찬송

"부름 받아 나선 이 몸"(323장)

27. 내 영을 부어주며 내 말을 보이리라(잠 1:20-33)

주제와 연관된 질문 _

1. 내 영을 부어주며 내 말을 보이리라는 말씀에서 내 영이란?
2. 내 영을 '부어주며' 라는 말씀에서 부어준다는 말씀이 의미하는 바는?
3. "나의 책망을 듣고 돌이키라 보라 내가 나의 영을 너희에게 부어 주며 내 말을 너희에게 보이리라"는 말씀을 묵상하자.

주제 내용 _

잠언 1:20-21의 "지혜가 길거리에서 부르며 광장에서 소리를 높이며 시끄러운 길목에서 소리를 지르며 성문 어귀와 성 중에서 그 소리를 발하여 이르되"라는 말씀은 지혜를 의인화시켜 표현한 것이다. 지혜는 길거리와 광장에서 부르며 소리를 높이며 지혜의 말씀에 사람들을 초대한다. 이뿐만 아니라 성문 어귀와 성 중에서 지혜를 전달하는데, 지혜가 설교하거나 권고하는 곳은 모두 공공장소이다. 그러므로 지혜의 초청은 누구에게나 적용되며 공공성을 지닌다. 특히 8:2-31에서는 지혜가 그리스도와 동일시되어 언급된다.

그런데 어리석은 자들은 어리석음을 좋아하며 거만한 자들, 곧 경건한 생활을 조롱하며 하나님의 말씀과 경고를 가벼이 여기고 멸시하는 자들은 자기의 거만을 기뻐하며 미련한 자들은 지식을 미워하니 어느 때까지 하겠느냐고 지혜가 책망하면서 이르기를 나의 책망을 듣고 돌이키라 보라 내가 나의 영을 너희에게 부어 주며 내 말을 너희에게 보이리라 이른다. 여기서 “나의 영을 너희에게 부어 주며”에서 나의 영은 지혜와 총명의 신, 모략과 재능의 신, 그리고 지식과 여호와를 경외하는 신인데, 이를 포괄적으로 성령 또는 성령의 사역을 의미한다. 그리고 ‘부어주며’란 ‘용솟음쳐 나오다,’ ‘풍성히 발하다’라는 뜻에서 유래된 말로서 계속하여 새롭고 풍성하게 주어지는 상태를 뜻한다.

주제와 연관된 성경공부와 말씀묵상 _

지혜가 부른다.

본문 말씀(잠언 1:20-33)

20 지혜가 길거리에서 부르며 광장에서 소리를 높이며
21 시끄러운 길목에서 소리를 지르며 성문 어귀와 성중에서 그 소리를 발하여 이르되
22 너희 어리석은 자들은 어리석음을 좋아하며 거만한 자들은 거만을 기뻐하며 미련한 자들은 지식을
미워하니 어느 때까지 하겠느냐
23 나의 책망을 듣고 돌이키라 보라 내가 나의 영을 너희에게 부어 주며 내 말을 너희에게 보이리라
24 내가 불렀으나 너희가 듣기 싫어하였고 내가 손을 폈으나 돌아보는 자가 없었고
25 도리어 나의 모든 교훈을 멸시하며 나의 책망을 받지 아니하였은즉
26 너희가 재앙을 만날 때에 내가 웃을 것이며 너희에게 두려움이 임할 때에 내가 비웃으리라
27 너희의 두려움이 광풍 같이 임하겠고 너희의 재앙이 폭풍 같이 이르겠고 너희에게 근심과 슬픔이
임하리니
28 그 때에 너희가 나를 부르리라 그래도 내가 대답하지 아니하겠고 부지런히 나를 찾으리라 그래도
나를 만나지 못하리니
29 대저 너희가 지식을 미워하며 여호와 경외하기를 즐거워하지 아니하며
30 나의 교훈을 받지 아니하고 나의 모든 책망을 업신여겼음이니라
31 그러므로 자기 행위의 열매를 먹으며 자기 꾀에 배부르리라
32 어리석은 자의 퇴보는 자기를 죽이며 미련한 자의 안일은 자기를 멸망시키려니와
33 오직 내 말을 듣는 자는 평안히 살며 재앙의 두려움이 없이 안전하리라

기도요점

24-25절, "내가 불렀으나 너희가 듣기 싫어하였고 내가 손을 폈으나 돌아보는 자가 없었고 도리어 나의 모든 교훈을 멸시하며 나의 책망을 받지 아니하였은즉"의 결과는? 29-31절, "대저 너희가 지식을 미워하며 여호와 경외하기를 즐거워하지 아니하며 나의 교훈을 받지 아니하고 나의 모든 책망을 업신여겼음이니라 그러므로 자기 행위의 열매를 먹으며 자기 꾀에 배부르리라"는 말씀을 묵상하자.

도움의 말

본문은 "지혜가 여호와를 신뢰하지 못하고 방황하는 자에게 사랑으로 여호와께 오도록 불렀으나 너희가 듣기 싫어하였고 내가 손을 폈으나 돌아보는 자가 없었다" 이른다. 도리어 25-27절에서 지혜가 주는 모든 교훈을 멸시하며 지혜가 권고하는 책망을 받지 아니하였은즉 그 결과 너희가 재앙을 만날 때에 지혜가 웃을 것이며 너희에게 두려움이 임할 때에 지혜가 비웃으며, 너희의 두려움이 광풍 같이 임하겠고 너희의 재앙이 폭풍 같이 이르겠고 너희에게 근심과 슬픔이 임한다 이른다. 이는 지혜의 권고를 거절한 악인들이 당하게 될 심판의 엄중함을 강조하는 표현이며 더 나아가 조롱과 멸시의 의미를 강조하는 표현이다.

"그때에 너희가 나를 부르리라 그래도 내가 대답하지 아니하겠고 부지런히 나를 찾으리라 그래도 나를 만나지 못하니"라고 지혜가 말한다. 여기서 '찾으리라'는 일찍 일어나 열심을 내어 기도하며 찾는다는 의미이다. 이러한 열성적인 부르짖음과 기도에도 불구하고 하나님께로부터 아무런 응답도 받지 못할 것이라 말한다. 이는 하나님께서 그들의 부르짖음에 대해 무관심해서가 아니라 그들이 하나님께서 허락하셨던 은혜의 시기, 곧 회개와 용서의 때에 돌이키지 않았기 때문이다. 이를 지혜는 "대저 너희가 지식을 미워하며 여호와 경외하기를 즐거워하지 아니하며 나의 교훈을 받지 아니하고 나의 모든 책망을 업신여겼음이니라"고 표현한다. 그러므로 이를 자기 행위의 열매를 먹으며 자기 꾀에 배부르리라 표현하는데, 이는 곧 악인들은 계속되는 지혜의 초정과 권고를 무시하고 스스로를 파멸로 이끄는 어리석음을 선택했기에 또한 모든 삶의 지식을 경멸하였기에 마땅히 엄중한 심판의 대상이 될 수밖에 없다.

이에 지혜는 이르기를 어리석은 자의 퇴보는 자기를 죽이며 미련한 자의 안일은 자기를 멸망시키려니와 오직 내 말을 듣는 자는 평안히 살며 재앙의 두려움이 없이 안전하리라 한다. 이는 지혜의 권고와 충고를 거절한 악한 자들과는 반대로 그 지혜의 모든 권고와 초청을 듣고 따름으로써 전인격적으로 순종하는 자를 지칭한다. 이 말은 현세적인 안전함을 넘어서 지혜의 충고와 권고에 순종하는 의인이 누리게 될 궁극적이며 영원한 영적 평안을 가리키는데, 이 평안은 미래적인 비전일 뿐만 아니라 지금 우리가 소유할 수 있는 현재적 의미의 평안이기도 하다.

묵상 나누기

위에서 묵상한 내용을 간략히 기록하고 함께 나눈다.

찬송

"하나님의 진리 등대"(510장)

28. 이제는 주 여호와께서 나와 그의 영을 보내셨느니라 (사 48:12-19)

주제와 연관된 질문 _

1. 하나님의 말씀을 듣지 아니하는 완고한 사람을 만나본 경험이 있는가? 경험이 있다면, 이런 사람에게 자신은 어떻게 대처하는가?
2. 여호와께서 완고한 하나님 백성, 이스라엘에게 이사야와 여호와의 영을 보내셔서 하신 말씀은 이사야 48장 12-19절 말씀을 통하여 찾아보자.
3. 자신에게 임한 성령의 경험을 함께 나누자.

주제 내용 _

이제 하나님께서 완고한(고집이 세고 융통성이 없는) 하나님 백성에게 새 일을 듣게 하신다고 말씀하신다. 여기서 새 일이란 전에 그들이 알지 못하였던 비밀한 일이라고 이사야가 강조한다. 이처럼 새 일이라고 강조하는 까닭은 완고한 그들이 이미 과거에 들어 알고 있는 일이라며 듣기를 거부하지 못하게 하려는데 있다. 여기서 말하는 새 일이란 하나님 백성, 이스라엘이 그들의 포로지인 바벨론으로부터의 귀환으로 본다. 이 일이 그들이 듣지도 못한 일이며 알지도 못하는 바로 그 일이라고 또 다시 강조된다. 그들이 정녕 배신하여 빈번히 영적인 귀를 닫아왔으므로 하나님께서는 그들을 모태에서부터 배역(배반)한 자라 불린 줄을 이미 알고 계신다고 이사야가 말한다. 그러나 그럼에도 불구하고 하나님께서는 이같은 새 일을 그들에게 이사야를 통하여 듣게 하신다.

이사야를 통하여 하나님 이름을 위하여 하나님께서는 노하기를 더디 하신다 말씀하신다. 여기서 하나님의 노는 완고한 하나님 백성 이스라엘을 향한 거룩한 분노인데, 나면서부터 배역하여 하나님 말씀을 듣지 아니하는 하나님 백성을 향한 하나님의 거룩한 분노로 해석된다. 그들이 바벨론 포로로 잡혀 있으나 하나님의 영광을 위하여 그들을 멸절하지 아니하시는 사랑의 하나님이시다. 하나님께서는 그들에게 용광로에 광물을 넣은 것과 같은 시련으로 훈련하였으나 은처럼 하지 않으시고 그 고난의 풀무불에서 그들을 택하셨다고 말씀하신다. 이는 그들의 영적 무지를 깨우쳐 죄를 고백하게 하려고 시련을 주었으나 결과적으로 아무런 효과 없이 시련의 용광로로부터 건져내실 것이라는 말씀이다. 하나님을 위하여 이를 이루실 것이라고 말씀하시면서 하나님께서는 이사야를 통하여 "어찌 내 이름을 욕되게 하리요 내 영광을 다른 자에게 주지 아니하리라"고 말씀하신다. 이 말씀은 이방에 포로로 있는 이스라엘 하나님 백성에 대한 그들의 승리를 그들의 이방 신이 하나님에 대한 승리로 착각하게 하지 않게 하신다는 말씀이다. 그래서 하나님께서는 이스라엘과 이방이 전혀 알 수 없는 새 일을 행하시어 하나님 백성을 포로로부터 구원하시므로 이로 인하여 그들로부터 영광을 받으실 것이라 말씀하신다.

주제와 연관된 성경공부와 말씀묵 _

처음이요 마지막이신 분

본문 말씀(이사야 48:12-19)

12 야곱아 내가 부른 이스라엘아 내게 들으라 나는 그니 나는 처음이요 또 나는 마지막이라
13 과연 내 손이 땅의 기초를 정하였고 내 오른손이 하늘을 폈나니 내가 그들을 부르면 그것들이 일제히 서느니라
14 너희는 다 모여 들으라 나 여호와가 사랑하는 자는 나의 기뻐하는 뜻을 바벨론에 행하리니 그의 팔이 갈대아인에게 임할 것이라 그들 중에 누가 이 일들을 알게 하였느냐
15 나 곧 내가 말하였고 또 내가 그를 부르며 그를 인도하였나니 그 길이 형통하리라
16 너희는 내게 가까이 나아와 이것을 들으라 내가 처음부터 비밀히 말하지 아니하였나니 그것이 있을 때부터 내가 거기에 있었노라 하셨느니라 이제는 주 여호와께서 나와 그의 영을 보내셨느니라
17 너희의 구속자시요 이스라엘의 거룩하신 이이신 여호와께서 이르시되 나는 네게 유익하도록 가르치고 너를 마땅히 행할 길로 인도하는 네 하나님 여호와라
18 네가 나의 명령에 주의하였더라면 네 평강이 강과 같았겠고 네 공의가 바다 물결 같았을 것이며

19 네 자손이 모래 같았겠고 네 몸의 소생이 모래 알 같아서 그의 이름이 내 앞에서 끊어지지 아니하였겠고 없어지지 아니하였으리라 하셨느니라

기도요점

12-14절 상반말씀, "야곱아 내가 부른 이스라엘아 내게 들으라 나는 그니 나는 처음이요 또 나는 마지막이라 과연 내 손이 땅의 기초를 정하였고 내 오른손이 하늘을 폈나니 내가 그들을 부르면 그것들이 일제히 서느니라 너희는 다 모여 들으라"는 말씀을 묵상하자. 17-19절 말씀, "너희의 구속자시요 이스라엘의 거룩하신 이이신 여호와께서 이르시되 나는 네게 유익하도록 가르치고 너를 마땅히 행할 길로 인도하는 네 하나님 여호와라 네가 나의 명령에 주의하였더라면 네 평강이 강과 같았겠고 네 공의가 바다 물결 같았을 것이며 네 자손이 모래 같았겠고 네 몸의 소생이 모래 알 같아서 그의 이름이 내 앞에서 끊어지지 아니하였겠고 없어지지 아니하였으리라 하셨느니라"는 말씀을 묵상하자.

도움의 말

처음과 마지막이신 하나님께서 땅의 기초를 정하였고 하늘을 펴셨는데, 하나님께서 그들을 부르면 그것들이 일제히 선다고 말씀하신다. 이는 처음과 마지막이신 하나님의 위대하신 능력으로 만물을 창조하시고 보존하며 또한 온 우주의 흥망성쇠가 하나님께 달려 있음을 뜻하는 말씀이다. 이어서 "나 여호와가 사랑하는 자, 즉 하나님의 뜻을 바벨론 위에 행할 하나님의 도구인 고레스를 하나님이 기뻐하신다"고 말씀하신다. 이처럼 이방 왕 고레스를 선택하고 그로 형통하게 하여 이스라엘의 구원자로 쓰임받게 하는 모든 과정이 하나님의 절대적 주권 하에 이루어진다. 이어서 "이제는 주 여호와께서 나와 그의 영을 보내셨느니라"라고 이사야가 말하는데, 이는 선지자로서의 이사야사역이 하나님의 영에 의하여 수행된 것임을 강조하는 말이다.

구속자이시며 거룩하신 여호와께서는 그의 백성에게 하시는 일 두 가지를 이사야를 통하여 제시하신다. 하나는 여호와께서는 그의 백성이 유익하도록 가르치시는 일이다. 여기서 여호와께서 가르치시는 일이란 그의 백성의 영적무지에도 불구하고 거룩하시며 구속자이신 하나님께서는 계속해서 그들을 가르치신다는 것이다. 다른 하나는 구속자이시며 거룩하신 하나님께서는 마땅히 행할 길로 하나님 백성을 인도하신다는 것이다. 이러한 인도하심에 따라 그의 가르치시는 말씀에 주의한다면, 하나님께서 하나님 백성에게 두 가지 축복을 약속하신다. 첫째, 그들의 평강이 강과 같고 그들의 공의가 바다 물결 같다는 약속이다. 둘째, 그들 자손이 모래 같겠고 그들 몸의 소생이 모래 알 같아서 그들 자손의 이름이 하나님 앞에서 끊어지지 아니한다는 약속이다.

묵상 나누기

위에서 묵상한 내용을 간략히 기록하고 함께 나눈다.

찬송

"나의 반석 나의 방패"(402장)

29. 성령이 선지자 이사야를 통하여 너희 조상들에게 말씀하신 것이 옳도다(행 28:23-31)

주제와 연관된 질문

1. 사도 바울이 성령이 선지자 이사야를 통하여 이스라엘 조상들에 말씀하신 것이 옳다 말하는데, 아래 있는 '주제 내용'을 통하여 그가 옳다고 말하는 말씀은 이사야 몇 장 몇 절인가요?
2. 하나님의 말씀을 듣기를 즐거워하나요?
3. 하나님의 말씀을 듣고 그 의미를 깨닫게 되면, 그 말씀을 일상의 삶에서 수행 하는가?

주제 내용 _

로마에 있는 유대인들은 기독교를 그들의 종파들 가운데 하나이며, 어디서든지 반대를 받는 한 파로 생각할 뿐 이 사상에 대하여 정확히 알지 못한다. 그러므로 그들은 이 사상이 어떠한가를 바울을 통하여 듣고자 한다. 그리하여 많은 이들이 바울의 숙소에 와서 하나님의 나라와 율법과 선지자의 말을 가지고 예수의 복음에 대하여 듣는다. 이와 같이하여 바울은 드디어 처음으로 로마의 유대인들에게 복음을 전하게 된다. 바울의 핵심 메시지는 예수 그리스도의 복음의 궁극적인 목적과 관계되는데, 이 목적은 하나님 나라와 예수 그리스도와의 관계에 있다. 즉 이는 하나님 나라는 예수 그리스도를 통해 현현되었고, 예수의 죽음과 부활을 통해 확증되었으며, 예수의 재림으로 완성될 것이라는 메시지이다. 이것이 바로 바울이 선교하고자 하는 기독교의 핵심이므로 그는 그들에게 예수를 권한 것이다.

복음에 대한 바울의 증언을 들은 로마에 있는 유대인들 가운데 어떤 이는 그의 말을 믿지만, 또 다른 이들은 그의 말을 믿지 않는다. 증언을 마치자, 그들은 흩어져 돌아가는 데, 이를 보고 바울이 한 말로 이르기를, "성령이 선지자 이사야를 통하여 너희 조상들에게 말씀하신 것이 옳도다"라는 말을 한다. 이는 이사야 6:9-10의 말씀으로서 "너희가 듣기는 들어도 도무지 깨닫지 못하며 보기는 보아도 도무지 알지 못하는도다"라는 말씀이다. 바울의 복음 증언에 미흡하게 응답할 뿐만 아니라 이를 거부하는 동족들을 보지만, 그는 그들의 이러한 반응으로 인하여 좌절하지 않을 뿐만 아니라 그들을 향한 열정 또한 식지 않는다.

주제와 연관된 성경공부와 말씀묵상 _

로마에 도착한 바울의 강론

본문 말씀(사도행전 28:23-31)

23 그들이 날짜를 정하고 그가 유숙하는 집에 많이 오니 바울이 아침부터 저녁까지 강론하여 하나님의 나라를 증언하고 모세의 율법과 선지자의 말을 가지고 예수에 대하여 권하더라
24 그 말을 믿는 사람도 있고 믿지 아니하는 사람도 있어
25 서로 맞지 아니하여 흩어질 때에 바울이 한 말로 이르되 성령이 선지자 이사야를 통하여 너희 조상들에게 말씀하신 것이 옳도다
26 일렀으되 이 백성에게 가서 말하기를 너희가 듣기는 들어도 도무지 깨닫지 못하며 보기는 보아도 도무지 알지 못하는도다
27 이 백성들의 마음이 우둔하여져서 그 귀로는 둔하게 듣고 그 눈은 감았으니 이는 눈으로 보고 귀로 듣고 마음으로 깨달아 돌아오면 내가 고쳐 줄까 함이라 하였으니
28 그런즉 하나님의 이 구원이 이방인에게로 보내어진 줄 알라 그들은 그것을 들으리라 하더라
29 (없음)
30 바울이 온 이태를 자기 셋집에 머물면서 자기에게 오는 사람을 다 영접하고
31 하나님의 나라를 전파하며 주 예수 그리스도에 관한 모든 것을 담대하게 거침없이 가르치더라

기도요점

바울이 유대인들에게 27-28절에서 "이 백성들의 마음이 우둔하여져서 그 귀로는 둔하게 듣고 그 눈은 감았으니 이는 눈으로 보고 귀로 듣고 마음으로 깨달아 돌아오면 내가 고쳐 줄까 함이라 하였으니

그런즉 하나님의 이 구원이 이방인에게로 보내어진 줄 알라 그들은 그것을 들으리라 하더라"는 말씀을 통하여 감지되는 것은? 30-31절에 바울이 온 이태(두 해)를 자기 셋집에 머물면서 자기에게 오는 사람을 다 영접하고 하나님의 나라를 전파하며 주 예수 그리스도에 관한 모든 것을 담대하게 거침없이 가르치는데, 그가 이같이 복음전파를 로마에서 할 수 있었던 것은?

도움의 말

이사야 6:9-10의 내용은 이스라엘 백성의 완악함을 상징적으로 드러내는 말씀인데, 바울은 이를 이사야 시대의 유대 후손들에게 적용한다. 그들은 예수 그리스도의 구원의 복음을 거부하였다. 그리하여 바울은 이 구원이 이방인에게로 보내어진 줄 알라고 말할 뿐만 아니라 이방인들은 복음을 들을 것이라 말한다. 그렇다고 해서 바울이 유대인들의 구원을 포기한 것이 아니다. 이는 바울의 이방 선교의 정당성을 드러내는 말이기도 하지만, 그는 로마서 11장에서 유대인들을 구원에 참여하도록 하는 하나님의 섭리를 강조한 바 있다. 사실 여기서 바울은 복음이 이방인들에게로 퍼져나가는 과정과 유대인들이 이 복음을 거역하는 과정을 평행으로 언급한다.

대략 주후 61년 중순부터 63년까지, 즉 2년간 바울은 로마에서 무료 교도소가 아닌 세를 내는 집에 머물면서 계속하여 찾아오는 사람들을 모두 다 영접한다. 이로 보아 로마에서 바울에 대한 재판이 2년 동안이나 열리지 않고 있었다는 것을 알 수 있다. 이는 아마도 당시 로마법에서 재판과정 중 구체적인 증거를 제시하지 못할 경우, 이에 대한 응징을 받았어야 했기 때문에 이를 두려워하여 재판에 승산이 없을 것을 안 유대계 고소인들이 법정 고소 만료일인 18개월이 지나도록 법정에 나타나지 않았던 것으로 추측된다. 그동안 바울은 자신에게 찾아오는 사람들을 다 영접하여 하나님 나라와 예수 그리스도를 담대하게 가르친다. 바울의 이러한 선교활동이 당시 로마에 의하여 저지 받지 않았다. 예루살렘의 유대인들에게 거부된 그리스도 예수의 복음이 로마에서는 저항 없이 수용되고 전파된 것뿐이다. 이와 같이하여 로마에서 복음을 전하리라는 바울의 소명, 즉 주님으로부터 받은 소명이 성취된다.

묵상 나누기

위에서 묵상한 내용을 간략히 기록하고 함께 나눈다.

찬송

"이 눈에 아무 증거 아니 뵈어도"(545장)

30. 내가 그 말씀하시는 자의 소리를 들으니(겔 2:1-10)

주제와 연관된 질문 _

1. 구약성경에서 선지자의 주된 역할은 무엇이라 생각하는가?
2. 선지자는 말씀을 전할 때 백성으로부터 어떤 반응을 얻게 되는가?
3. 나는 그리스도인의 삶을 살기 위해 누구/어디로부터 위로와 힘을 받는가?
4. 나는 어떤 방식으로 예수님 증인의 삶을 사는가?

주제 내용 _

선지자는 히브리어로 '나비'이다. 대개 하나님의 말씀을 '대언하는 자'로 이해된다. 자기 말을 하는 것이 아니라 하나님으로부터 받은 말씀을 전하는 자이다. 선지자의 사역은 하나님의 부르심과 파송으로 시작된다. 선지자는 말씀을 전하지만 먼저 말씀을 받는다. 환상 가운데 특별한 것을 보기도 하고 하나님의 음성을 듣기도 한다. 많은 경우 선지자는 하나님의 영을 받는다. 기름부음을 받는 것도 하나님 영의 임재를 상징한다. 선지자는 늘 하나님과 교제하지만 때때로 특별히 전해야 할 말씀을 받는다. 심판을 선포하고 회개를 요청하기 때문에 박해가 따르곤 한다. 말씀 선포로 말미암아 선지자는 고통과 외로움을 겪고 핍박을 받는다. 선지자의 위로와 용기는 자신이 신뢰하는 여호와 하나님으로부터만 온다.

에스겔 2:1-3:27은 에스겔의 부르심과 사명에 대해서 말씀한다. 먼저 하나님은 "인자야 네 발로 일어서라 내가 네게 말하리라"(2:1)라고 하신다. "하나님의 영이 임하셔서" 에스겔을 일으켜 세우시고 여호와께서 에스겔에게 말씀했다. 여호와께서 에스겔을 대언자로 임명하여 파송하시는 장면이다. 에스겔은 환상 가운데 특별한 것들을 보았고(1장), 음성도 듣는다. 에스겔이 해야 할 일은 백성에게 여호와의 말씀을 대언하는 것("말하리라")이다.

말씀 선포의 대상은 포로로 잡혀온 유다 백성들이다. 이들은 패역한 백성이며 여호와를 배반한 자들이다. 그들의 배반은 조상 때부터 이어져왔다(3, 5절). "얼굴이 뻔뻔하고"는 우리말 '낯짝이 두껍다'에 해당하며 교만한 삶을 이른다. "마음이 굳은 자"는 말씀이 그 속으로 들어가지 않는 사람이다. 이스라엘의 패역은 7, 8절에서 반복된다.

하나님의 '영'은 에스겔을 일으켜 세우셔서 두려움 없이 말씀을 전파하게 하신다(참고. 3:14). "두려워하지 말라"고 하신 것은 에스겔이 말씀선포로 인한 반대와 핍박을 두려워했기 때문이다. 여호와께서 "가시와 찔레와 함께 있으며 전갈 가운데에 거주"(6절)를 언급한 것은 말씀을 대언하는 에스겔이 처할 위험을 말하는 것이다. 에스겔의 역할은 패역한 백성이 듣든지 듣지 않든지 에스겔 자신이 고통을 받든지 환영받든지 상관없이 하나님의 말씀("내 말")을 전하는 것이다

에스겔은 입을 벌려 하나님께서 주시는 것을 먹으라는 말씀을 듣는다. 이 역시 말씀 사역을 부여받은 것을 뜻한다. 이와 같이 말씀의 사역자는 자기 판단이나 자기 진단으로 말씀을 선포하는 것이 아니라 먼저 하나님 말씀을 듣고 하나님 말씀을 마음에 두고 하나님의 말씀을 전하는 사람이다. 에스겔은 한 손을 보게 되는데, 그 손 안에는 두루마리 책이 있었다. 그 내용은 애가와 애곡과 재앙의 말씀, 곧 심판의 말씀이었다. 에스겔은 두루마리 책을 먹는데 달기가 꿀 같다고 한다(3:3). 하나님의 부르심과 사명을 기쁨으로 받은 것을 뜻한다.

예수님의 제자들에게도 성령이 임하시고 땅 끝까지 파송되어 예수님이 누구신지 전파했다. 예수님은 제자들을 이리 가운데 보내는 것과 같다 하셨고, 사도 바울을 부르실 때 예수님 이름을 위해 많은 고난받을 자라고 하셨다(행 9:16). 예수님의 제자들은 성령을 받고 성령님과 함께 예수님의 증인으로 사역했다. 그로인해 고난을 당하면서도 하나님의 위로와 힘을 공급받으며 사명을 감당했다.

오늘 우리는 말씀 사역자들의 헌신과 수고의 결과로 하나님의 백성이 되었다. 이제 우리가 이어 달릴 차례이다. 하나님의 부름심이 이미 있었고 지금도 사명을 주신다. 우리는 주 예수의 제자로서 예수님의 사람답게 살며 예수님과 하나님의 한없는 사랑을 알지 못하는 사람들에게 예수님을 증거하는 사역자로 그리고 증인으로서의 삶을 살아간다.

듣든지 아니 듣든지 너는 내 말로 고할지어다

본문 말씀(에스겔 2:1-10)

1 그가 내게 이르시되 인자야 네 발로 일어서라 내가 네게 말하리라 하시며
2 그가 내게 말씀하실 때에 그 영이 내게 임하사 나를 일으켜 내 발로 세우시기로 내가 그 말씀하시
는 자의 소리를 들으니
3 내게 이르시되 인자야 내가 너를 이스라엘 자손 곧 패역한 백성, 나를 배반하는 자에게 보내노라
그들과 그 조상들이 내게 범죄하여 오늘까지 이르렀나니
4 이 자손은 얼굴이 뻔뻔하고 마음이 굳은 자니라 내가 너를 그들에게 보내노니 너는 그들에게 이르
기를 주 여호와의 말씀이 이러하시다 하라
5 그들은 패역한 족속이라 그들이 듣든지 아니 듣든지 그들 가운데에 선지자가 있음을 알지니라
6 인자야 너는 비록 가시와 찔레와 함께 있으며 전갈 가운데에 거주할지라도 그들을 두려워하지 말
고 그들의 말을 두려워하지 말지어다 그들은 패역한 족속이라도 그 말을 두려워하지 말며 그 얼굴
을 무서워하지 말지어다
7 그들은 심히 패역한 자라 그들이 듣든지 아니 듣든지 너는 내 말로 고할지어다
8 너 인자야 내가 네게 이르는 말을 듣고 그 패역한 족속 같이 패역하지 말고 네 입을 벌리고 내가 네
게 주는 것을 먹으라 하시기로
9 내가 보니 보라 한 손이 나를 향하여 펴지고 보라 그 안에 두루마리 책이 있더라
10 그가 그것을 내 앞에 펴시니 그 안팎에 글이 있는데 그 위에 애가와 애곡과 재앙의 말이 기록되었
더라

기도요점

하나님의 말씀을 받아 선포한 선지자들과 그리고 예수님과 그리고 예수님 제자들이 어떻게 말씀을 전했는지 묵상하고 나의 현 모습을 점검한다. 한국교회의 신앙역사 가운데 하나님 말씀을 전하기 위해 고난을 감수한 분들을 기억하며 나 자신의 사명에 대해서 묵상한다. 성령님을 의지하며 증인으로서 삶을 살게 해달라고 기도한다. 아직 말씀을 듣지 못하고 예수님을 받아들이지 않는 내 가족, 친지, 민족을 위해 간구한다.

도움의 말

에스겔서는 선지자의 말씀 선포와 사역이 오직 바벨론에서만 일어난 유일한 책이다. 8-11장에 '예루살렘 성전'에서 자행되던 우상 숭배에 대한 환상이 있긴 하지만, 주로 바벨론 포로민을 위한 선포이다. 에스겔은 여호야긴 왕과 함께 605년에 이은 '제2차 포로'(597년) 때 잡혀간 사독 후손 제사장 출신이다(1:3. 참고. 40:46; 43:19; 44:15; 48:11). 바벨론 그발 강가에서 부르심을 받았고 서른 살 때부터 선지자 사역을 감당했다(1:2-3). 포로공동체의 장로들이 그에게 조언을 요청하기도 했다(14:1; 20:1, 3).

에스겔이 예언한 기간은 주전 593년부터 571년까지 22년 동안이다. 바벨론으로 강제 이주된 백성들에게 하나님의 말씀을 전했다. 에스겔 2장의 내용은 587년 예루살렘이 최종 멸망하기 전에 잡혀간 바벨론 포로민들에게 선포된 말씀이다. 내용은 심판 선고와 회개 요청이다.

선지자는 하나님의 말씀을 전하기 전에 먼저 말씀을 듣는다. 세상에 대한 진단에서 말하거나 자기 이익을 위해 혹은 자기의 편협한 생각을 전하는 자가 아니다. 그때나 오늘이나 선지자 역할을 한다며 자신의 의지를 관찰하려는 사람들도 있다. 에스겔은 전하기 전에 먼저 하나님의 말씀을 받았고 환상 가운데 두루마리를 먹었다. 이것은 에스겔이 전할 내용이 하나님께로 부터 왔다는 뜻이다.

예수님께서는 제자들을 부르시고 훈련하시고 세상으로 파송하셨다. 예수님은 "하늘과 땅의 모든 권세를 내게 주셨으니 그러므로 너희는 가서 모든 민족을 제자로 삼아 아버지와 아들과 성령의 이름으로 세례를 베풀고 내가 너희에게 분부한 모든 것을 가르쳐 지키게 하라"고 말씀하셨다. 또한 제자들을 홀로 보내지 않으시고 "볼지어다 내가 세상 끝날까지 너희와 항상 함께 있으리라"고 하셨다(마 28:18-20). 또한 예수님은 "오직 성령이 너희에게 임하시면 너희가 권능을 받고 예루살렘과 온 유대와 사마리아와 땅 끝까지 이르러 내 증인이 되리라"고 말씀하셨다(행 1:8).

선지자들이 고난을 감수한 것처럼, 예수님의 제자들도 고난을 감수해야 했다. 예수님은 하나님께서 세상에 파송하신 분으로서 몸소 고난과 십자가 처형을 겪으셨다. 이를 본 제자들도 고난의 길이지만 당당히 걸어갔다. 예수님은 그들이 처할 고난을 알고 계셨다. "보라 내가 너희를 보냄이 양을 이리 가운데로 보냄과 같도다" 하셨고(마 10:16), "그 때에 사람들이 너희를 환난에 넘겨주겠으며 너희를 죽이리니 너희가 내 이름 때문에 모든 민족에게 미움을 받으리라"고 하셨다(마 24:9). 예수님은 다메섹의 아나니아라는 사람에게 사울을 만나라 하시면서 "이 사람은 내 이름을 이방인과 임금들과 이스라엘 자손들에게 전하기 위하여 택한 나의 그릇이라 그가 내 이름을 위하여 얼마나 고난을 받아야 할 것을 내가 그에게 보이리라"고 하셨다(행 9:15-16). 말씀을 위탁받은 예수님의 제자들은 파송을 받고, 성령의 능력을 의지하고 하나님의 위로를 받으며, 생명이신 예수님 복음을 고난과 핍박 가운데서도 당당히 전했다. 다음은 누구 차례인가?

묵상 나누기

위에서 묵상한 내용을 간략히 기록하고 함께 나눈다.

찬송

"환난과 핍박 중에도"(336장)

31. 하나님이 성령을 한량없이 주심이라(요 3:31-36)

주제와 연관된 질문 _

1. 나에게 가장 중요한 관심은 무엇인가?
2. 내가 가질 수 있는 가장 귀한 것은 무엇이라 생각하는가?
3. 새 생명 혹은 영생은 누가 주는 것이며 어떻게 얻을 수 있는가?
4. 새 생명을 얻은 자는 무엇을 준비하며 어떤 삶을 살아야 하는가?

주제 내용 _

세례를 받은 예수님이 하나님께서 보내신 분이라면, 그는 어떤 사역을 위해 부름을 받았는지 많은 사람들이 궁금해 했다. 우리에게 예수는 누구인가? 그의 오심은 무엇을 위한 것인가? 하나님은 왜 성령을 한량없이 주시는가? 우리는 예수님의 보내심과 성령님의 오심을 통해 우리 죄인을 향하신 하나님의 크신 사랑을 깨닫는다.

예수님은 "위로부터 오시는 이," 즉 "하늘로부터 오시는 이"이며 "만물 위에 계시는 분"이시다(31절). 하늘로부터 오시는 이는 "친히 보고 들은 것을 증언"한다. "그의 증언을 받는 자가 없도다"라는 말씀은 하늘에서 부터 와서 하늘에서 직접 보고 들은 것을 증언한다는 예수님의 말씀을 사람들이 거부했다는 것이다. 이성적으로만 생각할 때, 세상의 누가 예수님이 하늘에서 온 이이고 만물 위에 계신분이라는 말씀을 받아들일 수 있겠는가! 사람들이 미래에 대하여 천상에 대하여 영적인 것에 대하여 추정하기도 하고 말도 하고 자신이 체험했다하지만, 땅에 속한 사람은 누구라도 그 정확한 실상을 알 수 없다. 오직 하나님과 함께 계시며 하나님으로부터 오신 분인 그리스도만이 알고 말씀할 수 있다.

예수님과 예수님의 말씀을 확실히 믿는 사람도 있었다. "그의 증언을 받는 자는 하나님이 참되시다는 것을 인쳤느니라"는 "예수의 증언"이 참임을 받아들이는 것과 "하나님이 참되시다"는 것을 믿는 것이 같다는 말씀이다. 예수님은 하늘로부터 오신 분으로 하늘에서 혹은 아버지 품속에서(1:18)에서 보고 들은 것을 증언하시는데, "하나님이 참되시다"고 확증하는 사람은 하나님에 관한 예수님의 증언이 참됨을 믿는 사람이다.

예수님은 하나님이 보내신 분이므로 하나님의 말씀을 전한다. 예수님은 하나님께서 한량없이 주신 성령으로 인하여 하나님의 말씀을 한다(34절). "성령을 한량없이"는 성령 충만을 의미한다. 성령으로 말씀하시는 예수님은 만물의 주인이시다. 예수님이 아버지 하나님의 사랑받는 친아들이기 때문이다. "만물"은 단지 어떤 물질적인 것이 아니라 아버지 하나님이 가지신 모든 것이다. 피조세계에 대한 통치권, 권위, 능력, 심판, 영광을 포함한다. 무엇보다도 아버지 하나님이 아들에게 맡기신 것은 "영생"이다. 그러므로 하나님의 아들이 "영생함"의 열쇠이며 영생을 얻고 얻지 못하고는 하나님이 보내신 그 아들에 대한 신앙적 수용여부에 달려있다. 하나님의 아들 예수를 믿는 자에게는 영생이 있고 아들에게 순종하지 아니하는 자에게는 하나님의 진노가 그 위에 머문다. 우리는 예수를 믿음으로 하나님의 자녀가 되었으며 새로운 생명으로 들어가게 된 사람이다. 남은 삶 동안에도 오직 하나님의 영광을 위해 예수님을 증언하고, 예수님을 닮아가며 성령의 능력을 의지하고 예수 사람으로 살아간다.

주제와 연관된 성경공부와 말씀묵상 _

예수님은 성령을 통해 하나님의 말씀을 하신다.

본문 말씀(요한복음 3:31-36)

31 위로부터 오시는 이는 만물 위에 계시고 땅에서 난 이는 땅에 속하여 땅에 속한 것을 말하느니라 하늘로부터 오시는 이는 만물 위에 계시나니

32 그가 친히 보고 들은 것을 증언하되 그의 증언을 받는 자가 없도다

33 그의 증언을 받는 자는 하나님이 참되시다는 것을 인쳤느니라

34 하나님이 보내신 이는 하나님의 말씀을 하나니 이는 하나님이 성령을 한량 없이 주심이니라

35 아버지께서 아들을 사랑하사 만물을 다 그의 손에 주셨으니

36 아들을 믿는 자에게는 영생이 있고 아들에게 순종하지 아니하는 자는 영생을 보지 못하고 도리어 하나님의 진노가 그 위에 머물러 있느니라

기도요점

예수를 더욱 알아가기를 원한다. 하나님의 사랑이 얼마나 큰 것인지 깨닫기 위해 기도한다. 하나님께서 우리를 돕기 위해 성령님을 보내신 것을 알고 범사에 성령님의 도움을 구한다. 비록 험난한 세상에 살지만 영생을 가진 자로서의 삶을 살아가게 해 달라고 기도한다.

도움의 말

예수께서 제자들과 함께 세례를 베풀고 사람들이 그리로 몰려들자 세례요한의 제자들은 그 사실을 요한에게 보고한다. 세례 요한은 자신이 그리스도가 아니고 그리스도는 흥하여야 하겠고 자신은 쇠하여야 하리라고 한다. 요한복음 3:31-36은 22-30절에 나온 세례요한의 예수님에 대한 설명 이후에 나오는 구절이다. 세례 요한의 말씀인지 사도 요한의 말씀인지에 대해서는 의견이 나뉜다.

본문은 예수님이 어떤 분이신지 증언한다. 예수님이 누구신가 하는 설명은 요한복음에 자주 나타나는 주제이다. 예수님은 땅에 속한 분이 아니다. 아무리 훌륭한 선지자일지라도 하나님이 보내신 사명자라 할지라도 모두 땅에 속한 사람이다. 예수님은 하나님의 아들로서 하늘에서 오신 분이다. 예수님의 말씀은 하나님의 말씀이다. 예수님은 하나님의 영으로 충만한 분이시다. 예수님은 새로운 생명, 곧 영원한 생명의 주이시다. 그러므로 영생은 오직 예수님을 믿는 사람에게만 주어진다.

예수님 안에 있는 영생과 새생명은 요한복음의 주요 주제이다. 예수님은 태초의 말씀이며 생명이 그 그리스도 안에 있었다(요 1:4). "예수를 영접하는 자 곧 그 이름을 믿는 자들에게는 하나님의 자녀가 되는 권세," 즉 새로운 생명을 갖게 된다(요 1:12). 예수께서는 자신을 "생명의 떡"이라 하신다(6:35, 48; 6:51). 예수님이 오신 것도 양으로 생명을 얻게 하려는 것이다(10:10). 예수님은 자신을 "나는 부활이여 생명이니 나를 믿는 자는 죽어도 살겠고"라고 알려주셨다(11:25). 예수님은 "내가 곧 길이요 진리요 생명이니 나로 말미암지 않고는 아버지께로 올 자가 없느니라"고 단언하셨다(14:6).

그 생명은 새로운 생명이며 영원한 생명이다. 예수를 하나님의 아들로 믿는 자는 영생을 얻는다(3:15-16). 예수님은 "내가 주는 물을 마시는 자는 영원히 목마르지 아니하리니 내가 주는 물은 그 속에서 영생하도록 솟아나는 샘물이 되리라"라 하신다(4:14). 주님은 "내가 그들에게 영생을 주노니 영원히 멸망하지 아니할 것이요 또 그들을 내 손에서 빼앗을 자가 없느니라"고 하신다(10:28). 베드로는 예수께 "영생의 말씀"이 있다고 고백한다(6:68).

요한복음은 예수님의 사역이 성령님의 사역과 깊이 연관되어 있음을 증언한다. 예수님이 세례 받으실 때 "성령이 비둘기 같이 하늘로부터 내려와서 그의 위에 머물렀다"(1:32). 예수님은 성령으로 세례를 베푸신다(1:33). 예수님은 니고데모에게 "사람이 물과 성령으로 나지 아니하면 하나님의 나라에 들어갈 수 없느니라"고 알려주신다(3:5). 성령은 예수님 자신의 이름으로 하나님께서 보내는 분이시며 예수께서 가르치고 말씀하신 모든 것을 생각나게 하시는 분이다(14:26). 성령님은 아버지께로부터 나오시는 분이며 예수를 증언하는 분이시다(15:26).

우리는 하나님의 독생자 예수를 주로 믿고 새로운 생명, 즉 영생을 선물로 받은 사람이다. 성령께서 예수가 누구인가 무슨 일을 행하셨는지 증언해 주셨고 우리는 성령님의 감화와 감동으로 예수님을 믿게 되었다. 이제 우리는 성령님을 의지하며 예수께서 가르치시고 말씀하신 것을 따라 살며, 또한 예수 그리스도와 성령을 보내신 하나님께 영광을 돌리는 삶을 살아간다.

묵상 나누기

위에서 묵상한 내용을 간략히 기록하고 함께 나눈다.

찬송

"예수님은 누구신가"(96장)

32. 너희 속에서 말씀하시는 이는 성령(마 10:16-20)

주제와 연관된 질문 _

1. 예수께서 지상에서 사역하는 동안 제자들이 가진 권세는 누구의 권세였는가?
2. 예수님이 부활승천 하신 후 복음 사역을 맡은 제자들의 염려는 무엇이라 생각하는가?
3. 예수님 승천 후 제자들의 성공적인 사역과 영적 권세는 어디서 나온 것인가?
4. 오늘 세상을 이기는 그리스도인의 권세는 어디서 나오는가?

주제 내용 _

예수님은 제자들을 파송하시면서 그들이 맞닥트릴 일들에 대해 염려하셨다. 예수님은 제자들에게 순결하라, 삼가라, 염려하지 말라 하시며 성령께서 제자들과 함께 있을 것임을 말씀하신다. 예수님과 예수님의 말씀에 대한 종교지도자들의 인식은 매우 부정적이었다. 예수님이 배척을 받으신 것처럼, 예수께서 제자들을 파송할 때 그들이 어떤 일을 맞게 될지도 명확했다. 제자들은 오해받고 거부당하고 핍박을 받게 될 것이다. 권력자들의 입장에서는 예수님 복음은 자신들의 목소리와 기득권의 상실을 가져올 것이기 때문이다. 하나님 나라의 확장은 사탄이 지배하는 세상의 축소를 의미하므로 사탄의 방해가 있을 것은 명확했다.

예수님은 제자들이 맞이할 상황을 잘 알고 계셨다. 예수님은 "양을 이리 가운데로 보냄과 같다"라고 말씀한다. 이리(늑대)가 몰래 와서 양을 잡아먹는 것이 아니라 이리 떼 가운데로 양을 파송한다는 말씀이다. 이리는 양을 갈기갈기 찢고 씹고 삼킨다. 참 무서운 비유이긴 하지만 현실을 생생하게 보여준다. 제자들은 공회에 넘겨져 재판을 받고 정죄될 것이고, 회당에서 채찍을 맞으며(17절) 정치지도(자)들 앞으로 끌려갈 것이다(18절).

그러나 예수님은 제자들이 당하는 핍박마저 예수를 증거하는 기회가 될 것이라 말씀하신다. "그들과 이방인들에게 증거가 되게" 한다는 말씀은 법정과 핍박자 앞에서 제자들이 변호하는 과정에서 결국은 제자들이 예수님과 복음의 증인이 된다는 것이다. 증언을 들은 자들이 복음을 거부하고 하나님의 심판대 앞에 서게 될 때, 제자들이 선포한 내용이 그들의 행위를 가리는 증거가 될 것이다.

예수님은 파송하시면서 "너희는 뱀 같이 지혜롭고 비둘기 같이 순결하라"하신다(16절). 왜 하필 '뱀'을 말씀하시는가? 뱀은 여러모로 유혹(창 3:1)과 공격 등(잠 23:32) 부정적인 의미를 갖는 상징이지만 여기서는 "지혜롭고"에 강조점이 있다. 사도바울도 "내가 너희로 말미암아 기뻐하노니 너희가 선한 데 지혜롭고 악한 데 미련하기를 원하노라"(롬 16:19)라고 권면한다.

예수님은 "비둘기 같이 순결하라"고 하신다. 이 말씀은 세 가지로 생각할 수 있다. 첫째, 제자들의 삶에 관한 말씀이다. 복음을 맡은 사람은 자신으로 인해 복음이 오해받지 않도록 사회적 기준에서도 깨끗해야 한다는 것이다. 또한 죄악 세상에 살면서 자신도 모르게 더러운 물이 들어서는 안 된다는 말씀이다. 둘째, 제자들이 전하는 말에 관한 것이다. 상황을 고려하는 것은 매우 중요하지만, 그렇다고 해서 거짓말하거나 과장하거나 하지 말아야한다는 것이다. 셋째, 처음 가졌던 마음을 변하지 말아야 한다는 말씀이다. 예수 그리스도와 그 복음에 대한 순수성을 잃지 말아야 함을 말한다. 교회사를 통하여 아름다운 결단으로 시작하지만 세상 권력을 탐하여 무너지는 사람들을 우리는 종종 본다.

예수님은 "사람들을 삼가라"(17절)하신다. 이 "사람들"은 사람 일반을 말하는 것일 수도 있지만 주로 제자들에게 영향을 끼칠 수 있는 사람들이다. 이들은 제자들이 전하는 예수님 복음을 듣고 회개하는 것이 아니라 오히려 핍박한다. 복음 전파의 길에 위험이 상존함을 말씀한 것이다. 예수를 미워하는 종교지도자들과 자신들의 자리를 지키기 위해 백성들의 눈치를 보며 공권력을 행사하는 사람들을 말한다. "공회와 회당"은 마을이나 성읍마다 존재하는 유대인들의 예배처소로서 유대인의 법정이기도 하다. 이 법정에서는 최대 39대 채찍질(고후 11:24; 참고. 신 25:1-3의 40대 태형)을 명할 수 있었다.

"삼가라"는 만나지 말라는 뜻이 아니라 '주의하라' 혹은 '유념하라'는 뜻이다. 예수님은 제자들이 자신들의 잘못 때문이 아니라 "나[예수님]로 말미암아" 끌려가게 될 것이라 하신다. 예수님을 신실하게 따르는 사람들에만 일어나는 일이다. 복음을 위해 당하는 고난은 복음의 사람들이 져야 할 짐이고 운명이다. 예수님은 심문받을 때에 "어떻게 또는 무엇을 말할까 염려하지 말라"하신다. 예수님께서 파송하시는 제자들의 마음속에는 "너희 아버지의 성령"이 계시고 그분이 지혜를 주시고 말할 것을 이를 것이기 때문이다. 신앙인의 삶과 복음 사역에서 성령님의 역할과 능력이 얼마나 중요한지 우리에게 말씀해준다. 우리는 늘 성령님을 인식하고 대화하고 의지하고 도움을 구한다.

주제와 연관된 성경공부와 말씀묵상 _

너희 속에서 말씀하시는 이는 성령이시라

본문 말씀(마태복음 10:16-20)

16 라 내가 너희를 보냄이 양을 이리 가운데로 보냄과 같도다 그러므로 너희는 뱀 같이 지혜롭고 비둘
기 같이 순결하라
17 사람들을 삼가라 그들이 너희를 공회에 넘겨 주겠고 그들의 회당에서 채찍질하리라
18 또 너희가 나로 말미암아 총독들과 임금들 앞에 끌려 가리니 이는 그들과 이방인들에게 증거가 되
게 하려 하심이라
19 너희를 넘겨 줄 때에 어떻게 또는 무엇을 말할까 염려하지 말라 그 때에 너희에게 할 말을 주시리니
20 말하는 이는 너희가 아니라 너희 속에서 말씀하시는 이 곧 너희 아버지의 성령이시니라

기도요점

그리스도의 사람으로 나의 사명이 무엇인지 잊지 않는다. 양처럼 순하고 비둘기같이 순결한 신앙인이 되기를 간구한다. 위협에 굴복하지 않게 하시고 오늘 복음으로 인해 고난을 받는 사람들이 있음을 알게 해달라고 기도한다. 생각하고 말하고 행하는 모든 일에 성령님을 인정하고 의지한다.

도움의 말

예수님은 제자들을 양으로 비유하며 잔인하고 굶주린 이리 떼 가운데로 보내는 것과 같다고 하신다. 제자들이 예수님 복음을 전파할 때 직면할 현실적 어려움을 말씀한 것이다. 오늘날도 복음의 전초 기지에 있는 선교사들은 핍박을 받고 있으며, 많은 경우 예수를 받아들이는 현지인은 핍박과 가난을 무릅써야 한다. 예수님은 핍박을 제거해 주실 것이라 하지 않으시고 지혜로워야 한다고 말씀하신다. 이곳의 '지혜롭다'는 '프로니모이'의 번역이다. 간사하거나 속이는 것을 말하는 것이 아니라 상황에 맞는 신중한 처신, 현실 파악, 그리고 깊이 생각하고 행하는 것을 말한다(참고. 마 7:24; 10:16; 24:45; 25:2, 4, 8; 막 12:42; 롬 11:25; 12:16; 고전 4:10; 10:15; 고후 11:19). 악한 의도와 속임수를 말할 때는 주로 '엑사파타

오'라는 단어가 사용된다(예. 롬 7:11과 고후 11:3의 악한 속임). 예수님께서 '지혜로워야한다'고 하신 것은 살아남기 위해 혹은 복음의 확장을 위해 속임수라도 쓰라는 말씀이 아니다. 진리를 고수하되 상황과 대상과 의도를 파악하고 말하고 행하라는 말씀이다. 잠언에도 흡사한 말씀이 있다. "미련한 자의 어리석은 것을 따라 대답하지 말라 두렵건대 너도 그와 같을까 하노라 미련한 자에게는 그의 어리석음을 따라 대답하라 두렵건대 그가 스스로 지혜롭게 여길까 하노라"(잠 26:4-5). 모순되는 것 같지만, 지혜는 원칙이나 원리를 아는 것을 넘어 상황에 맞게 자신과 자신의 사역을 지키는 것이다.

제자들은 어떻게 지혜를 갖고 깨끗한 심령을 유지하며 사역을 감당할 수 있는가? 우리는 어떻게 세상에서 하나님의 사람으로 살아가며 그리스도의 진리를 전할 수 있을까? 주님이 가르치신 기도에 그 답이 있다(마 6:9-13). 그리스도의 제자들은 무엇보다 하나님의 이름과 하나님 나라를 구한다. 주신 양식에 감사하며 세상에서 가지지 못한 사람들의 아픔을 이해하려고 한다. 자신을 돌아보아 용서를 구하며 자신에게 잘못한 사람을 용서해 달라고 기도하는 겸손한 마음을 가진다. 자신의 연약함을 인정하고 시험에 들지 않게 해달라고 그리고 죄에서 구해주시기를 기도한다. 이 모든 것은 우리 가운데 내주 하시는 성령님을 인정할 때 성령께서 알려주시고 이끄시는 내용이다.

주님의 제자가 된다는 것은 복음을 위한 자기 십자가를 지는 것이다. 오늘 우리가 말하는 '십자가'는 상징적으로 그리고 신학적으로 이해된다. 그러나 예수님이 지신 십자가와 강도와 살인자들이 지는 십자가를 눈으로 직접 본 사람들에게 "자기 십자가를 지라"는 말씀(마 16:24; 막 8:34)은 몸서리치게 무서운 말씀이다. 이리 떼 가운데로 들어간 양의 운명과 같다. 우리 주님은 제자가 되면 성공, 자리, 특권을 갖게 될 것이라고 말씀하지 않는다. 모함과 방해와 희생과 고난이 따를 것이라고 하신다. 그러나 당시와 오늘의 예수님의 제자들은 하나님의 영이신 성령님을 의지하고 우리 예수님의 말씀을 따라 복음의 사역을 기쁘게 감당한다.

묵상 나누기

위에서 묵상한 내용을 간략히 기록하고 함께 나눈다.

찬송

"십자가를 내가 지고"(341장)

33. 여호와의 영으로 심판을 선포하다(미 3:5-12)

주제와 연관된 질문 _

1. 구약성경에서 하나님의 말씀을 가장 많이 아는 사람들은 어떤 사람들인가?
2. 하나님 말씀을 많이 아는 사람들이 받는 유혹은 무엇이라 생각하는가?
3. 성경 많이 읽기와 성경 제대로 살기의 차이는 무엇이라 생각하는가?
4. 예수님 닮음은 삶에서 어떻게 나타나게 되는가?

주제 내용 _

선지자 미가는 유다 사회 특히 예루살렘의 모든 지도층들에게 심판을 선포한다. 즉 우두머리, 통치자, 선지자, 선견자, 점술가 및 무당, 제사장을 총 망라한다. 그들은 백성들을 돌보아야 할 사람이다. 특히 선지자와 제사장은 백성들을 위로하고 억울함을 풀어줘야 하는 사람이다. 그러나 그들 역시 심판 대상이었다. 미가 당시 종교권력과 정치권력과 부자들이 서로서로 도움을 주고 서로서로 뒷배가 되었기 때문이다.

당시의 선지자는 물질을 얻기 위해 백성을 유혹하는 것으로 평가된다. 선견자와 술객은 자기 배를 채우기 위해서 하나님을 들먹였다. 제사장들은 예전을 인도하고 하나님의 말씀을 전하지만 그들의 마음 중심을 차지하고 있는 것은 삯이었다. 선지자는 돈을 위하여 점을 치고 악을 범하는 권력자들에게 여호와가 우리 가운데 계신다며 귀에 듣기 좋은 소리를 했다. 정치 지도자들인 야곱 족속의 우두머리와 이스라엘 족속의 통치자는 정의를 미워하고 정직한 것을 굽게 했다(9절). 그들이 거하는 시온도 사실은 백성의 피로, 예루살렘은 죄악으로 건축한 것이다. 지도자들은 뇌물을 받고 재판하므로 힘없고 가난한 사람은 결국 가진 것을 합법이란 이름하에 다 빼앗기고 말았다. 지도자들은 마치 식인종처럼 백성들의 고혈을 짜내었다.

> [1] 내가 또 이르노니 야곱의 우두머리들과 이스라엘 족속의 통치자들아 들으라 정의를 아는 것이 너희의 본분이 아니냐 [2] 너희가 선을 미워하고 악을 기뻐하여 내 백성의 가죽을 벗기고 그 뼈에서 살을 뜯어 [3] 그들의 살을 먹으며 그 가죽을 벗기며 그 뼈를 꺾어 다지기를 냄비와 솥 가운데에 담을 고기처럼 하는도다(미 3:1-3)

미가는 "오직 나는 여호와의 영으로 말미암아 능력과 정의와 용기로 충만해져서 야곱의 허물과 이스라엘의 죄를 그들에게 보이리라"고 결심한다(8절). 하나님은 그들에게 심판을 준비하신다. 그들이 주장하는바 하나님의 도성 시온은 갈아엎은 밭이 되고 예루살렘은 무더기가 되며 성전 산은 수풀의 높은 곳이 될 것이다(참고. 렘 26:18). 이 말씀들은 여호와께서 예루살렘 성전에 거하시며 그의 백성을 절대 버리지 않는다고 믿는 자들에게는 충격적인 것이다(11절). 예루살렘의 멸망에 관한 미가의 말씀들은 너무나도 인상적이어서, 한 세기 후 예레미야가 활 동할 때도 예루살렘 장로들에 의해 기억되고 인용되었다(렘 26:16-19).

하나님께서 제사보다는 순종을, 헌물보다는 정의를 원하신다. 미가는 하나님이 기뻐하시는 제물은 천천만만의 제물이나 최고 헌물인 인신제물이 아니라, 정의를 행하며 자비를 베풀며(인자를 사랑하며) 겸손히 하나님과 함께 살아가는 것을 원하신다고 말한다(미 6:6-8). 인애와 정의와 하나님 경외가 없는 종교는 아무리 호화스런 예배와 잘 정리된 신학과 정교한 예전과 수사학을 가지고 있을지라도 우상숭배와 자기만족에 다름 아니다.

미가는 오늘의 신앙인들에게도 경종을 울린다. 여호와 하나님을 섬기는 것에는 당연히 예배와 기도가 포함되겠으나, 하나님은 신앙인들이 정의와 자비와 겸손의 삶을 살기를 원하신다(6:6-8). 예수께서는 선한 사마리아 비유를 통해 자비를 행하는 자가 되어야 함을 말씀하셨다(눅 10:25-37). 사도바울은 디모데에게 보낸 편지에서 청결한 양심과 거짓 없는 믿음에서 나오는 섬김을 강조했다(딤후 1:3-5). 겸손하며 자비를 베풀고 정의로운 삶을 살 때 하나님은 그 사람의 예배를 받으신다. 하나님을 향한 참 믿음, 예수님 사랑은 삶과 행함에서 증명된다. 오늘 우리와 우리 교회의 내면은 어떠한가?

여호와의 영으로 말미암은 능력과 정의와 용기로 충만한 삶

본문 말씀(미가 3:5-12)

5 내 백성을 유혹하는 선지자들은 이에 물 것이 있으면 평강을 외치나 그 입에 무엇을 채워 주지 아
니하는 자에게는 전쟁을 준비하는도다 이런 선지자에 대하여 여호와께서 이르시되
6 그러므로 너희가 밤을 만나리니 이상을 보지 못할 것이요 어둠을 만나리니 점 치지 못하리라 하셨
나니 이 선지자 위에는 해가 져서 낮이 캄캄할 것이라
7 선견자가 부끄러워하며 술객이 수치를 당하여 다 입술을 가릴 것은 하나님이 응답하지 아니하심이
거니와
8 오직 나는 여호와의 영으로 말미암아 능력과 정의와 용기로 충만해져서 야곱의 허물과 이스라엘의
죄를 그들에게 보이리라
9 야곱 족속의 우두머리들과 이스라엘 족속의 통치자들 곧 정의를 미워하고 정직한 것을 굽게 하는
자들아 원하노니 이 말을 들을지어다
10 시온을 피로, 예루살렘을 죄악으로 건축하는도다
11 그들의 우두머리들은 뇌물을 위하여 재판하며 그들의 제사장은 삯을 위하여 교훈하며 그들의 선지
자는 돈을 위하여 점을 치면서도 여호와를 의뢰하여 이르기를 여호와께서 우리 중에 계시지 아니
하냐 재앙이 우리에게 임하지 아니하리라 하는도다
12 이러므로 너희로 말미암아 시온은 갈아엎은 밭이 되고 예루살렘은 무더기가 되고 성전의 산은 수
풀의 높은 곳이 되리라

기도요점

하나님은 의의 재판관이시다. 이 세상과 우리나라와 사회에 만연한 악을 가슴아파하며 하나님께 기도한다. 우리 교회가 힘 있는 악인 편에 서지 않고 악인에게 회개를 선포할 수 있는 교회가 되게 해달라고 기도한다. 혹 내가 물질과 성공과 명예를 갖기 위해 올바르지 않는 일을 하거나, 나의 이익을 위해 힘없는 사람을 넘어뜨리지 않았는지 살피고 기도한다. 삶의 구체적 현장에서 인애와 정의의 삶을 살기 위해 성령님을 의지하고 능력과 도움을 구한다.

도움의 말

선지자들의 선포는 제사장들이 하는 일상적 교훈과 달리 긴박한 내용을 담는다. 하나님에 대한 배반으로 인한 여호와 하나님의 심판의 날을 선포하며 회개를 요청한다. 미가는 히스기야 왕 통치기(715-687년)에 사역한 선지자이다(1:1, 10-16; 렘 26:18). 더 좁히면 북왕국의 함락(722년)과 앗수르 왕 산헤립의 유다 침공(주전 701년)의 사이에 활동했다.

미가란 이름은 '미카엘'(하나님 같으신 이 누구인가?) 혹은 '미카야'(야훼와 같으신 이 누구인가?)의 축약형으로 생각된다. 미가는 블레셋과 유다의 접경 지역의 한 성읍인 모레셋(모레셋 갓, 1:14) 출신이다. 미가는 시온과 예루살렘과 예루살렘 성전을 직접적으로 공격한 첫 번째 선지자이다(1:5; 3:12; 렘 26:18). 예루살렘에서 모레셋으로 파송된 사람들이 감언이설과 힘으로 모레셋 주민들의 땅과 재산을 빼앗았다. 이로 인해 땅을 잃은 주민들의 가정은 해체되고 소작인이나 예루살렘에 가서 품을 팔고 살아야 했다. 미가는 자기 성읍의 백성들의 안타까운 모습을 보며 권력자들의 죄악을 드러낸다: "그들이 침상에서 죄를 꾀하며 악을 꾸미고 날이 밝으면 그 손에 힘이 있으므로 그것을 행하는 자는 화 있을진저 밭들을 탐하여 빼앗고 집들을 탐하여 차지하니 그들이 남자와 그의 집과 사람과 그의 산업을 강탈하도다"(2:1-2). 미가 시대 예루살렘의 지도자들, 부자들, 권력자들, 선지자들, 제사장들은 당연히 신앙인들이었다. 그러나 부패하고 폭력적이며 탐욕적인 삶을 놓지 않았다(2:1-2; 3:1-5; 6:10-12). 결국 그들은 하나님의 심판을 받았고 그들의 헛된 예배는 중지되고 말았다.

예레미야가 예루살렘 성전이 파괴될 것을 예언하자 권력자들 가운데에 예레미야를 죽이고자하는 움직임이 있었다(렘 26:6-11). 어떤 장로들이 예루살렘 성전 파괴를 예언한 미가의 예를 들어 예레미야를 변호하였다. 이 사실은 미가가 예레미야 시대에 참선지자로 인정되었고 그의 신랄한 예언은 후대 사람들의 뇌리 속에 남아있었음을 말해 준다(렘 26:18-19). 성령님은 자신의 선지자들로 하여금 악한 자들에게 심판을 선포하고 또 억울한 사람들을 대변하게 하신다. 선지자들은 성령님이 주시는 능력과 용기로 담대하게 말씀을 전한다.

묵상 나누기

위에서 묵상한 내용을 간략히 기록하고 함께 나눈다.

찬송

"내주는 강한 성이요"(585장)

34. 지혜와 총명과 지식과 재주의 영(출 31:1-5; 35:30-35)

주제와 연관된 질문 _

1. 능숙하고 성공적인 삶을 살기 위해서 꼭 필요한 것은 무엇이라 생각하는가?
2. 지식과 지혜와 만복은 어디서 온다고 보는가?
3. 하루를 시작하면서 혹은 중요한 일을 결정할 때 우선적으로 해야 하는 일은 무엇인가?

주제 내용 _

여호와 하나님은 마땅히 지켜야 할 율법을 주셨지만 인간의 연약함도 알고 계신다. 그리하여 사죄를 위한 장소와 제도를 준비하셨다. 하나님은 성소와 성막, 증거궤, 집기, 번제단, 제사장의 옷, 향단, 놋물두멍을 만들라 하셨다. 이제 이 일을 책임지고 진행할 유능하고 헌신적인 사람이 필요했다.

하나님은 브살렐을 지명하라 하셨다. "지명하여 부르고"는 특정한 일을 위하여 하나님께서 선택하고 임명할 때 사용되는 용어이다(대상 16:41; 사 43:1; 45:3-4). 브살렐은 이스라엘 백성 중에서 잘 알려진 기술자였다. 브살렐은 성소의 일을 위해 부름 받은 사람들 중 항상 가장 먼저 언급되며(출 36:1-2; 38:22-23), 홀로 언급되기도 한다(31:20; 35:30; 37:1; 대하 1:5). 그는 뛰어난 기능인이며 예술가였고 다른 기능인들로부터도 인정받는 사람이었다. 그러나 하나님의 일을 하는데 기능과 실력과 경험보다 더 중요한 것이 있다. 여호와 하나님은 모세에게 브살렐로 하여금 "하나님의 영을 충만하게"하라고 말씀하신다. 성소와 성막과 거룩한 기물을 만드는 것은 단순히 정교한 상품이나 예술작품을 만드는 것이 아니다. 브살렐은 하나님께서 임재하시고 예배를 받으실 가시적 성소를 만들어야 한다. 또한 이스라엘의 죄를 해결할 희생제사와 관련된 거룩한 기물을 만들어야 한다. 그러므로 그의 경험과 지혜와 손기술을 뛰어넘는 깊은 헌신과 통찰력이 필요했다. 하나님의 영은 인간의 재능이나 경험을 뛰어넘는 초자연적인 지혜와 이해력과 능력과 통찰력을 주신다. 하나님의 영은 구체적으로 브살렐을 이끄신다. 용도와 목적에 대한 분명한 이해, 기획과 설계, 창조성과 예술성, 기능성과 정교성, 그리고 조력자와 다른 기능공들에게 일을 맡겨 효과적으로 일을 진행시키는 통솔력을 주신다.

자신의 경험과 재능을 의지하는 사람의 위험성을 우리는 안다. 하나님께 선택된 것에 대해 자신의 우월함을 자랑하게 된다. 자신을 높이는 사람에게는 하나님의 도움을 구하는 기도가 형식적인 것이 된다. 또한 일을 마쳤을 때 하나님께서 영광을 받아야할 자리에서조차 자신의 능력과 기여를 찬하(찬사하거나 찬양)하게 된다. 하나님이 택하셨다고, 하나님이 다 하셨다고 말하면서, 실제로는 자신을 자랑하는 사람은 지혜가 없는 사람이다. 오직 하나님의 성령을 힘입고 하나님께서 주시는 지혜와 능력에 따라 교회를 섬기며, 영광을 오직 하나님께 올려드리는 그 사람이 참 귀하다.

주제와 연관된 성경공부와 말씀묵상 _

하나님의 영을 그에게 충만하게 하여

본문 말씀(출애굽기 31:1-5; 35:30-35)

출애굽기 31:1-5

1 여호와께서 모세에게 말씀하여 이르시되

2 내가 유다 지파 훌의 손자요 우리의 아들인 브살렐을 지명하여 부르고

3 하나님의 영을 그에게 충만하게 하여 지혜와 총명과 지식과 여러 가지 재주로

4 정교한 일을 연구하여 금과 은과 놋으로 만들게 하며

5 보석을 깎아 물리며 여러 가지 기술로 나무를 새겨 만들게 하리라

출애굽기 35:30-35

30 모세가 이스라엘 자손에게 이르되 볼지어다 여호와께서 유다 지파 훌의 손자요 우리의 아들인 브살렐을 지명하여 부르시고

31 하나님의 영을 그에게 충만하게 하여 지혜와 총명과 지식으로 여러 가지 일을 하게 하시되

32 금과 은과 놋으로 제작하는 기술을 고안하게 하시며

33 보석을 깎아 물리며 나무를 새기는 여러 가지 정교한 일을 하게 하셨고
34 또 그와 단 지파 아히사막의 아들 오홀리압을 감동시키사 가르치게 하시며
35 지혜로운 마음을 그들에게 충만하게 하사 여러 가지 일을 하게 하시되 조각하는 일과 세공하는 일과 청색 자색 홍색 실과 가는 베 실로 수 놓는 일과 짜는 일과 그 외에 여러 가지 일을 하게 하시고 정교한 일을 고안하게 하셨느니라

기도요점

내가 주님의 교회를 위해 할 수 있는 일이 무엇인지 생각한다. 기도와 성령님을 앞세워야 하는 이유가 무엇인지 생각하고 기도한다. 협력 사역의 중요성을 기억하고 서로를 위해 기도한다. 도움을 받는 사람이기보다 돕는 사람이 되게 해달라고 간구한다.

도움의 말

성공적 신앙인으로 살아가는 데에는 반드시 적합한 지혜가 있어야 한다. 자연인의 지혜로는 부족하고 하늘의 지혜가 있어야 하는데, 성령님은 겸손히 구하는 자에게 지혜를 주신다. 본문에는 기능이나 지식에 관한 다양한 단어들이 나온다. 31:3의 지혜(호크마), 총명(트분나), 지식(다아트), 재주(믈라카)와 35:35의 지혜로운 마음(호크마트 렙)이다. 이들 중 가장 많이 나오는 단어는 보통 지혜(wisdom)로 번역되는 '호크마'이다. NIV를 비롯한 몇 번역에서는 기술(skill)이나 기능(ablility)으로 번역된다. '호크마'는 잠언의 주제어이기도 하다. '호크마'는 원래 삶의 다양한 영역에서의 '능숙함'을 이르는 단어이다. 장인, 선원, 가수, 대곡(代哭)군, 관리, 상담자 등, 전문 영역에서 능숙한 기능이나 충분한 지식을 가진 사람에게 적용된다. 브살렐과 오홀리압은 기능영역과 예술성에서 능숙한 사람들이다.

'호크마'(지혜)가 신앙에는 어떻게 적용될까? 신앙적 삶이란 단순히 성경을 읽고 기도하는 것이나 공예배 성수를 의미하지 않는다. 대인관계, 생업, 가정, 판단력, 학업, 경쟁 등 삶의 실제 영역에서 신앙인으로 능숙하게 그리고 성공적으로 사는 것이다. 지혜를 설명하는 잠언서는 단순히 능숙한 삶이나 삶에서의 성공을 가르치는 책이 아니다. 잠언서는 지혜와 성공적인 삶보다 우선적으로 고려해야 하고 그 바탕에 무엇이 있어야 하는지를 강조한다. 그것은 '근본'(레쉬트)이다. '레쉬트'는 시작, 머리, 머릿돌, 본질, 우선적인 것을 뜻한다. 시작과 근본과 바탕이 없으면 아무것도 나올 수 없다. 시작과 근본과 바탕이 잘못되면 그 위에 쌓은 모든 것이 잘못된 것이 된다. 창세기 1:1의 "태초에"(브레쉬트[브+레쉬트])와 같은 단어이다. 이 세상 만물과 만사의 근본과 바탕에 하나님의 역사가 있었던 것처럼, 지혜나 능숙함에도 근본이 있어야 한다. 그것은 '여호와 경외'이다. 잠언 1:7 말씀이다. "여호와를 경외하는 것

이 지식의 근본이다." 그리하여 브살렐과 오홀리압은 자신들의 경험과 일의 능숙함과 정교함을 넘어 "여호와 영의 충만"을 받았다. 성경은 우리에게 "너희 중에 누구든지 지혜가 부족하거든 모든 사람에게 후히 주시고 꾸짖지 아니하시는 하나님께 구하라 그리하면 주시리라"(약 1:5)고 말씀 하신다. 하나님의 일을 하는 사람에게 특별히 필요한 것이 성령님으로부터 오는 지혜이다. 그 근본에는 여호와 하나님 경외, 예수님 사랑이 깔려 있어야 한다.

묵상 나누기

위에서 묵상한 내용을 간략히 기록하고 함께 나눈다.

찬송

"주님께 귀한 것 드려"(575장)

35. 백성의 짐을 나눠지게 하시는 영(민 11:11-25)

주제와 연관된 질문

1. 교회에서 섬길 때 어려운 일을 만난 적이 있는가?
2. 교회 생활 중 책임감 때문에 괴로워 한 일이 있는가?
3. 어렵고 힘들 때 해결할 수 있는 방법은 무엇이라 생각하는가?
4. 나는 질문하고 요구하는 사람인가 아니면 해답을 주는 사람인가?

주제 내용 _

광야에서 고생이 길어지자 백성들이 불평을 터뜨리고 원망하고 울고불고 모세를 원망하고 비난했다. 불평과 심한 항의를 받고 모세도 고통을 받았다. 모세도 연약한 한 사람이 아닌가! 모세는 백성들에게 화를 내는 대신 여호와 앞에 자신이 처한 현실을 토로한다(11절). 왜 백성을 자신에게 맡기셔서 짐을 지게 하셨는지, 왜 그들의 부르짖음을 자신이 들어야 하는지, 출애굽을 하자고 한 분은 여호와 하나님이신데 왜 자기에게 항의를 하는 것인지 하나님께 항의조로 아뢴다. 백성들의 원망과 항의에도 불구하고 그들에게 아무것도 해 줄 수 없는 모세는(12-13절) 자신을 죽여 달라고까지 한다(15절). 모세가 자신의 죽음을 거론한 것은 정신력이나 체력이나 신앙으로 더 이상 견딜 수 없는 한계에 도달했음을 말해준다. 하나님은 여호와께 항변하는 모세를 꾸짖지도 다그치지도 않으신다. 하나님은 인간의 연약함을 아시는 분이시다. 모세에게는 지금 말의 위로가 필요한 것이 아니라 실제적 도움이 필요하다.

하나님은 모세를 위해 몇 가지 일을 하신다. 첫째, 무거운 짐을 나누어 질 사람을 임명하신다. “너와 함께 백성의 짐을 담당하고 너 '혼자' 담당하지 아니하리라”라는 말씀에서 “혼자”라는 말은 정말 괴롭고 무서운 단어이다. 무거운 짐을 나 홀로 지고 견디고 견디다 못해 육체적으로 정신적으로 심리적으로 쓰러지는 것이 인간이다. 하나님께서는 인간을 이해하시고 모세와 함께(“너와 함께”) 할 사람들을 붙여주신 것이다. 둘째, 모세가 추천한 지도자급의 인사 70명에게 하나님의 영을 내리셔서 백성의 짐을 분담하게 하신다(17, 25절). 셋째, 하나님은 모세를 향한 백성들의 원망을 해결해 주신다. 하나님은 고기 냄새도 싫어하기까지 한 달 동안 먹게 하실 것이라 하신다. 넷째, 하나님은 모세의 생각과 믿음을 고쳐주신다. 모세는 하나님의 말씀을 믿을 수 없었다. 제 발로 걷는 자만 육십만 명인데 한 달 동안 계속 먹을 고기를 어디서 구할 수 있겠는가(22절)! 아무리 믿음의 영웅 모세이지만 여전히 하나님의 능력을 자기 이성의 한계에서 둔 것이다. 모세가 믿음의 사람이긴 하지만 연약한 인간으로서 그런 반응은 그리 놀라운 것이 아니다. 모세에게 하나님의 말씀이 응하는 것을 보게 되리라고 하신다(23절). 이렇게 모세는 백성들의 원망으로 인한 고통 가운데서도 하나님의 전능하심을 믿는 깊은 신앙인으로 성장해 간다.

우리는 모세로 부터 신앙지도자의 모범을 본다. 모세는 원망하는 백성을 탓하거나 대적하지 않는다. 모세는 문제를 하나님께 가지고 간다. 모세는 하나님 앞에서 죽고 싶을 정도의 고통을 호소하고 하나님의 도움을 요청한다. 신앙의 영웅 모세지만 하나님이 이 많은 백성이 먹을 물고기와 가축 떼를 어디서 구할 수 있을지 믿을 수 없었다. 하나님은 모세에게 기적을 보여주심으로 더욱 신실한 믿음의 사람으로 성장하게 하셨다.

백성은 자신들이 직면한 문제를 하나님 앞으로 가지고 갈 수는 없었는가? 왜 모세만이 비판을 받고 항의를 받고 해결해 주어야 하는가! 우리는 어떠한가? 요구하는 사람인가 해답을 주는 사람인가? 우리는 어려운 일을 맞을 때 원망하는 편에 서는가, 아니면 기도하고 해답을 찾아보는가? 하나님의 사람들은 성령님의 감화로 짐을 나누고 비난마저 분담하고 조용히 기도의 장소를 찾는다.

주제와 연관된 성경공부와 말씀묵상 _

책임이 심히 중하여 나 혼자는 이 모든 백성을 감당할 수 없나이다

본문 말씀(민수기 11:11–25)

11 모세가 여호와께 여짜오되 어찌하여 주께서 종을 괴롭게 하시나이까 어찌하여 내게 주의 목전에서 은혜를 입게 아니하시고 이 모든 백성을 내게 맡기사 내가 그 짐을 지게 하시나이까

12 이 모든 백성을 내가 배었나이까 내가 그들을 낳았나이까 어찌 주께서 내게 양육하는 아버지가 젖

먹는 아이를 품듯 그들을 품에 품고 주께서 그들의 열조에게 맹세하신 땅으로 가라 하시나이까
13 이 모든 백성에게 줄 고기를 내가 어디서 얻으리이까 그들이 나를 향하여 울며 이르되 우리에게 고
기를 주어 먹게 하라 하온즉
14 책임이 심히 중하여 나 혼자는 이 모든 백성을 감당할 수 없나이다
15 주께서 내게 이같이 행하실진대 구하옵나니 내게 은혜를 베푸사 즉시 나를 죽여 내가 고난 당함을
내가 보지 않게 하옵소서
16 여호와께서 모세에게 이르시되 이스라엘 노인 중에 네가 알기로 백성의 장로와 지도자가 될 만한
자 칠십 명을 모아 내게 데리고 와 회막에 이르러 거기서 너와 함께 서게 하라
17 내가 강림하여 거기서 너와 말하고 네게 임한 영을 그들에게도 임하게 하리니 그들이 너와 함께 백
성의 짐을 담당하고 너 혼자 담당하지 아니하리라
18 또 백성에게 이르기를 너희의 몸을 거룩히 하여 내일 고기 먹기를 기다리라 너희가 울며 이르기를
누가 우리에게 고기를 주어 먹게 하랴 애굽에 있을 때가 우리에게 좋았다 하는 말이 여호와께 들렸
으므로 여호와께서 너희에게 고기를 주어 먹게 하실 것이라
19 하루나 이틀이나 닷새나 열흘이나 스무 날만 먹을 뿐 아니라
20 냄새도 싫어하기까지 한 달 동안 먹게 하시리니 이는 너희가 너희 중에 계시는 여호와를 멸시하고
그 앞에서 울며 이르기를 우리가 어찌하여 애굽에서 나왔던가 함이라 하라
21 모세가 이르되 나와 함께 있는 이 백성의 보행자가 육십만 명이온데 주의 말씀이 한 달 동안 고기
를 주어 먹게 하겠다 하시오니
22 그들을 위하여 양 떼와 소 떼를 잡은들 족하오며 바다의 모든 고기를 모은들 족하오리이까
23 여호와께서 모세에게 이르시되 여호와의 손이 짧으냐 네가 이제 내 말이 네게 응하는 여부를 보리라
24 모세가 나가서 여호와의 말씀을 백성에게 알리고 백성의 장로 칠십 인을 모아 장막에 둘러 세우매
25 여호와께서 구름 가운데 강림하사 모세에게 말씀하시고 그에게 임한 영을 칠십 장로에게도 임하게
하시니 영이 임하신 때에 그들이 예언을 하다가 다시는 하지 아니하였더라

기도요점

불평과 원망이 습관이 되지 않았는지 점검한다. 하나님 베푸신 은혜를 기억하며 늘 감사한다. 앞에서 수고하는 사람의 짐을 분담하며 위하여 기도한다. 억울한 일을 당할 때 모세처럼 오직 하나님 앞에 나가는 성숙한 믿음을 이루게 해달라고 기도한다. 하나님이 내 모습을 성숙시켜 주시기를 그리고 믿음이 날로 깊어지게 해 달라고 기도한다.

도움의 말

11절은 1-10절에 나오는 백성들의 원망을 배경으로 한다. 이스라엘 자손은 둘째 해 둘째 달 스무날에 시내 광야를 출발했다. 지파의 진영별로 행진하여 바란 광야에 이르렀다(10:12). 바란 광야에 이른지 얼마 되지 않았는데 백성들의 감사하는 마음은 바닥을 드러냈다. 먹을 것이 부족하고 생각보다 광야 생활이 힘들었기 때문이다. 만나에 질렸다고, 고기와 채소를 먹고 싶다고 울면서 불평했다. 당연히 모세를 공격하고 비난했다. 여호와께서는 진노하사 불이 진영 끝을 사르게 하셨다. 백성들은 모세에게 부르짖으며 도움을 요청한다. 모세가 여호와께 백성을 용서해 주시기를 기도하자 불이 꺼졌다. 백성의 불만과 불평은 또 다시 불처럼 번져나갔다. 그들은 울면서 광야에 나오는 바람에 고기와 채소도 먹을 수 없다고 울면서 불평을 터뜨렸다. 그리고는 애굽에서의 종살이가 나았다고 원망했다. 노예에서 해방시켜주신 하나님을 원망하고 멸시한 것이다(10, 20절).

모세는 하나님의 사람 지도자들이 겪는 일들의 일면을 보여준다. 고독(혼자)과 책임물음과 비난이다. 죽고 싶을 정도로 심적 육체적 고통이 컸다. 예레미야도 사역의 고통을 호소한다.

> [14] 내 생일이 저주를 받았더면, 나의 어머니가 나를 낳던 날이 복이 없었더면, [15] 나의 아버지에게 소식을 전하여 이르기를 당신이 득남하였다 하여 아버지를 즐겁게 하던 자가 저주를 받았더면, [16] 그 사람은 여호와께서 무너뜨리시고 후회하지 아니하신 성읍 같이 되었더면, 그가 아침에는 부르짖는 소리, 낮에는 떠드는 소리를 듣게 하였더면, 좋을 뻔하였나니 [17] 이는 그가 나를 태에서 죽이지 아니하셨으며 나의 어머니를 내 무덤이 되지 않게 하셨으며 그의 배가 부른 채로 항상 있지 않게 하신 까닭이로다 [18] 어찌하여 내가 태에서 나와서 고생과 슬픔을 보며 나의 날을 부끄러움으로 보내는고 하니라(렘 20:14-18)

모세가 이겨내는 힘은 자신이 신뢰하는 하나님의 영이다. 모세에게는 자신의 항변을 들어주실 하나님이 계신다. 하나님은 이해해 주시고 받아주시고 위로하시고 해결책을 주신다. 모세는 백성들의 세찬 비난에도 그들과 싸우거나 그들에게 보복하지 않는다. 그는 단지 하나님께 나아가 항변할 뿐이다.

주님의 일을 하는 사람들이 갖추어야 할 덕목이 있다. 세상에는 여러 모양의 지도력이 있다. 사자형 지도자는 군림하고 무섭게 소리치고 억압한다. 돼지형 지도자는 이익과 명예를 챙기고 대접받고 거들먹거린다. 독수리형 지도자는 매서운 눈으로 현미경 보듯이 정죄하고 심판을 말하고 독수리 발톱처럼 상처를 낸다. 공작형은 이곳저곳 다니며 자기와 업적을 과시한다. 어려움을 만날 때 이들은 백성 탓을 한다. 모세는 어떤 형의 지도자일까? 첫째, 모세는 무엇보다 자신이 하나님의 종임을 잊지 않는다. 모세는 무서운 권력자가 아니라 철저하게 하나님의 종이다. 그는 백성들을 직접 징벌하지 않고 오히려 백성을 위하여 기도하여 하나님의 진노를 누그러뜨린다. 둘째, 모세는 관용과 인내를 보여준다. 참지 못하는 성격을 가졌거나 잘 다투는 사람은 하나님 앞에 더욱 엎드려야 한다. 모세는 자신의 권위를 주장하기 보다는 백성을 살리려는 사람이다. 그의 기도 내용은 백성을 향한 사랑으로 채워진다. 셋째, 모세는 결코 특권을 누리지 않았다. 백성과 꼭 같이 장막에 거하며, 같은 것을 먹고, 같은 길을 걷고, 같이 고생했다. 더하여 모세는 비난과 불평마저 받아들였다. 신앙 지도자의 위대함은 희생의 크기와 질에 달려있다.

우리는 이스라엘 백성의 모습에서도 교훈을 받는다. 첫째, 나는 어떤 종류의 사람인가? 불평과 원망과 정죄가 습관이 된 것은 아닌가? 이스라엘 백성 가운데는 문제를 해결하려는 피스메이커(평화를 만드는 사람)가 있고 또한 불만과 불평을 퍼뜨리며 문제를 일으키는 사람이 있었다. 문제와 어려움에 직면했을 때 직접 하나님 앞에서 해결하려는 사람이 귀하다. 둘째, 이스라엘 백성 가운데는 모세의 짐을 분담하는 70인이 있었다. 적은 힘이라도 보태고 위로하고 능력껏 일하면 공동체는 큰 힘을 얻게 될 것이다. 각자 홀로 걷는 인생길을 따뜻한 마음으로 위로하고 짐을 함께 져 주는 신앙인은 얼마나 귀한가? 셋째, 하나님의 사람들은 하나님 영의 능력을 받고 인도를 받는 사람이다. 70인이 사역을 분담할 때 하나님의 영이 임하셨다. 참된 섬김은 영에 속한 자질이며 성령의 열매이며 하나님과의 깊은 교제에서 나온다. 넷째, 섬김은 희생을 운명처럼 받아들인다. 우리는 예수님의 희생과 섬김을 귀가 닳도록 들었다. 사랑은 어차피 희생이다. 하나님이 세상을 이처럼 사랑한다고 했을 때, 그 사랑은 희생, 곧 독생자의 희생으로 귀결되었다.

모세가 겪었듯이, 섬김의 삶은 때로는 외롭고 고통스럽다. 섬김의 자리는 육체적, 정신적 피로를 겪는 자리이기도 하다. 그러므로 자발적으로 나누어 섬기려는 성숙한 신앙인이 요청된다. 어떤 나누어 섬김이 필요할까? 기도와 마음으로 협조하고, 시간을 내고, 재능으로 섬기고, 넉넉한 사람들은 자기 가진 소유를 나눈다. 이로써 자기 십자가를 지는 섬김의 고난과 희생에 참여한다. 성령의 사람이 그렇게 할 수 있으며, 그런 사람은 하나님으로부터 늘 새 힘과 위로와 기쁨을 공급받는다.

묵상 나누기

위에서 묵상한 내용을 간략히 기록하고 함께 나눈다.

찬송

"내 모든 시험 무거운 짐을"(337장)

36. 다윗의 지휘관으로 일하게 하다(대상 12:16-18)

주제와 연관된 질문

1. 어떤 일을 결정하거나 선택하기 어려울 때 나는 어떻게 하는가?
2. 힘 있는 사람 편에 서기 쉬운가, 아니면 올바른 사람 편에 서기 쉬운가?
3. 바른 편에 서기 위해서 우선적으로 해야 할 일은 무엇이라 생각하는가?
4. 다윗이 여러 약점을 갖고 있음에도 불구하고 하나님께서 칭찬하는 이유는 무엇이라 생각하는가?

주제 내용 _

사울과 그의 아들 요나단과 이스라엘의 주력부대가 블레셋과의 전쟁에서 대패하고 사울 왕과 왕자들이 전사했다. 이스라엘에는 후손들이 왕위를 잇는 세습 왕조가 아직 확립되지 않았었다. 백성들이 새 지도자를 세우려 했고 이스라엘은 두 세력으로 나뉘어 왕위 경쟁을 하게 되었다. 남아있는 사울의 아들들과 사울의 군대장관들은 사울이 가졌던 통제권을 북쪽 지역에서나마 유지하려 했다. 그러나 민심이 사울 집안으로 부터 많이 떠난 후였다. 사울은 하나님의 제사장들을 죽였으며(삼상 22:18-19), 자신의 사위이자 이스라엘 백성이 사랑하는 다윗을 죽이려했다(삼상 19:10, 15; 20:33; 23:14; 24:2; 26:2). 결국 다윗을 지지하는 백성과 사울의 아들 이스보셋을 지지하는 백성이 나뉘어 싸우게 되었다. 지역적으로는 다윗이 속한 유다지파와, 북쪽의 에브라임과 므낫세 지파를 대표로 하는 북쪽 지파들로 편이 나뉘었다. 두 세력 간에 전쟁이 있었고(삼하 2:12-3:1), 결국 다윗이 온 이스라엘의 왕이 된다.

역대상 11:1-3 말씀이다.

> [1] 온 이스라엘이 헤브론에 모여 다윗을 보고 이르되 우리는 왕의 가까운 혈족이니이다 [2] 전에 곧 사울이 왕이 되었을 때에도 이스라엘을 거느리고 출입하게 한 자가 왕이시었고 왕의 하나님 여호와께서도 왕에게 말씀하시기를 네가 내 백성 이스라엘의 목자가 되며 내 백성 이스라엘의 주권자가 되리라 하셨나이다 하니라 [3] 이에 이스라엘의 모든 장로가 헤브론에 있는 왕에게로 나아가니 헤브론에서 다윗이 그들과 여호와 앞에 언약을 맺으매 그들이 다윗에게 기름을 부어 이스라엘의 왕으로 삼으니 여호와께서 사무엘을 통하여 전하신 말씀대로 되었더라

역대상 12장은 다윗이 내전에서 승리하여 온 이스라엘의 왕이 된 이후, 각 지파에서 와서 다윗 편에 선 용사들의 명단이다. 16-18절은 베냐민 지파와 유다 지파에서 온 용사들 일부이다. 베냐민 지파의 명단은 2-7절에서 나왔었다. 이곳에서 "베냐민 지파와 유다 지파"가 함께 언급된 것은 베냐민 지파인 사울의 집과 유다 지파인 다윗의 집이 하나가 됨을 말하는 것으로 보인다.

유다 지파와 베냐민 지파가 모인 어떤 "요새"로 사람들이 다윗을 찾아왔다. 다윗은 그들의 속마음을 알 수 없었다. 다윗은 그들을 맞으며 "만일 너희가 평화로이 내게 와서 나를 돕고자 하면 내 마음이 너희 마음과 하나가 되려니와 만일 너희가 나를 속여 내 대적에게 넘기고자 하면 내 손에 불의함이 없으니"라고 말한다. 순수한 의도로 다윗의 편이 되겠다고 하는 것이라면 기꺼이 하나가 될 수 있으나, 적대적인 의도를 갖고 속이기 위해서 온 것이라면 처벌하겠다는 뜻이다. 다윗이 결정하면서 "우리 조상들의 하나님이 감찰하시고 책망하시기를 원하노라"라고 한 것은 다윗이 중요한 결정을 내릴 때 여호와 하나님을 늘 의지하는 사람임을 보여준다.

그 때에 성령이 삼십 명의 우두머리 아마새를 감쌌다(참고. 삿 6:34; 대하 24:20). 성령께 붙들림 받은 아마새는 하나님의 뜻을 깨닫고 함께 온 사람들과 함께 다윗 편에 있겠다고 말한다. 아마새는 다윗에게 "당신의 하나님이 당신을 도우심이니다"이라고 한다. 여호와 하나님을 "당신[다윗]의 하나님"이라고 한 것은 여호와 하나님께서 다윗을 특별히 사랑하심을 백성들이 알고 있음을 말해준다. 아마새는 다윗을 통해 하나님의 평안이 백성들에게까지 전해지기를 원한다. 하나님의 성령께서 이스라엘의 평안이 다윗을 통해 이루어짐을 아마새에게 알려주신 것이다. 다윗은 아마새의 하나님 신앙과 다윗을 존중하는 그의 심중을 확인하고 그들을 받아들여 그를 군대 지휘관으로 삼는다.

우리는 다윗이 아마새와 그의 사람들을 받을 것인지 결정하는 때에, 다윗이 여호와 하나님을 언급하는 것을 보았다. 우리의 지식과 지혜와 판단은 충분하지 않다. 사람은 멀리 내다보지 못하고 눈앞의

이익에 흔들린다. 그러나 여호와 하나님을 신뢰하는 사람, 곧 여호와의 종은 겸손한 마음으로 하나님의 개입과 도움을 구한다. 세상은 혼란하고 무엇이 옳은 것인지 분별하기 어렵다. 자신에게 유리한 쪽을 택하는 것이 인지상정이기는 하나, 하나님을 경외하는 사람은 결정의 순간에 바른 편에 서기를 하나님께 간절히 기도한다. 최후의 승리는 하나님께 있음을 알기 때문이며, 또한 하나님이 기뻐하시는 삶을 살고 싶기 때문이다.

주제와 연관된 성경공부와 말씀묵상 _

성령이 감싸시니

본문 말씀(역대상 12:16-18)

16 베냐민과 유다 자손 중에서 요새에 이르러 다윗에게 나오매

17 다윗이 나가서 맞아 그들에게 말하여 이르되 만일 너희가 평화로이 내게 와서 나를 돕고자 하면 내 마음이 너희 마음과 하나가 되려니와 만일 너희가 나를 속여 내 대적에게 넘기고자 하면 내 손에 불의함이 없으니 우리 조상들의 하나님이 감찰하시고 책망하시기를 원하노라 하매

18 그 때에 성령이 삼십 명의 우두머리 아마새를 감싸시니 이르되 다윗이여 우리가 당신에게 속하겠고 이새의 아들이여 우리가 당신과 함께 있으리니 원하건대 평안하소서 당신도 평안하고 당신을 돕는 자에게도 평안이 있을지니 이는 당신의 하나님이 당신을 도우심이니이다 한지라 다윗이 그들을 받아들여 군대 지휘관을 삼았더라

기도요점

내가 무엇인가를 결정할 때 성령님과 기도를 앞세우는 사람인지 살핀다. 힘 있는 쪽이 아니라 불리해도 바른 쪽을 택하는 훈련이 되었는지 반성한다. 삶과 사역의 구체적 현장에서 순결한 신앙으로 신앙의 자존심을 지키게 해 달라고 기도한다. 늘 성령에 감싸여 하나님의 뜻을 실천하기를 결단한다.

도움의 말

역대상 12장은 다윗이 온 이스라엘과 유다의 왕이 된 후(삼하 5:1-10; 대상 11:3), 다윗에게로 온 사람들과 다윗을 도왔던 사람들 명단이다. 1-7절은 베냐민 지파에서 다윗을 도운 용사들, 8-15절은 갓 지파에서 다윗을 도운 용사들, 16-18절은 베냐민과 유다에서 다윗을 도운 용사들, 19-22절은 므낫세 지

파에서 도우러 용사들과 천부장들이다. 이로써 사울의 나라는 온전히 다윗의 나라가 되었다(23, 28절). 다윗은 남쪽의 어떤 산성 안에 있었다(12:1, 8, 16, 17). 베냐민과 유다 용사들이 다윗에게로 나왔다고 하는데(16절), 베냐민 사람들에 대해서는 앞에서 이미 언급되었다(1–7절). 여기서 유다와 함께 다시 언급된 것은 사울의 지파인 베냐민마저 다윗에게로 왔으며 그들이 유다와 하나가 되었음을 강조하는 것으로 보인다.

다윗에게로 온 사람들 중에는 삼십인 부장 아마새가 있었다(대상 12:18). 히브리어로는 '아마사이'인데, 다윗과 관련하여 다른 곳에서는 이 이름이 나오지 않는다. 아마사이의 자음은 아마새의 자음과 마지막 한 자음만 다르다. 아마 아마사이가 아마사와 같은 사람일 것으로 추정된다. 아마사의 모친은 다윗의 누이 아비가일이다(대상 2:17). 요압의 모친 스루야와 아비갈(아비가일)은 자매이다(삼하 17:25). 그러므로 아마사는 다윗의 조카이기도 하다(삼상 19:13).

아마사는 다윗의 아들 압살롬이 다윗에 반기를 들었을 때, 삼촌 다윗이 아니라 사촌 압살롬 편에 섰었다. 그리하여 압살롬은 요압을 대신하여 아마사를 군지휘관으로 삼았다(삼하 17:25). 압살롬이 죽고 다윗이 왕위를 회복한 후, 다윗은 아마사에게 "내 골육이 아니냐 네가 요압을 이어서 항상 내 앞에서 지휘관"이 되라고 복권한다(삼하 19:13). 요압은 나중에 자신을 만나러 온 아마사에게 다윗의 안부를 묻고 인사의 입 맞추기를 하는 척하며 배를 찔러 죽인다(삼하 20:8–10). 아마 압살롬 편에서 요압 자신의 자리를 차지했고 또 목숨 건 전투를 했었으며 패전 이후에도 다윗의 총애를 받는 것이 못마땅했기 때문일 것이다.

다윗은 찾아온 아마새의 심중을 확신할 수 없어 만일 거짓으로 나아온 것이라면 "조상의 하나님이 감찰하시고 책망하기를 원하노라"고 한다(17하). "조상의 하나님"(출 3:13; 대상 20:6; 스 7:27)은 어떤 무명의 신적 존재가 아니라 이스라엘 역사를 통하여 역사하신 하나님이다. 다윗에게 "조상의 하나님"이 옛 사람들만의 하나님만은 아니다. 다윗이 경험한 다윗의 하나님이며 사울로 인해 고통 받고 전장을 달리던 때 다윗을 보호하신 정의로운 재판관이시다. 다윗이 믿는 여호와 하나님은 정직하고 충성된 자를 기억하시고, 부패하고 속이고 우상 숭배하는 자를 벌하시는 하나님이시다(시 9:12; 10). 정의로운 재판관이신 하나님을 믿는 다윗의 삶 역시 정의를 추구하게 될 것이다.

다윗이 조상의 하나님을 언급하며 진심을 묻자, 아마새는 "성령"의 감싸심을 받고 다윗을 안심시키고 평안을 빈다. 그리고 "당신(다윗)의 하나님"이 다윗을 돕고 있음을 말해준다. 아마새는 다윗의 군대 지휘관이 된다. 이같이 성령님은 지혜로운 말과 순전한 마음을 주시며 하나님을 신뢰하고 경외하는 사람의 삶을 인도하신다.

묵상 나누기

위에서 묵상한 내용을 간략히 기록하고 함께 나눈다.

찬송

"어느 민족 누구게나"(586장)

37. 주의 은혜를 전파하게 하시는 영(눅 4:16-19)

주제와 연관된 질문

1. 누군가가 '성령복음서' 혹은 '성령행전'을 언급한다면 성경의 어느 책을 말하는 것일까?
2. 성령님의 사역으로는 어떤 것들이 있는가?
3. 예수님께서 나사렛 사람들에게 배척당하신 이유는 무엇이라 생각하는가?
4. 우리의 삶과 신앙생활에서 자연인과 성령의 사람은 어떤 면이 다른가?

주제 내용 _

예수님의 전체 사역은 성령님과 함께 하는 사역이었다. 예수께서 인용한 이사야서 말씀 "주의 성령이 내게 임하셨으니"는 예수님의 사역이 성령과 함께 한 사역이며 성령의 부으심으로 인한 사역임을 말해준다. 또한 "성령이 내게 임하셨으니"는 누가복음과 사도행전의 핵심적인 주제이며 계속해서 언급되는 말씀이다. 세례 요한의 출생 예언(눅 1:15)과 예수님 탄생 예고(눅 1:35)로부터, 예수께서 사도들에게 성령으로 명하신 것(행 1:2), 제자들에게 임한 성령(행 1:5), 바울의 사역에서 성령의 말씀과 역사(행 28:25)까지 누가복음과 사도행전은 과히 '성령행전'이라 할 수 있을 정도로 성령의 역사에 대해서 증언한다. 사도행전(사도들의 행전)이라고 이름 붙일 때조차, 사도들의 증언과 권능은 성령님으로 말미암았으므로 실제로는 성령님의 행전이다.

예수께서는 이사야 61장을 인용하면서 예수님께서 하실 구원사역의 내용을 말씀하신다. 예수님은 하나님께서 택한 종처럼(사 61:1) 구원의 복음을 전파하는 분이시다. 예수님은 가난한 자에게 복음을, 포로 된 자에게 자유를, 눈 먼 자에게 다시 보게 함을, 여호와의 은혜의 해를 전파한다. "주의 은혜의 해"는 이사야 본문의 배경에서는 희년(레 25:10)을 말한다. 레위기의 희년 규정 중에는 빚 탕감과 빚으로 인해 노예가 된 사람의 해방이 포함된다. 예수님은 그 본문으로 자신의 사역을 설명한다. 그분은 단지 포로에서의 귀환이나 물질적인 빚 탕감을 '선포'하는 분만이 아니다. 예수님은 단지 설교자가 아니라 능력을 행하시는 분이시다. 예수님은 영육의 가난한 자를 부하게 하시고, 영적으로 정신적으로 포로된 자에게 자유를 주시고, 육적으로 눈 먼 자를 고치시고 영적으로 보지 못하는 자를 보게 하신다. 그러므로 예수님이 말씀하는 "은혜의 해"는 예수 그리스도의 죽음과 부활을 통한 죄로부터의 구원, 항구적인 평화의 세상인 하나님 나라의 임함이다. 예수님은 이 구원의 복음을 선포하며 예수라는 그 이름이 말하듯 구원의 복음 자체이시다. 성령님은 이 복음 사역을 위해 예수님과 함께 하신다.

주제와 연관된 성경공부와 말씀묵상 _

주의 은혜의 해를 전파하게 하려 하심이라

본문 말씀(누가복음 4:16-19)

16 예수께서 그 자라나신 곳 나사렛에 이르사 안식일에 늘 하시던 대로 회당에 들어가사 성경을 읽으려고 서시매
17 선지자 이사야의 글을 드리거늘 책을 펴서 이렇게 기록된 데를 찾으시니 곧
18 주의 성령이 내게 임하셨으니 이는 가난한 자에게 복음을 전하게 하시려고 내게 기름을 부으시고 나를 보내사 포로 된 자에게 자유를, 눈 먼 자에게 다시 보게 함을 전파하며 눌린 자를 자유롭게 하고
19 주의 은혜의 해를 전파하게 하려 하심이라 하였더라

기도요점

예수님의 사역과 제자들의 사역에 성령께서 늘 함께 하셨던 것처럼, 우리의 구체적 삶에서 성령님과 동행하도록 간구한다. 우리가 제도나 관행으로 종교 생활하는 것이 아닌지 살피며, 늘 성령님의 인도함을 따라 삶과 교회를 갱신하기를 소원하고 기도한다. 내 가치관이나 나의 습관이나 나의 배움을 성령님의 역사 보다 더 귀한 기준으로 두지 않게 해달라고 기도한다.

도움의 말

예수님은 유대인들의 관습을 따라 안식일에 나사렛 회당에 들어가셨다. 유대인의 관습에 따르면, 다섯 살이 되면 회당 예배에 참석할 수 있었고 13세 이상은 의무적으로 참석하는 것이 관례였다. 남자들과 여자들은 같은 회당 안에서 분리되었고 여성들은 면박을 했다고 한다. 주후 1세기 회당 예배의 요소로는 쉐마 낭독(신 6:4-9; 11:13-21; 민 15:37-41), 기도, 토라(율법서) 봉독, 예언서 봉독, 설교가 있었다. 성경을 읽을 때는 참석자가 모두 일어서고 성경을 설교하거나 가르칠 때는 앉는 것이 관례였다(김득중, 『누가복음 I』, 대한기독교서회 창립100주년 기념 성서주석, 서울: 대한기독교서회, 1993, 259, 261). 모든 절차의 준비와 진행은 회당장이나 장로가 맡았다. 성경 낭독은 회당장이 허락한 사람이 할 수 있었다. 사도행전 13:13-16이 절차를 보여준다.

> [13] 바울과 및 동행하는 사람들이 바보에서 배 타고 밤빌리아에 있는 버가에 이르니 요한은 그들에게서 떠나 예루살렘으로 돌아가고 [14] 그들은 버가에서 더 나아가 비시디아 안디옥에 이르러 안식일에 회당에 들어가 앉으니라 [15] 율법과 선지자의 글을 읽은 후에 회당장들이 사람을 보내어 물어 이르되 형제들아 만일 백성을 권할 말이 있거든 말하라 하니 [16] 바울이 일어나 손짓하며 말하되 이스라엘 사람들과 및 하나님을 경외하는 사람들아 들으라

누가복음 4:16-19는 예수님의 고향인 나사렛 회당에서 예수께서 읽은 이사야 본문이다. 예수께서 고향에서 배척당하심과 예수님의 복음이 이방인에게로 나아갈 것임을 시사하는 16-30절의 한 부분이다. 예수님은 나사렛 동네에서 잘 알려져 있고 또 여러 회당에서 가르칠 때 칭송을 받았으므로 가르치는 선생 자격이 있는 사람으로 인정받았다. 이렇게 알려진 사람에게는 설교나 권면도 허락되었다. 16-19절은 회당에서 예수께서 읽으신 말씀이다. 시각적으로 분석하면 다음과 같다.

예수님은 안식일에 회당에 들어가셨다.
　　　회당에서 예수님은 앉아 있다가
　　　　　　일어서셨다.
　　　　　　　　　누군가가 선지자 이사야 두루마리를 드렸다.
　　　　　　　　　　　　예수님은 두루마리를 펴서 이사야 본문을 읽으셨다.
　　　　　　　　　예수님은 두루마리를 닫아서 돌려주었다.
　　　예수님이 다시 자리에 앉으셨다.

이 구조의 중심부에 이사야 본문 낭독이 있다. 이사야 인용구절인 4:18-19는 칠십인역(헬라어 구약성경) 이사야 61:1-2와 58:6을 합한 복합 본문이다. 오늘의 인용방식과는 달리 당시에는 느슨한 인용이 드물지 않았다. 이 구절은 원래 포로로 잡혀간 이스라엘의 해방과 회복을 예언 하는 말씀이다. 예수님의 공생애를 압축적으로 보여주기 위해 인용되었다.

"주의 성령"은 이사야 61:1의 '루아흐 아도나이 야훼'(주 여호와의 영)를 번역한 것이다. 아마 이사야 61:1과 누가복음 4:16을 비교해서 읽는 사람들은 단어 수가 달라 의아하게 생각할 것이다. 히브리어로 된 구약성경을 읽는 유대인들은 야훼가 하나님의 거룩하신 이름이므로 야훼가 나오면, '아도나이'(주님)로 읽는다. 이렇게 되면 '루아흐 아도나이 야훼'가 '루아흐 아도나이 아도나이'(주 주의 영)가 된다. 그리하여 유대인들은 이사야 61:1을 읽을 때 '루아흐 아도나이 엘로힘'(주 하나님의 영)으로 읽는다. 칠십인역(헬라어 구약성경)은 '아도나이 야훼'를 '아도나이 엘로힘'으로 읽는 방식과 다른 읽기 방식을 택했다. '아도나이 야훼(아도나이)'를 한 번의 '아도나이,' 즉 헬라어 '퀴리오스'로 읽었다. 누가복음 저자는 헬라어 칠십인역의 전통을 따라 구약성경을 인용했으므로 '퀴리오스'(주)로 번역한다. 그리하여 이사야 61:1의 "주 여호와의 영"이 누가복음 4:16에서는 '여호와'(야훼) 없이 "주의 성령"이 된 것이다.

예수님이 성경을 읽고 나서 그 말씀이 "오늘 너희 귀에 응하였다"고 하시자(21절), 나사렛 사람들은 예수님을 "요셉의 아들이 아니냐고" 비하했다. 예수님이 목수이며 마리아의 아들인 것을 아는 사람들은, 하나님에 의해서 파송되시고 성령님이 내재하시며 해방 사역을 위해 왔다는 예수님의 말씀을 받아들일 수 없었다. 예수님은 그들의 반응에 대해서, 엘리야가 이스라엘의 과부가 아니라 이방인인 사렙다의 과부에게 갔으며 이스라엘의 많은 나병 환자가 있음에도 깨끗함을 받은 사람은 수리아(아람) 사람 나아만 장군뿐이었다고 하셨다(26-27절). 이는 예수님 사역이 유대인들에 의해 거부될 것이라는 것과 예수님의 사역이 이방인에게로 확장될 것임을 말해준다. 그 말씀을 듣고 회당에 있던 사람들은 분노하며 예수님을 동네 밖으로 쫓아내고 산 낭떠러지로 끌고 가서 밀쳐 떨어뜨리려고 했다(28-29절). 예수님은 그들 가운데로 지나서 떠나셨다(30절).

예수님은 "주의 성령이 내게 임하셨으니"라는 본문을 읽으심으로 성령께서 복음의 사역에 함께 하심을 말씀한다. 예수님은 세상의 복음이시다. 구원의 복음을 위해 하나님 아버지께서 복음 자체이신 예수님을 세상에 파송하셨고 하나님의 성령님은 예수의 복음 사역에 내내 함께 하신다. 오늘도 성령께서는 구원의 복음을 전하는 자들과 함께 하시며, 예수 복음을 통해 아버지 하나님의 구원의 역사를 이루어 가신다.

묵상 나누기

위에서 묵상한 내용을 간략히 기록하고 함께 나눈다.

찬송

"저 북방 얼음 산과"(507장)

38. 땅끝까지 이르러 내 증인이 되리라(행 1:6-8)

주제와 연관된 질문 _

1. 나를 가장 사랑하는 이는 누구이고 내가 가장 사랑하는 이는 누구인가?
2. 예수님을 주로 믿고 예수님의 증인이 되기 위해 반드시 경험해야 하는 분은 누구인가?
3. "성령이 임하시면 내 증인이 되리라"는 말씀은 어떤 점에서 감사하고 어떤 점에서 힘든 것인가?
4. 증인되라는 예수님의 지상명령을 수행하기 위해 나는 어떤 일을 감내하는가?

주제 내용 _

사도행전 1:8 말씀은 주님께서 승천하기 전에 주신 마지막 말씀이며, 시대를 초월하여 모든 제자와 신자들에게 주신 지상명령이다. 또한 이 구절은 사도행전 전체에 걸쳐 가장 핵심적인 구절이고 사도행전을 관통하는 구절이다. 사도행전의 거의 모든 내용이 이 지상명령에 따른 복음전파의 행전이다.

예수님께서 부활 후 제자들을 만나셨을 때, 예루살렘을 떠나지 말고 아버지께서 약속하신 것을 기다리라 하셨다(행 1:4). 그 약속은 "성령으로 세례를 받으리라"는 것이었다. 제자들은 예수님의 명령을 따라 예루살렘에 함께 모여 있었다. 예수님이 그들에게 나타나자 제자들은 평소에 가졌던 가장 중요한 관심을 표명한다. "주께서 이스라엘 나라를 회복하심이 이 때니이까"라는 질문이다. "주께서…회복하심이"에서 "주께서"는 이제 제자들이 예수님을 하나님께서 보내신 특별한 메시아로 새로운 세상을 열 권세를 갖고 있음을 확실히 믿고 있음을 보여준다. 제자들은 예수님이 "이스라엘 나라를 회복"하실 분으로 분명히 인식하고 있다. 그리하여 그들은 예수님이 부활하시고 제자들을 모으신 "이 때니이까"라고 질문한 것이다. 하나님께서 보내신 메시아를 통한 이스라엘의 회복은 구약성경의 선지자들의 예언이며 소망이었다. 이제 제자들은 성경에 근거하여 또한 하나님 나라를 선포한 예수님의 사역을 기억하면서, 예수께서 통치하는 해방된 이스라엘의 출현 시기에 대해 물은 것이다. 제자들의 생각에 따른다면, 예수님은 지상에 머물러 있어야 하고 제자들은 예수님의 지상 통치에 참여하게 될 것이다. 그때 제자들의 모든 고생과 고단한 삶은 보상 받을 것이고 세상의 통치자들은 심판 받을 것이며 온갖 불의는 제거될 것이다.

예수님은 제자들의 생각을 교정해 주신다. 예수님은 "때와 기한은 아버지께서 자기의 권한에 두셨으니 너희의 알 바 아니요"라고 대답하신다. 예언자의 대망과 제자들의 소망은 반드시 이루어질 것이지만, "때와 기한"은 오직 아버지의 권한 속에 있다. "때와 기한"을 아는 것보다 중요한 것은 예수님의 지상 사역과 죽음과 부활의 의미를 깨닫는 것이며, 또 제자들을 향하신 하나님의 부르심에 응답하는 것이다.

예수님은 제자들에게 놀라운 말씀을 하신다. 하늘로부터 "성령이 임하시면 너희가 권능"을 받는다는 것이다. 제자들의 관심인 "이스라엘 나라를 회복하심이 이 때"와 "성령이 임하시면"이 대조된다. 제자들은 예수님과 함께 회복된 이스라엘을 다스리는 자가 되는 것이 아니라, 예수께서 보내시는 성령님과 함께 예수님 구원의 복음을 만방에 전할 "증인"이 될 것이다.

예수님의 약속과 성령님의 강림으로 제자들은 "예루살렘과 온 유대와 사마리아"에서 전했으며 "땅 끝"을 향하여 나아갔다. 오늘의 예수님 제자들은 같은 성령님의 권능을 받고 남은 '땅 끝에서' 그리고 남은 '땅 끝을 향해' 증인의 삶을 살아가고 있다.

주제와 연관된 성경공부와 말씀묵상 _

성령이 임하시면 너희가 권능을 받고 내 증인이 되리라

본문 말씀(사도행전 1:6–8)

6 그들이 모였을 때에 예수께 여쭈어 이르되 주께서 이스라엘 나라를 회복하심이 이 때니이까 하니
7 이르시되 때와 시기는 아버지께서 자기의 권한에 두셨으니 너희가 알 바 아니요
8 오직 성령이 너희에게 임하시면 너희가 권능을 받고 예루살렘과 온 유대와 사마리아와 땅 끝까지
이르러 내 증인이 되리라 하시니라

기도요점

보잘것없는 나를 예수님의 제자로 삼아 주심을 감사한다. 성령님을 부어주시며 그리스도인의 삶을 살게 하심을 감사한다. 복음을 위해 희생한 한국교회의 신앙 조상과 선배들의 삶을 기억한다. 나에게 맡겨진 사명을 재점검하고 복음 사명인의 삶을 결심한다. 내가 가진 재능과 시간과 물질로 예수의 복음 사역에 헌신한다.

도움의 말

예수님은 제자들에게 구원의 복음을 위탁하셨다. 제자들은 객관적인 평가로 세상을 설득할만한 능력이나 자격을 갖춘 사람들이 아니었다. 그러나 그들에게는 세상 누구도 갖지 못한 담대함과 능력이 있었다. 예수님의 제자들에게 약속하신 성령님이 임하셨고(행 2:4) 그들은 온갖 방해와 위협과 어려움을 무릅쓰고 예수님 증인의 삶을 당당히 살아내었다.

예수님은 제자들에게 "증인"이 될 것이라 하셨다. 증인이란 어떤 사람인가? 증인은 의뢰인의 사정을 듣고 말하는 변호사가 아니며 논리와 설득력을 갖춘 변증가도 아니고 성경 풀어 해석하는 신학자도 아니다. 증인이란 자기가 직접 보고 들은 것을 사실 그대로 말하는 사람이다. 베드로는 학식을 갖추고 수사학적 언변을 가진 사람은 아니지만 설교할 때마다 늘 "우리가 이 일에 증인"이라고 말했다(행 2:32; 3:15; 5:32; 10:39). 자신이 직접 보고 직접 듣고 직접 겪은 예수님을 전한 것이다. 바울도 구약성경을 깊이 공부한 사람이지만, 자신이 부름 받은 것은 "나[예수]를 본 일과 장차 내게 나타날 일에 너로 종과 증인을 삼으려 함"이라고 말한다(행 26:16). 예수님의 제자들은 자신이 겪은 예수를 전했으며 제자의 제자들은 같은 성령님의 임재와 권능으로 예수님에 대한 같은 신앙을 가지고 예수 증인의 삶을 지금까지 이어오고 있다.

누구의 증인이 되라 하시는가? "내 증인"에서 "내"는 예수 그리스도이다. 하나님의 사랑은 독생자를 세상에 보내시고 십자가에 죽게 하신 그 사건에서 분명히 드러난다. 그리하여 누구든지 십자가에서 죽으시고 부활하신 예수 그리스도를 만나고 그 은혜를 깨달을 때만, 하나님의 사랑이 얼마나 큰 것인지를 제대로 알게 되고, 성령님의 교통하심으로 증인의 삶을 살아가게 된다. 그리하여 예수님께서 "내 증인이 되라"하신 것이다. 우리는 여호와 하나님을 믿지만 '여호와의 증인'이 아니라 '예수 그리스도의 증인'으로 살아간다. 예수 그리스도의 희생적인인 십자가 은혜를 통해서만 하나님의 사랑이 얼마나 지극한 것인지 알 수 있기 때문이다. 하나님의 크신 사랑은 독생자 예수님을 보내셔서 십자가에 죽게 하신 사랑이다.

옛날이나 오늘날이나 남을 속이거나(사기꾼) 자신이 정말 그러하다고 믿는(과대망상의) 사이비 종교인이 많다. 자신이 제2예수라고 하고 제2보혜사라고 하고 심지어 자신이 하나님이라고 하는 사람도 있다. 그들 중 아무도 십자가에 달린 적이 없고 부활하지도 않았다. 그들이 자비롭다거나 희생적이라는 말도 들리지 않는다. 우리는 하나님의 독생자로서 죄인을 용서하기 위해 십자가에서 대신 죽으시고 부활하신 분을 믿고 전파한다.

증인이 되어야 하는 삶의 현장은 어디인가? 지리적 땅 끝, 내가 만나는 모든 사람, 내 삶의 모든 영역이다. 우리가 만일 성령의 충만을 달라고 간곡히 기도한다면 그 결과는 오직 예수 그리스도를 증언하는 삶이 될 것이다. 증인이 맞게 될 삶을 어떤 것일까? 제자들은 예수께서 말씀하신 성령의 능력을 받고 증인이 되는 삶이 어떤 삶인지 복음 선포의 여정 중에 깨닫게 된다. 예수님을 위하여 고난당하고 핍박당하고 배척되는 삶이다. 그러나 그들은 증인의 삶을 예수님에 대한 사랑과 하나님 아버지에 대한 신뢰와 성령님의 권능으로 넉넉히 살아내었다. '증인'은 헬라어로 '마르투스'이다(마 18:16; 눅 11:48; 행 1:22; 막 14:63; 행 6:13; 히 10:28; 롬 1:9; 계 11:3 등). 증인은 자신의 증언 때문에 목숨을 잃기도 했으므로 '마르투스'가 '순교자'의 의미로 확장되었다. 예를 들어, 사도행전 22:20의 "또 주의 증인 스데반이 피 흘릴 때"와 요한계시록 1:5의 "또 충성된 증인으로 죽은 자들 가운데에서 먼저 나시고 땅의 임금들의 머리가 되신 예수 그리스도"에서 "증인"은 복음 증거를 위해 목숨을 잃은 자이다(계 2:13; 3:14; 17:6). 영어의 '마터'(martyr, 순교자), 프랑스 파리의 '몽마르트르'(Montmartre, 순교자의 언덕)가 그 뜻을 담고 있다. 예수의 증인은 예수님의 명령에 따라 죽음까지도 각오하며 예수의 생명의 복음을 전하는 사람이다.

믿음의 선진들은 복음을 전함으로 겪는 고난과 희생을 마다하지 않았다. 그들이 가는 곳마다, 땅 끝에 이르기까지 위험을 만나야 했다. 우리 한국 교회는 믿음의 선진들의 희생적 증언 위에 서있다. 예수님의 복음이 아직도 어딘가에 남아있는 땅을 향해야 하듯, 오늘의 신앙인들은 복음 전파의 최전선에서, 혹은 후방의 지원 세력으로서 예수 그리스도의 증인으로서의 사명을 이어간다.

묵상 나누기

위에서 묵상한 내용을 간략히 기록하고 함께 나눈다.

찬송

"온 세상 위하여"(505장)

39. 바울의 결박을 알려주신 성령(행 21:7-14)

주제와 연관된 질문 _

1. 신앙을 교류하고 함께 기도하는 사람들이 있는가?
2. 복음의 확장을 위해 내가 하고 있는 일로는 어떤 것이 있는가?
3. 복음의 최전선에서 일하는 사람들을 위해 나는 어떤 일을 하는가?

주제 내용 _

성령께서 바울이 예루살렘에서 결박될 것을 말씀하신 것은 바울이 제3차 선교여행의 마지막 행선지인 예루살렘에 도착하기 직전, 가이사랴의 빌립 집에 머물 던 때였다. 바울은 이곳에서 예언하는 사람들을 만난다(9절). 빌립에게는 결혼하지 않은 네 딸이 있었다. 그들은 "예언하는 자"로 알려진다. (구약 선지자) 요엘을 통해 주신 "그때에 내가 내 영을 내 남종과 여종들에게 부어 주리니 그들이 예언할 것 이요"라는 말씀이 이루어진 것이다(욜 2:29; 행 2:18). 딸들의 "예언"은 무엇을 뜻하는 것일까? 빌립이 한 것처럼 신앙공동체에서 말씀 선포하는 일을 말하는 것일 수도 있고 특별한 은사로서의 사역을 말한 것일 수도 있다.

며칠 후 아가보라는 선지자가 유대에서 일부러 바울을 찾아왔다(10절). 아가보는 이전에 유대 땅에 임할 기근을 예언한 바 있다(11:27-30). 아가보는 바울의 띠를 가져다가 자기 수족을 매었다. 이러한 선포 방식은 에스겔이나 예레미야에게서 자주 볼 수 있는 일종의 '행위 예언'이다(예. 렘 13:1-7; 19:1, 10; 겔

4:1; 5:1-2). 시각적 행위를 통해서 충격을 주거나 관심을 집중시킴으로써 하나님의 말씀을 생생히 전하는 방식이다. 아가보는 성령님의 말씀을 전한다. "예루살렘에서 유대인들이…띠 임자를 결박하여 이방인의 손에 넘긴다"는 것이었다. 바울이 예루살렘에서 험한 일을 당할 것이라는 예언이다. 이전에도 동일한 말씀이 있었다(행 20:23; 21:4). 바울의 일행과 빌립 집에 찾아온 사람들은 울면서 바울의 예루살렘 행을 말린다. 이로부터 바울이 신앙인들에게 존경과 사랑을 받는 주의 종임을 알 수 있다.

바울을 사랑하는 성도들의 간절한 바람과는 달리, 성령님은 "예루살렘에서"라고 하셨다. 바울이 예루살렘으로 가야만 하고 거기서 결박당할 것을 말씀한 것이다. 바울은 이를 잘 알고 있었다. 바울의 결박을 예언한 아가보가 성령의 사람이듯 바울도 성령의 사람이다. 바울은 "주 예수의 이름을 위하여 결박당할 뿐 아니라 예루살렘에서 죽을 것도 각오하였노라"라고 대답한다. 무리들은 "주의 뜻대로 이루어지이다"하며 권면을 그친다.

성령께서는 사도의 사역을 인도하시는 분이시다. 빌립과 함께 하시며 예언하는 그의 딸들과 함께하시고, 예언의 사역을 감당하는 아가보와 함께 하신다. 성령께서는 바울의 여정을 인도하시고 빌립보 집에 모인 성도들로 하여금 성령님의 계획을 받아들이게 하신다. 이와 같이 사도행전은 성령의 행전이며 사도행전의 신앙 인물들은 성령의 사람들이다. 오늘 우리를 인도하시는 분도 성령님이시다. 우리가 거부하지 않는 한, 우리가 불순종하지 않는 한, 우리가 하나님을 사랑하고 하나님의 일을 하려고 하는 한, 성령께서는 우리와 함께 하시며 우리를 선하심과 인자하심으로 인도하신다. 심지어 연약함으로 혹은 순간적인 탐욕이나 미혹으로 길을 벗어날 때도 성령께서는 하나님의 사람들을 바른 길로 이끄신다.

주제와 연관된 성경공부와 말씀묵상 _

결박당하는 것은 물론 죽을 것도 각오하노라

본문 말씀(사도행전 21:7-14)

7 두로를 떠나 항해를 다 마치고 돌레마이에 이르러 형제들에게 안부를 묻고 그들과 함께 하루를 있다가
8 이튿날 떠나 가이사랴에 이르러 일곱 집사 중 하나인 전도자 빌립의 집에 들어가서 머무르니라
9 그에게 딸 넷이 있으니 처녀로 예언하는 자라
10 여러 날 머물러 있더니 아가보라 하는 한 선지자가 유대로부터 내려와
11 우리에게 와서 바울의 띠를 가져다가 자기 수족을 잡아매고 말하기를 성령이 말씀하시되 예루살렘

에서 유대인들이 이같이 이 띠 임자를 결박하여 이방인의 손에 넘겨 주리라 하거늘
12 우리가 그 말을 듣고 그 곳 사람들과 더불어 바울에게 예루살렘으로 올라가지 말라 권하니
13 바울이 대답하되 여러분이 어찌하여 울어 내 마음을 상하게 하느냐 나는 주 예수의 이름을 위하여
결박 당할 뿐 아니라 예루살렘에서 죽을 것도 각오하였노라 하니
14 그가 권함을 받지 아니하므로 우리가 주의 뜻대로 이루어지이다 하고 그쳤노라

기도요점

빌립처럼 나그네 접대의 신앙을 갖도록 기도한다. 빌립의 가족처럼 온 가족이 다양한 영역에서 주님의 사역자로 쓰임 받게 해 달라고 간구한다. 나의 갈 길 다가도록 성령께서 인도해 주시기를 기도한다. 때를 얻든지 못 얻든지 하나님께서 맡기신 사명 마지막까지 충성하기를 결심한다.

도움의 말

바울은 제3차 선교여행 여정의 거의 마지막 때에 가이사랴에 머물렀다. 바울의 제3차 선교여행의 일정은 다음과 같다. 시리아 안디옥에 출발하여 북쪽 방향으로 다소, 데베, 이고니온, 비시디아 안디옥, 에베소에 이른다. 에베소에서 3년 머문 후 배로 마게도냐에 이르고 고린도에서 다시 빌립보를 지나 드로아에 이른다. 예루살렘을 향하면서 앗소에서 배를 타고 섬들을 지나 밀레도에 이른다. 밀레도에서 장로들과 고별의 인사를 나눈 후, 바울과 일행은 목적지를 향해 여행을 계속한다. 밀레도와 바다라(Patara) 사이 해안에 있는 고스 섬과 로도 섬 근처의 바닷길을 지나 바다라 항에 도착한다(21:1). 바울 일행은 베니게(페니키아)로 가는 배를 만나서 타고 가다가 두로 항에 이른다(3, 42절). 배는 짐을 내리기 위해 칠일 간 정박한다. 바울 일행은 두로에서 그리스도인들을 만나고 그곳 형제들은 성령의 감동으로 바울에게 예루살렘에 올라가지 말라고 강권한다(4절). 바울 역시 자신이 맞을 고난에 대해서 알고 있지만 예루살렘 행을 계속한다. 바울 일행은 배를 타고 두로를 떠나 돌레마이(프톨레마이스)에 이른다. 거기서 하루를 머물며 형제들을 만나고 교제한다. 그 다음날 다시 배편으로 가이사랴에 도착했고 일곱 집사중 한 사람인 빌립의 집에 머문다(8절).

이곳의 가이사랴는 로마 황제 '가이사'(케사르, 시저)의 이름을 딴 로마의 도시이다. 로마 황제 '가이사'는 원래 가이우스 율리우스 케사르(Gaius Julius Caesar, 주전 102-44년)의 단축형인데, 나중에는 로마 황제 일반을 이르는 칭호(케사르, 카이자, 시저)가 되었다. 바울이 머문 곳은 카이사레아 마리티마'(Caesarea Maritima, 해변의 가이사랴)이다. 비슷한 이름을 가진 '카이사레아 필리피'(Caesarea Philippi, 가이사랴 빌립보)는 갈릴리 호수 북방 40킬로미터 지점에 있는 내륙 도시이다. 베드로가 예

수님이 그리스도시요 하나님의 아들이라고 고백한 곳이나(마 16:16).

가이사랴(카이사레아 마리티마)는 지중해 연안에 위치한 항구도시이다. 원래는 페니키아의 작은 마을이었다. 헤롯대왕에 의해 본격적으로 주요 항구도시로 개발되었다. 오늘의 텔아비브(Tel Aviv) 북방 약 45킬로미터 떨어진 곳에 위치한다. 주전 1세기경 지중해 연안 세계에서 가장 중요한 항구 중 하나였으며 로마의 상업적 군사적 확장의 요충지였다. 헬라어로는 세바스토스라 불렸다. 일반 명사 라틴어 '아우구스투스'와 헬라어 '세바스토스'는 모두 '존경,' 혹은 '지존'의 뜻을 가진다. 사도행전 25:21, 25의 '황제'는 헬라어 성경의 '세바스토스'를 번역한 것이다. 이 구절에서 라틴 불가타 성경은 '아우구스투스'라고 읽는다. '가이사랴'라는 도시 이름은 헤롯 대왕의 수호자인 아우구스투스 케사르(시저)의 이름을 딴 것이다. 헤롯은 인공 항구 외에도 원형극장, 신전, 궁전, 공중수로, 경마장(히포드럼)을 지었다.

가이사랴는 신약성경에서 수차례 언급된다. 첫째, 백부장 고넬료의 집이 있었다. 베드로가 고넬료의 집을 방문했고 이방인 고넬료와 온 집이 예수를 믿게 되었다. 예수님의 복음이 이방인에게로 확대되는 것을 보여주는 중요한 사건이었다. 둘째, 헤롯 아그리파 1세가 교만과 신성모독으로 인해 하나님의 천사의 손에 죽은 곳이다(행 12:23). 셋째, 빌립의 집이 가이사랴에 있었다. 예루살렘에서 일어난 박해로 인해 많은 신앙인들이 피신하고 흩어진 후 집사 빌립은 가이사랴에 도착했다(행 8:1, 40). 필립(빌립)은 가이사랴에 가족과 함께 정착했으며 그의 집이 신자들의 모임장소가 된 것으로 보인다(행 21:8). 넷째, 사도 바울은 사역 초기 예루살렘에서 그의 생명이 위협받았을 때, 신자들의 도움을 받아 가이사랴를 지나 다소로 탈출했다(행 9:30). 다섯째, 바울은 제2차 선교 여행을 마친 후 가이사랴에 머물렀으며 시리아의 안디옥을 거쳐 예루살렘을 방문했다(행 18:22). 여섯째, 예루살렘으로 향하는 여행에서 바울은 가이사랴에 있는 빌립의 집에 유숙했고 선지자 아가보와 지역 신자들과 교제를 나누었다(행 21:8-16). 일곱째, 바울은 결국 예루살렘에 도착했고 거기서 체포되어 로마로 이송되던 중 수년 동안 가이사랴에서 수감되었고 거기서 복음을 전파했으며(행 23:23; 25:12) 로마로 압송될 때 이곳에서 출항했다(행 27:1).

바울은 빌립의 집에 머물렀다. 왜 성도의 집에 머물렀을까? 성도의 집은 가장 안전한 곳이며 환대를 받고 편히 쉴 수 있는 곳이었다. 그리하여 성경은 신앙지도자의 덕목으로 '나그네 접대'를 강조한다(딤전 3:2; 5:10; 딛 1:8; 요삼 1:5-8). 당시에는 일반 여행객이 머물만한 안전한 장소가 많지 않았다. 여관은 비용이 들었으며 위생적으로도 그리 깨끗한 곳이 아니었다. 여관이라는 특수상황 때문에 영적 건강에도 좋지 않았다. 강도가 들이닥쳐 빼앗고 납치하고 종으로 파는 일이 일어나기도 했다. 그러므로 여행 중인 성도들은 같은 성도의 집에 머물기를 원했고, 또 성도들은 여행 중인 성도를 영접하여 환대하였다.

빌립의 딸들은 "처녀로서 예언하는" 여성이라고 설명된다(9절). 아마 '처녀'를 언급한 것은 하나님께 생애를 드린 사람이라는 뜻으로 보인다(참고. 고전 7:34-38). 예언자(豫言者)나 선지자(先知者)는 보통 '미래를 말하는 사람'으로 생각되곤 한다. 실제 헬라어의 '프로페테스'나 영어의 프로펫(prophet)에는 '앞'이나 '미리'를 뜻하는 접두어 '프로'가 붙어있다. 그러나 원래 히브리 단어 '나비'는 '하나님께서 전하라 하신 것'을 '대언'하는 사람이다. 종말이나 국가의 미래나 개인의 미래에 대해서 하나님의 말씀을 대언하기도 하고, 당시의 우상숭배나 불순종 등 하나님에 대한 반역에 대해 하나님의 분노하심을 하나님의 대리인으로서 선포하기도 한다. 그러므로 '나비'는 대언자, 혹은 말씀을 맡았다는 의미에서 예언자(預言者)라고 할 수 있다. 엘리야, 엘리사, 사무엘, 아모스, 호세아, 미가 등은 '앞으로 될 일'에 대해서보다는 당시 사회와 신앙의 현실적 문제를 지적한다. 당연히 하나님이 주시는 말씀이 미래에 대한 것이라면 선지자, 즉 예언자(豫言者)가 되기도 한다. 구약성경의 많은 선지자들이 분명히 미래에 일어날 하나님의 심판과 위로를 선포했다. 그러나 그들 역시 '자신이 본 미래'가 아니라 미래에 대한 '하나님의 말씀을 전했다는 점에서는 여전히 대언자이다.

신약성경에서 '예언하다'는 대체로 하나님의 말씀을 '선포하는' 경우(마 7:22; 11:9; 13:57; 고전 11:5; 계 10:11; 13:2)와 '앞으로 될 일'이나 특별한 은사로서의 하나님의 말씀을 대언하는 경우로 나뉜다. 바울이 고린도 교회 교우들에게 예언이 방언이나 지식처럼 부분적인 것이며 일시적인 것(고전 13:8-9)이라 한 것과 "사랑을 추구하며 신령한 것들을 사모하되 특별히 예언을 하라"고 한 것에서 예언은 단순히 설교를 하는 것이 아니라 특별한 은사를 말한 것으로 보인다(참고. 행 19:6; 고전 12:10; 13:2; 14:1, 29). 빌립의 네 딸의 경우, "예언"은 네 명 다 특별한 은사를 받았다는 뜻인지, 신앙공동체에서 성도들에게 하나님 말씀을 풀어주거나 설교하는 사람이었다는 뜻인지 분명치 않다. 빌립이 남자가 접근하기 어려운 여성들만의 모임에서 복음을 전하려 했을 때, 빌립의 딸들과 같은 헌신된 여성들이 말씀을 전했는지도 모른다. 어느 경우든지 하나님의 말씀을 받아서 혹은 하나님이 보여주는 것을 하나님 대신 말하는 의미의 예언이다.

성령님은 바울의 생애와 사역을 인도하시고 오늘 복음의 확장을 위해 일하는 종들을 인도하시며 그들을 위해 기도하고 후원하는 주의 백성들을 인도하신다. 그리고 여러 가지 방법과 모양으로 해야 할 일을 가르치시며 앞날을 준비하게 하신다.

묵상 나누기

위에서 묵상한 내용을 간략히 기록하고 함께 나눈다.

찬송

"나의 갈길 다가도록 예수 인도하시니"(384장)

40. 하나님의 영 외에는 아무도 알지 못함(고전 2:1-16)

주제와 연관된 질문 _

1. 예수님의 십자가가 누군가에게는 어리석은 것으로 보이는 이유가 무엇이라 생각하는가?
2. 그리스도인의 삶을 움직이는 원동력은 무엇이라고 생각하는가?
3. 우리가 사랑하는 한국교회의 장점은 무엇이고 개선해야할 점은 무엇이라 생각하는가?

주제 내용 _

사도 바울은 헬라의 한 도시인 고린도 사람들이 세상의 지혜를 주장하는 것을 보게 된다. 헬라 지역의 특성을 보여주는 것이기도 하다. 바울은 자신의 말과 전도함이 지혜의 수사(논증)로 한 것이 아니고 다만 성령의 나타나심과 능력으로 한 것이라고 강조한다. 그를 담대하게 하는 것은 하나님의 능력이며 자신은 오직 "예수 그리스도와 그가 십자가에 못 박히신 것" 외에는 아무 것도 알지 아니하기로 작정했다고 한다(1-5절). 바울은 앞 장에서도 하나님의 지혜에 대해 말한바 있다. 바울은 하나님의 능력과 참 지혜이신 그리스도 예수가 지혜이고 내세울 분임을 말했고(1:18-30), "자랑하는 자는 주안에서 자랑하라"라는 예레미야 9:23 말씀을 인용했었다. 이곳에서 다시 바울은 '나 또한' 세상의 지혜나 자신의 우월함이 아니라 십자가만 자랑한다고 한다(1-2절). "하나님을 증거를 전할 때에"에서 "증거"는 '뮈스테리온'이다. '뮈스테리온'은 비밀스러운 것, 비밀스러운 가르침, 감추어진 것을 뜻한다. "하나님의 증거"는 사람이 탐구해서 알 수 있는 것이 아니다. 모든 사람에게 감추어진 것으로서, 하나님의 아들 예수 그리스도에 관한 하나님의 직접적인 증언이다.

"말과 지혜의 아름다운 것"은 표현력과 각종 수사와 논리적 설득력을 말한다. 당시 헬라 사람들이 추구하는 것이기도 하다. 고린도 교회에는 바울의 말하는 방식에 대해서 비판한 사람들이 있었다. 그러나 바울은 말하는 사람의 신체적 모습이나 표현력이 중요한 것이 아니라 "예수 그리스도와 그가 십자가에 못 박히신 것"이 가장 중요한 지식이라고 답한다. 바울은 빌립보서 3:7-8에서 "그러나 무엇이든지 내게 유익하던 것을 내가 그리스도를 위하여 다 해로 여길뿐더러 또한 모든 것을 해로 여김은 내 주 그리스도 '예수를 아는 지식'이 가장 고상하기 때문이라 내가 그를 위하여 모든 것을 잃어버리고 배설물로 여김은 그리스도를 얻고"라고 밝힌다. 예수 그리스도의 십자가를 통한 구원은 어떤 논리와 설득력으로도 이해시킬 수 없는 것이며 하나님만이 아시는 비밀이고 성령님의 나타나심과 능력으로만 수용되고 '아멘'할 수 있는 것이다.

바울은 참 겸손하고 진실된 사람이다. 밝히지 않아도 될 것을 밝힌다. 고린도 교회 회중 가운데 거할 때에 약하고 두려워하고 심히 떨었었다는 것이다(3절). 아마 외모와 언변과 어쩌면 복음전파로 말미암아 직면하게 될 위협 때문이었을 것이다. 고린도후서 10:10 말씀이다. "그들의 말이 그의 편지들은 무게가 있고 힘이 있으나 그가 몸으로 대할 때는 약하고 그 말도 시원하지 않다 하니." 바울의 외모와 언어적 표현력을 보잘 것 없다고 본 것이다. 바울은 겉모습으로 한 몫 하는 훤칠한 사람도, 논리를 구사하는 궤변가나 아름다운 말을 늘어놓는 달변가가 아니었다. 그는 오직 예수 그리스도의 복음을 전하는 설교자였다. 바울은 자신은 죽고 그리스도가 살기를 원한 사람이었다. 그래서 나름 훌륭한 교육은 받았지만 바울은 성령님을 의지하고 하나님의 능력을 구했다.

오늘 우리의 약함은 무엇이고 강함은 어디에서 오는 것인가? 나의 외모나 가진 것이나 가문이나 이력이나 태생적 열심에서인가? 우리 역시 자신을 평가할 때 정말 고려해야 할 것은 내가 가진 것이 무엇인지가 아니라, 내가 성령 안에 있는지, 하나님의 증언이신 예수 그리스도를 올바르게 전하는지, 하나님의 능력을 의지하는지의 여부이다. "하나님의 능력(뒤나미스)"은 세상의 어떤 것과 다른 능력이다. 모든 연약한 것과 두려움을 극복하게 하는 담대함이며 새로운 삶을 주는 용기이며 죽음을 생명으로 이끄는 복음의 감화력이다. 바울 사도가 그랬던 것처럼, 하나님께서는 오늘의 신앙인이 철저히 예수 그리스도 중심적이고 철저히 성령을 의지하고 철저히 하나님의 뜻을 따르기를 원하신다.

바울은 주제를 바꾸어 "은밀한 가운데 있는 하나님의 지혜"에 대해 말한다(5-6절). 사도 바울은 헬라의 고린도 교회의 문제를 잘 알고 "...헬라인은 지혜를 찾으나 우리는 십자가에 못 박힌 그리스도를 전하니...그리스도는 하나님의 능력이요 하나님의 지혜"(고전 1:22-24)이며 "예수는 하나님으로부터 나와서 우리에게 지혜와 의로움과 거룩함과 구원함이 되셨다"고 한 바 있다(고전 1:30). 하나님의 지혜는 사람들에게 감추어져 있고 만세 전에 미리 정한 것이며 하나님을 사랑하는 자들을 위하여 예비하신 것이다. 세상의 어떤 누가 이러한 하나님의 비밀을 알 수 있는 지혜를 갖고 있는가! 고린도 교회 일부가 주장하는 그런 인간의 지혜가 하나님의 감추어진 것을 아는데 무슨 소용이 있겠는가! 하나님과 분리된 세상의 어떤 지혜도 세상의 어떤 통치자라도 하나님의 지혜에 도달할 수도 그 지혜를 알 수도 없다(6절).

"오직 하나님의 성령"이 하나님의 은밀한 지혜를 보여주신다(10절). 하나님의 일은 하나님께로 부터 온 분이며 하나님의 영이신 성령 외에는 누구도 알지 못한다. 그러므로 하나님으로 부터 온 영을 받은 사람만이 하나님의 깊은 뜻과 은밀한 지혜를 알 수 있다. 오직 성령님만이 하나님께서 예수 그리스도를 통해 우리에게 베푸신 은혜를 알 수 있게 하신다. 그러므로 참 지혜는 세상의 지혜가 아니라 성령께서 주시는 지혜이다.

당연히 육에 속한 사람, 즉 세상에 속한 그 누구라도 하나님의 일들을 알지도 못하고 받을 수도 없다. 그들의 이성과 경험으로는 십자가의 구원의 도가 미련한 것으로 보이기 때문이다. 그러나 성령의 사람은 독생자를 내어주신 하나님 아버지의 사랑과 십자가에 못 박히신 그리스도의 은혜를 알고 감격한다. 또한 성령님과 교제하고 의존하며 성령님의 감동하심에 따라 복음을 전하고 성령님의 인도하심에 따라 신앙인으로서의 삶을 보인다. 성령님의 교제와 역사를 통해 예수의 사람들은 경건의 모양보다는 경건의 능력을, 능숙하게 말을 늘어놓기 보다는 경건을 실천하며 살아간다.

주제와 연관된 성경공부와 말씀묵상 _

사람의 지혜인가 하나님의 능력인가?

본문 말씀(고린도전서 2:1–16)

1 형제들아 내가 너희에게 나아가 하나님의 증거를 전할 때에 말과 지혜의 아름다운 것으로 아니하였나니

2 내가 너희 중에서 예수 그리스도와 그가 십자가에 못 박히신 것 외에는 아무 것도 알지 아니하기로 작정하였음이라

3 내가 너희 가운데 거할 때에 약하고 두려워하고 심히 떨었노라

4 내 말과 내 전도함이 설득력 있는 지혜의 말로 하지 아니하고 다만 성령의 나타나심과 능력으로 하여

5 너희 믿음이 사람의 지혜에 있지 아니하고 다만 하나님의 능력에 있게 하려 하였노라
성령으로 보이셨다

6 그러나 우리가 온전한 자들 중에서는 지혜를 말하노니 이는 이 세상의 지혜가 아니요 또 이 세상에
서 없어질 통치자들의 지혜도 아니요
7 오직 은밀한 가운데 있는 하나님의 지혜를 말하는 것으로서 곧 감추어졌던 것인데 하나님이 우리
의 영광을 위하여 만세 전에 미리 정하신 것이라
8 이 지혜는 이 세대의 통치자들이 한 사람도 알지 못하였나니 만일 알았더라면 영광의 주를 십자가
에 못 박지 아니하였으리라
9 기록된 바 하나님이 자기를 사랑하는 자들을 위하여 예비하신 모든 것은 눈으로 보지 못하고 귀로
듣지 못하고 사람의 마음으로 생각하지도 못하였다 함과 같으니라
10 오직 하나님이 성령으로 이것을 우리에게 보이셨으니 성령은 모든 것 곧 하나님의 깊은 것까지도
통달하시느니라
11 사람의 일을 사람의 속에 있는 영 외에 누가 알리요 이와 같이 하나님의 일도 하나님의 영 외에는
아무도 알지 못하느니라
12 우리가 세상의 영을 받지 아니하고 오직 하나님으로부터 온 영을 받았으니 이는 우리로 하여금 하
나님께서 우리에게 은혜로 주신 것들을 알게 하려 하심이라
13 우리가 이것을 말하거니와 사람의 지혜가 가르친 말로 아니하고 오직 성령께서 가르치신 것으로
하니 영적인 일은 영적인 것으로 분별하느니라
14 육에 속한 사람은 하나님의 성령의 일들을 받지 아니하나니 이는 그것들이 그에게는 어리석게 보
임이요, 또 그는 그것들을 알 수도 없나니 그러한 일은 영적으로 분별되기 때문이라
15 신령한 자는 모든 것을 판단하나 자기는 아무에게도 판단을 받지 아니하느니라
16 누가 주의 마음을 알아서 주를 가르치겠느냐 그러나 우리가 그리스도의 마음을 가졌느니라

기도요점

다양한 가치관과 물질주의가 편만한 이 세상에서 항상 믿음을 유지하기 위해 기도한다. 십자가에 달리신 예수 그리스도 외에는 자랑을 말게 해 달라고 기도한다. 세상을 이기고 나를 이기기 위해 늘 하나님의 능력을 간구한다. 중요한 일을 결정할 때 겸손한 마음으로 성령님께 지혜를 구한다. 늘 성령 충만하여 하나님의 뜻을 분별하고 하나님이 원하시는 삶을 살 것을 결단한다.

도움의 말

고린도 교회는 헬라의 대표적인 도시인 고린도에 있는 신앙공동체이다. 바울이 제2차 선교여행 중 고

린도에서 약 1년 반 동안 머물었을 때 세운 교회이다(고전 18:1). 고린도는 아덴(아테네) 서쪽 64킬로미터 지점에 위치하며 펠로폰네소스 반도의 아가야 주의 수도이다. 지중해 해상 교역의 중심지였다. 항구라는 특성과 다양한 문화와 종교가 교류하고 혼재된 곳이므로 우상숭배와 음행이 넘치는 곳이기도 했다. 고린도에서는 대규모 운동 경기가 열렸다. 바울은 고린도전서 9:24-27에서 운동장에서 달음질하는 사람, 이기기를 다투는 자의 절제, 허공을 치지 않는 싸움, 한 사람만이 받는 면류관, 패배자의 버림받음에 대해서 말한다. 이는 그곳에서 열리는 경기를 고린도 교회 성도들이 잘 알기 때문에 예를 들어 신앙생활을 설명한 것이다. 바울은 천막제조자로서 경기 보러 온 사람들에게 천막으로 된 임시 숙소를 제공했던 것으로 보인다. 당시 헬라에는 올림피안 경기, 피티안(Pythian) 경기, 네미안(Nemean) 경기, 이스트미안(Isthmian) 경기 등 4대 경기가 열렸다. 이스트미안 경기는 2년에 한 번씩 고린도에서 열렸다고 한다.

고린도 교회는 어떤 다른 교회보다도 많은 문제점을 보인 교회이다. 먼저 고린도 사회의 사상과 모습이 교회에도 그대로 유입되었다. 첫째, 고린도 교회에는 파벌이 있었다(고전 1:10-12; 3:4-9). 바울파, 아볼로파, 게바파, 그리스도파가 서로 분쟁했다. 둘째, 도덕적 패륜이 있었다(고전 5:1-5; 참고. 레 18:8; 신 27:20). 아버지의 아내라고 한 것은 친 모친이 아닌 계모와의 통간을 말한다. 고린도 사회의 자유로운 성관계가 영향을 미쳤을 것이다. 바울은 누룩의 위험성을 언급하며 묵은 누룩을 내버리라 한다(고전 5:6-7). 셋째, 교우들 간에 세속 법정에서의 송사가 있었다(고전 6:1-8). 다툼은 도적질이나 탐욕이나 모욕이나 속임수로 인해 일어난다(6:10). 성령 안에서 씻음과 거룩함과 의롭다 하심을 받은 자들이 그런 행동을 해서는 안 된다고 강조한다(6:11). 넷째, 바울은 "여자는 교회에서 잠잠하라"고 한다(고전 14:34-35). 어떤 여성들로 인해 교회가 시끄러웠음을 추정할 수 있다. 그러나 바울 사도가 이렇게 말한 배경이 무엇인지는 알려지지 않는다. 당시의 여성들이 남자들만큼 충분한 교육을 받지 못한 상태에서 설교하거나 가르치려고 하는 것을 금한 것인지, 35절의 "배우려거든 집에서 자기 남편에게 물을지니"에서 보듯 절제 없는 발언이나 질문에 대해 말한 것인지, 율법을 기준으로 든 것에서 보듯(34절) 남성에게만 설교하는 것과 가르침이 허락된 것이라고 한 것인지, 또 다른 어떤 이유가 있는 것인지 분명치 않다. 그러나 사도 바울이 다른 곳에서 주 안에서 남녀평등 함(갈 3:28; 고전 11:11-12)과 복음 전파에서의 여성 지도력을 언급한 것으로 볼 때(행 18:24-26; 롬 16; 고전 11:5), 여성 일반의 말씀선포와 가르침을 금한 것은 아닌 것으로 보인다. 고린도 교회의 특수한 상황에서 한 말씀일 가능성이 높다. 다섯째, 헬라의 지혜를 성경이나 사도의 증언보다 높이 평가하는 경향이 있었다(고전 1:20-21; 2:5; 10). 고린도는 철학자의 도시이며 세상 지혜를 숭상하는 곳이고 이방 사상들이 교류되는 곳이었으므로, 세속 지혜의 관점에서 십자가를 통한 구원은 논리적으로 말이 되지 않고 어리석은 것으로 보였을 것이다.

고린도 교회에는 신앙적으로도 여러 가지 혼란상을 보인다. 첫째, 어린아이 같이 성숙되지 못한 신앙이 계속되었다(고전 3:11-12). 둘째, 믿지 않는 자와의 결혼에 관해서 논쟁이 있었다(고전 7:1-40). 셋째, 우상숭배와 관련된 음식으로 이견이 있었다(고전 8:1-13). 신전에 드린 음식이 시장으로 나왔을 것이고 이것을 먹는 것에 대해 빈부 간과 율법에 대한 해석에 이견이 있었을 것이다. 넷째, 바울의 사도권을 의심하는 사람들이 있었다(고전 9:1-2). 바울이 예수님의 공생애 동안 함께 다닌 사도가 아니었기 때문이다. 다섯째, 예배 때 여인이 머리에 수건을 써야 하는지 이견이 있었다(고전 11:1-16). 바울은 구약성경의 인습을 고려해서 수건으로 머리를 덮을 것을 권면한다. 여섯째, 애찬(교회식사)을 행할 때 빈궁한 자들을 부끄럽게 만드는 일이 있었다(고전 11:20-34). 애찬은 사랑의 교제와 예수를 기리는 것이 중심이 되어야 하는데 식사 문제가 된 것을 지적한 것이다. 일곱째, 성령의 은사, 특히 방언으로 인한 혼란이 있었다(고전 12:10-11, 30; 13:1; 14:1-40). "적당하게 하고 질서대로 하라"(고전 14:40)는 말씀은 어떤 은사든지 상황이나 장소에 걸맞게(properly[NAS]; fitting[NIV]) 행하라, 혹은 품위를 갖추고(decently[KJV, NRS]) 행하라는 뜻이다. 여덟째, 몸의 부활에 대한 의심이 있었다(고전 15:35-36). 아홉째, 거짓사도들의 미혹이 있었다(고후 11:3, 13-15).

이처럼 교린도 교회는 고린도 사회의 영향에 흔들렸고 영적으로도 혼란스러운 교회였다. 바울은 하나님의 비밀에 대한 증언과 하나님의 능력, 예수 그리스도에 의한 구원, 성령님의 지혜와 조명이 신앙생활에 핵심적인 것을 말씀한다. 다음은 하나님의 지혜와 지식의 풍성함과 깊음에 대한 바울 사도의 고백이다.

> [33] 깊도다 하나님의 지혜와 지식의 풍성함이여, 그의 판단은 헤아리지 못할 것이며 그의 길은 찾지 못할 것이로다 [34] 누가 주의 마음을 알았느냐 누가 그의 모사가 되었느냐 [35] 누가 주께 먼저 드려서 갚으심을 받겠느냐 [6] 이는 만물이 주에게서 나오고 주로 말미암고 주에게로 돌아감이라 그에게 영광이 세세에 있을지어다 아멘(롬 11:33-36)

오늘도 교회는 어리석게 보이는 로마의 한 사형수인 예수님의 십자가를 가장 높은 곳에 둔다. 우리 신앙인은 마음 가장 깊은 곳에 십자가를 간직하고 예수님을 사랑하며 섬긴다. 세상에 사는 사람으로 세상의 조류에 영향을 받지 않을 수 없으나, 무엇보다 하나님 말씀에 굳게 서고 하나님께서 특별히 보내주신 성령님을 의지하고 인도를 받으면서 예수의 사람으로 살아간다.

묵상 나누기

위에서 묵상한 내용을 간략히 기록하고 함께 나눈다.

찬송

"죄에서 자유를 얻게 함은"(268장)

41. 성령의 검 하나님의 말씀을 가지라(엡 6:10-20)

주제와 연관된 질문 _

1. 성령의 검, 하나님의 말씀을 가지라고 바울이 권고하는데, 그 까닭을 성경말씀과 도움의 말을 통하여 살펴보자.
2. 하나님의 말씀을 얼마나 자주 읽고 있는지 서로 나눠보자.
3. 바울이 주 안에서와 그 힘의 능력으로 강건하여지고 마귀의 간계를 능히 대적하기 위하여 하나님의 전신 갑주를 입으라 하는데, 여기서 말하는 전신 갑주를 에베소 6:12-20에서 찾아보자.

주제 내용 _

바울은 에베소서를 맺으면서 "우리 그리스도인에게 주 안에서와 그 힘의 능력으로 강건하여지고 마귀의 간계를 능히 대적하기 위하여 하나님의 전신 갑주를 입으라" 권한다. 여기서 바울은 마귀의 간계를 능히 대적하기 위하여 우리에게 두 가지를 권하는데, 하나는 주 안에서 강건하여지라고 권한다. 이는 그리스도와의 연합을 통하여 그리스도께서 주시는 은혜에 의하여 주의 뜻에 순종함으로 강건해지는 것을 뜻한다. 다른 하나는 그 힘의 능력으로 강건해지기를 권한다. 하나님께서 그리스도를 부활시키고 고양시키신 것과 마찬가지로 그리스도는 우리를 죄와 죽음의 속박에서 구원하시고 성령을 통해서 강건하게 하신다. 이와 함께 바울은 마귀의 간계를 대적하려면 하나님의 전신 갑주를 입어야 영적싸움을 할 수 있음을 강조한다. 여기서 말하는 전신갑주는 싸움에 나가는 군인이 방어와 공격할 수 있는 모든 장비를 가리키는데, 이는 하나님으로부터 오는 전신 갑주이다. 에베소교회의 영적싸움의 대상은 마귀의 궤계이다. '마귀'는 적대세력의 우두머리이며, '궤계'는 간사한 유혹과 계략으로 나타난다. 이러한 마귀의 궤계는 인간의 배후에서 유혹함으로써 그리스도인만이 아니라 교회를 분열시킨다. 물론 우리 주 예수 그리스도는 마귀에 대하여 이미 승리하셨으나 아직 궁극적으로 승리는 성취되지 않았기에 우리 그리스도인은 궁극적 승리가 이뤄질 때까지 대적자들과 영적 싸움을 한다.

그런데 우리의 씨름은 혈과 육을 상대하는 것이 아니다. 우리의 영적 싸움의 전투의 대상은 유한하고 연약한 인간의 본성인 '혈과 육'이 아니라 악한 영적 세력들이다. 즉 통치자들과 권세들과 이 어둠의 세상 주관자들과 하늘에 있는 악의 영들을 상대한다. 이런 악한 영적 세력들은 하나님의 전신 갑주를 입은 자들에게는 위협이나 해가 될 수 없으나 그렇지 못한 자들에게는 계속적으로 위험한 존재가 된다. 그리스도께서는 이런 영적 세력들을 이 세상뿐만 아니라 오는 세상에서도 완전히 정복하시고 무릎을 꿇게 하셨다(빌 2:10).

이 어두움의 세상 주관자들의 특징은 '어두움'이다. '어두움'은 에베소 교인들이 그리스도를 영접하기 이전에 악이 지배하던 삶을 가리키며, 현세대나 이 세상을 가리키기도 한다. 하늘에 있는 악의 영들은 '악한 영들'이라는 의미이다. '하늘에 있는'은 불순종의 아들들을 지배하는 영이 거하는 '공중'과 같은 의미로서 이는 '악한 영들'이 초자연적 영역의 존재들임을 시사한다. 그러므로 바울은 우리에게 하나님의 전신 갑주를 취하라 명한다. 그 이유는 그리스도인들의 전투가 단순히 인간과의 싸움이 아니라 하늘의 영적 존재들과의 싸움이기 때문이다. 이는 악한 날에 너희가 능히 대적하고 모든 일을 행한 후에 서기 위함이라고 바울이 말한다. 여기서 '악한 날에'란 현재와 미래 즉 종말의 날에 마귀의 궤계가 기승을 부리는 날을 가리킨다. 한편 모든 일을 '행한' 후에 서기 위함이라 하는데, 이는 '영적 투쟁을 위한 모든 준비를 행한 후' 곧 "하나님의 전신갑주를 입은 후'라는 의미이다.

주제와 연관된 성경공부와 말씀묵상 _

마귀를 대적하는 싸움

본문 말씀(에베소 6:10-20)

10 끝으로 너희가 주 안에서와 그 힘의 능력으로 강건하여지고

11 마귀의 간계를 능히 대적하기 위하여 하나님의 전신 갑주를 입으라

12 우리의 씨름은 혈과 육을 상대하는 것이 아니요 통치자들과 권세들과 이 어둠의 세상 주관자들과

하늘에 있는 악의 영들을 상대함이라
13 그러므로 하나님의 전신 갑주를 취하라 이는 악한 날에 너희가 능히 대적하고 모든 일을 행한 후에
서기 위함이라
14 그런즉 서서 진리로 너희 허리 띠를 띠고 의의 호심경을 붙이고
15 평안의 복음이 준비한 것으로 신을 신고
16 모든 것 위에 믿음의 방패를 가지고 이로써 능히 악한 자의 모든 불화살을 소멸하고
17 구원의 투구와 성령의 검 곧 하나님의 말씀을 가지라
18 모든 기도와 간구를 하되 항상 성령 안에서 기도하고 이를 위하여 깨어 구하기를 항상 힘쓰며 여러
성도를 위하여 구하라
19 또 나를 위하여 구할 것은 내게 말씀을 주사 나로 입을 열어 복음의 비밀을 담대히 알리게 하옵소
서 할 것이니
20 이 일을 위하여 내가 쇠사슬에 매인 사신이 된 것은 나로 이 일에 당연히 할 말을 담대히 하게 하려
하심이라

기도요점

12절에서 우리의 씨름은 혈과 육을 상대하는 것이 아니요 통치자들과 권세들과 이 어둠의 세상 주관자들과 하늘에 있는 악의 영들을 상대함이므로 준비해야 된 것은 무엇이며, 이를 준비하는 목적은 무엇인가? 모든 기도와 간구를 하되 항상 성령 안에서 기도하고 이를 위하여 깨어 구하기를 항상 힘쓰라 하면서 누구를 위하여 그리고 무엇을 위하여 기도하라고 권면하는가?

도움의 말

영적 싸움을 하는데 있어서 우선 서서 진리로 너희 허리띠를 띠고 의의 호심경을 붙이라 한다. 당시 발목까지 내려오는 긴 옷을 입었기에 영적 전투를 위해 진리 즉 진실함과 충실함으로 긴 의복을 잡아매라 권한다. 그 까닭은 이사야 11:5에서 "공의로 그 허리띠를 삼으며 성실로 몸의 띠를 삼으리라"고 기술하여 메시야에게 적용되기 때문이다. 그리고 '의의 흉배'를 붙이라 권하는데, 여기서 흉배는 목에서 허벅다리까지 가리고 가슴과 폐를 보호한다. 이는 이사야 59:17에서 하나님께 적용되고 있는데, 여기서 '의'는 그리스도로 인한 칭의가 아니라 올바르고 선한 도덕적 완전함을 의미한다.
마귀의 궤계를 대항하기 위하여 입어야 되는 전신갑주는 평안의 복음이 준비한 것으로 "신을 신으라" 권한다. 여기서 '평안의 복음'은 우리의 평화이신 그리스도 안에서 구현된 것으로 하나님과 인간의 화

해와 인간과 인간 사이의 화해를 초래했다. 그 결과 이 복음을 통해서 그리스도인들은 원수 관계에 있던 하나님과 화해가 이루어지게 되었을 뿐만 아니라 유대인과 이방인 사이의 벽이 허물어져 우주적 통일성이 이루어지게 되었다.

"모든 것 위에 믿음의 방패를 가지고 이로써 능히 악한 자의 모든 불화살을 소멸하라" 권한다. 여기서 믿음의 방패는 온몸을 가릴 수 있는 긴 방패를 가리킨다. 그리스도인들이 마귀와 영적 전투를 함에 있어서 방패는 '믿음'이다. '믿음'은 그리스도의 능력을 의지하는 온전한 신뢰를 의미한다. 이어 구원의 투구와 성령의 검 곧 하나님의 말씀을 가지라 권하는데, '구원의 투구'는 이미 실현된 구원을 가리킨다. 왜냐하면 에베소 교인들이 이미 구원을 얻은 것으로 나타나기 때문이다. 하나님께서 예수 그리스도 안에서 주신 구원은 악한 세력과의 전투에서 그리스도인들을 보호하는 전신 갑주 중 하나이다.

그리고 "성령의 검 곧 하나님의 말씀을 가지라"하는데, 전신 갑주 중에서 유일한 무기는 '성령의 검'이다. '성령의 검'은 '하나님의 말씀'이며, 이는 성령에 의해서 주어진다. 이와 함께 모든 기도와 간구를 하되 항상 성령 안에서 기도하고 이를 위하여 깨어 구하기를 항상 힘쓰며 여러 성도를 위하여 구하라 권한다. 바울은 '기도하고'와 '깨어있기'를 권면하는데, 이는 전신 갑주의 종류는 아니나 14절의 '서서'와 연결된다. 먼저, 바울은 '성령 안에서 기도하기'를 권면한다. '성령 안에서'는 성령의 능력 안에서 성령의 도우심으로 기도하는 것을 말한다. 이러한 기도가 필요한 때에 대해서 바울은 '무시로' 기도하라 권한다. 다음으로, 바울은 '깨어있기'를 권면한다. 그리스도인들이 깨어 있어야 하는 이유는 기도하기 위함이다. 또 여러 성도를 위하여 구하고 또 나를 위하여 구할 것은 내게 말씀을 주사 나로 입을 열어 복음의 비밀을 담대히 알리게 할 수 있도록 기도해 줄 것을 권한다. 이 일을 위하여 내가 쇠사슬에 매인 사신이 된 것은 나로 이 일에 당연히 할 말을 담대히 하게 하려 하심이라고 바울이 증언한다. 바울은 자신이 투옥된 이유가 복음을 당연히 그리고 담대히 전파하기 위함이라고 에베소 교인들에게 밝히고 있다.

묵상 나누기

위에서 묵상한 내용을 간략히 기록하고 함께 나눈다.

찬송

"마귀들과 싸울지라"(348장)

42. 성령의 거룩하게 하심으로 택하심을 받은 자들에게 (벧전 1:2-12)

주제와 연관된 질문 _

1. 베드로가 곧 하나님 아버지의 미리 아심을 따라 성령이 거룩하게 하심으로 순종함과 예수 그리스도의 피 뿌림을 얻기 위하여 택하심을 받은 자들에게 편지하면서 그의 수신자에게한 축복의 말씀은?
2. 위의 말씀에서 '예수 그리스도의 피 뿌림'이 의미하는 바는?
3. 위의 말씀에서 '예수 그리스도의 피 뿌림'을 얻기 위하여 택하심을 받은 자들이란 누구인가?

주제 내용 _

예수 그리스도의 구속사역을 전파하기 위해 예수 그리스도에 의하여 보내심을 입은 베드로가 본도, 갈라디아, 갑바도기아, 아시아와 비두니아, 즉 소아시아에 흩어진 나그네에게 그의 서신, 베드로전서를 보낸다. 여기서 '나그네'란 곧 그리스도의 복음을 받아드린 그리스도인으로서 순종함과 예수 그리스도의 피 뿌림을 얻기 위하여 택하심을 받은 자들이다. 이에 그리스도의 복음을 받아들인 그리스도인들에게 하나님에 대한 봉사와 순종이 뒤따른다. 이를 통해 그리스도인으로서 계속하여 성장해 간다. 그리고 '예수 그리스도의 피 뿌림'은 구약 시대의 제사 의식을 암시하는 것으로서 그리스도의 대속적인 죽음을 가리킨다. 그리스도의 피는 새 언약의 매개체로서 이 피를 통해 그리스도인들은 구속함을 받았으며 하나님 앞에 담대하고 자유롭게 나아갈 수 있게 되었다.

베드로가 "우리 주 예수 그리스도의 아버지 하나님을 찬송하리로다"라 하는데, 그 이유는 하나님의 많으신 긍휼대로 예수 그리스도를 죽은 자 가운데서 부활하게 하셨고, 이로 말미암아 하나님 아버지의 미리 아심을 따라 성령이 거룩하게 하심으로 우리 그리스도인을 거듭나게 하사 산 소망이 있게 하셨기 때문이다. 우리 그리스도인들은 거듭남을 통해서 그리스도께서 죽은 자 가운데서 부활하여 소유하신 생명과 같은 영원한 생명에 참여하게 되었으니 산 소망을 가진 자이다. 이같은 산 소망은 우리 그리스도인으로 하여금 그리스도 예수님의 부활로 말미암아 성령의 능력으로 거듭나게 된 산물이다.

"이에 하나님께서 우리 그리스도인을 썩지 않고 더럽지 않고 쇠하지 아니하는 유업을 잇게 하시나니 곧 너희를 위하여 하늘에 간직하신 것이라"고 베드로가 이른다. 여기서 '기업'은 그리스도인이 하나님의 자녀와 상속자로서 현재에 누리는 것이 아니라 미래에 주어질 것을 가리키며 이때 성령은 미래에 그리스도인들에게 주어질 기업의 보증이 되신다. 우리 그리스도인에게 주어질 기업은 영원할 뿐만 아니라 전혀 손상되지 않으며 모든 위험으로부터 안전하다. 한편 "간직하신 것이라"는 의미는 이미 하나님께서 자기 백성을 위하여 기업을 마련해 두셨음을 뜻한다.

주제와 연관된 성경공부와 말씀묵상 _

산 소망이 있게 하시다

본문 말씀(베드로전서 1:2-12)

2 곧 하나님 아버지의 미리 아심을 따라 성령이 거룩하게 하심으로 순종함과 예수 그리스도의 피 뿌림을 얻기 위하여 택하심을 받은 자들에게 편지하노니 은혜와 평강이 너희에게 더욱 많을지어다

3 우리 주 예수 그리스도의 아버지 하나님을 찬송하리로다 그의 많으신 긍휼대로 예수 그리스도를 죽은 자 가운데서 부활하게 하심으로 말미암아 우리를 거듭나게 하사 산 소망이 있게 하시며

4 썩지 않고 더럽지 않고 쇠하지 아니하는 유업을 잇게 하시나니 곧 너희를 위하여 하늘에 간직하신 것이라

5 너희는 말세에 나타내기로 예비하신 구원을 얻기 위하여 믿음으로 말미암아 하나님의 능력으로 보호하심을 받았느니라

6 그러므로 너희가 이제 여러 가지 시험으로 말미암아 잠깐 근심하게 되지 않을 수 없으나 오히려 크게 기뻐하는도다

7 너희 믿음의 확실함은 불로 연단하여도 없어질 금보다 더 귀하여 예수 그리스도께서 나타나실 때에 칭찬과 영광과 존귀를 얻게 할 것이니라

8 예수를 너희가 보지 못하였으나 사랑하는도다 이제도 보지 못하나 믿고 말할 수 없는 영광스러운 즐거움으로 기뻐하니
9 믿음의 결국 곧 영혼의 구원을 받음이라
10 이 구원에 대하여는 너희에게 임할 은혜를 예언하던 선지자들이 연구하고 부지런히 살펴서
11 자기 속에 계신 그리스도의 영이 그 받으실 고난과 후에 받으실 영광을 미리 증언하여 누구를 또는 어떠한 때를 지시하시는지 상고하니라
12 이 섬긴 바가 자기를 위한 것이 아니요 너희를 위한 것임이 계시로 알게 되었으니 이것은 하늘로부터 보내신 성령을 힘입어 복음을 전하는 자들로 이제 너희에게 알린 것이요 천사들도 살펴 보기를 원하는 것이니라

기도요점

3-4절, "우리 주 예수 그리스도의 아버지 하나님을 찬송하리로다 그의 많으신 긍휼대로 예수 그리스도를 죽은 자 가운데서 부활하게 하심으로 말미암아 우리를 거듭나게 하사 산 소망이 있게 하시며 썩지 않고 더럽지 않고 쇠하지 아니하는 유업을 잇게 하시나니 곧 너희를 위하여 하늘에 간직하신 것이라"는 말씀을 묵상하자. 5-7절, "너희는 말세에 나타내기로 예비하신 구원을 얻기 위하여 믿음으로 말미암아 하나님의 능력으로 보호하심을 받았느니라 그러므로 너희가 이제 여러 가지 시험으로 말미암아 잠깐 근심하게 되지 않을 수 없으나 오히려 크게 기뻐하는도다 너희 믿음의 확실함은 불로 연단하여도 없어질 금보다 더 귀하여 예수 그리스도께서 나타나실 때에 칭찬과 영광과 존귀를 얻게 할 것이니라"는 말씀을 묵상하자. 11-12절, "자기 속에 계신 그리스도의 영이 그 받으실 고난과 후에 받으실 영광을 미리 증언하여 누구를 또는 어떠한 때를 지시하시는지 상고하니라 이 섬긴 바가 자기를 위한 것이 아니요 너희를 위한 것임이 계시로 알게 되었으니 이것은 하늘로부터 보내신 성령을 힘입어 복음을 전하는 자들로 이제 너희에게 알린 것이요 천사들도 살펴 보기를 원하는 것이니라"는 말씀을 묵상하자.

도움의 말

베드로가 "하나님 아버지의 미리 아심을 따라 성령이 거룩하게 하심으로 거듭난 너희는 그리스도의 구원이 온전히 성취되는 그리스도의 재림, 즉 말세에 나타내기로 예비하신 구원을 얻기 위하여 믿음으로 말미암아 하나님의 능력으로 보호하심을 받았다" 한다. 이는 나그네로 세상을 살아가는 그리스도인을 공격하는 사단을 막아주며 보호하시는 하나님의 손길을 나타내며, 종말에 하나님의 기업을 상속할 그리스도인들은 구원의 완성 때까지 하나님의 보호하심과 인도하심을 받는다는 것을 의미한다.

그러므로 "너희가 이제 여러 가지 시험으로 말미암아 잠깐 근심하게 되지 않을 수 없으나 오히려 크게 기뻐한다"에 이른다. 여기서 시험은 외부에서 다가오는 시험으로 상위 단계로 나아가기 위해 거쳐야 하는 시련을 의미한다. 그리스도인은 현재에 고난을 당하여 근심에 빠진다 할지라도 이러한 고난은 '잠시 동안만' 있을 것이며 그 후 종말에, 구원이 완성되는 재림의 때에는 현재 당하는 고난과 족히 비교할 수 없는 영광과 기업이 기다리기에 산 소망 가운데 기뻐할 수 있게 된다.

베드로는 그의 서신의 수신자들에게 너희 믿음의 확실함은 불로 연단하여도 없어질 금보다 더 귀하여 예수 그리스도께서 나타나실 때에 칭찬과 영광과 존귀를 얻게 할 것이라 칭찬한다. 여기서 베드로가 시련을 통한 믿음과 금을 비교하여 강조하는 바는 우선은 참된 믿음은 변하거나 소멸되지 않는다는 사실이다. 둘째로는 금이 불로 연단 받듯이 믿음도 시련을 통해 연단 받는다는 사실이다. 베드로는 이러한 강조점을 통해 고난당하는 수신자들을 위로하고 있다. 이러한 믿음은 그리스도의 재림의 날에 칭찬과 영광과 존귀를 얻게 된다.

이어 베드로는 "예수를 너희가 보지 못하였으나 사랑하는도다 이제도 보지 못하나 믿고 말할 수 없는 영광스러운 즐거움으로 기뻐하니"라고 표현한다. 이는 베드로 전서 수신자들이 비록 예수님을 보지 못하나 사랑하는 것과 마찬가지로 우리 그리스도인들도 장차 종말에 보상으로 주어질 영광과 존귀와 칭찬을 현재 볼 수 없다 할지라도 믿음으로 바라보며 즐거워하고 기뻐한다는 말씀이다. 또한 베드로는 '믿음의 결국 곧 영혼의 구원을 받음이라' 말하는데, 여기서 '믿음'이란 구원이 지금도 실현과정에 있지만 참된 믿음은 결국 종말에 이루어질 영원하며 온전한 구원이기 때문에, 현재 믿음을 소유한 것은 그리스도의 재림 때 주어질 상급을 소유하고 누리는 것과 동일하다. 그러나 실제적으로 온전히 완성되는 구원은 미래에 속해 있다. "이 구원에 대하여는 너희에게 임할 은혜를 예언하던 선지자들이 연구하고 부지런히 살펴서 자기 속에 계신 그리스도의 영이 그 받으실 고난과 후에 받으실 영광을 미리 증언하여 누구를 또는 어떠한 때를 지시하시는지 상고한다" 이른다. 여기서 '선지자들'은 그리스도의 고난과 영광을 직접 목격하지 못한 구약 시대의 선지자들을 가리킨다. 구약 시대의 예언자들은 메시야의 때에 대해서 간절히 알기를 원했으며 그것을 알기 위해 말씀을 연구하였다. 자기 속에 계신 그리스도의 영이 그 받으실 고난과 후에 받으실 영광을 미리 증언하여 누구를 또는 어떠한 때를 지시하시는지 상고하였는데, 그리스도를 증거 하는 것은 성령의 사역이므로 여기서 '그리스도의 영'은 성령을 의미한다. 성령께서 예언자들로 하여금 메시야의 때와 그가 받으실 고난과 영광에 대해 예언하게 하였다.

베드로는 선지자들의 "섬긴 바가 자기를 위한 것이 아니요 너희를 위한 것임이 계시로 알게 되었으니" 라고 말한다. 이는 예언자들이 간절히 알기를 원하며 열심히 상고하고 예언한 것은 예언의 내용 곧 메시야의 때에 대해 온전히 이해할 수 없었기에 예언자 자신과 당대 사람들을 위한 것이라기보다는 후대의 그리스도인들을 위한 것이었음을 뜻한다. "이것은 하늘로부터 보내신 성령을 힘입어 복음을 전하는 자들로 이제 너희에게 알린 것이요 천사들도 살펴보기를 원하는 것이라"고 베드로가 말한다. 이처럼 구약 시대의 예언자들이 성령의 지시하심을 따라 말씀을 상고하여 메시야의 고난과 영광을 예언하였던 바와 같이 신약 시대에 복음을 전하는 이들도 성령을 힘입어 메시야의 고난과 영광 즉 복음을 그리스도인들에게 전하였다. 이것은 천사들도 살펴보기를 원하는 것이라 이르는데, 이는 천사들은 본래 하나님의 계획을 전달하는 존재이기에 인간보다 훨씬 더 깊은 뜻을 알 수 있지만 구원의 계획은 너무도 오묘하여서 제대로 파악할 수 없다. 그들은 그리스도를 통한 하나님의 구속 사역이 실현되어 하나님의 계획이 공개되고 선포될 때에야 비로소 깨닫는다. 그들은 예수님의 초기 지상 생활을 지켜보았으며 구속이 완성될 때에는 찬양으로 기뻐할 것이다.

묵상 나누기

위에서 묵상한 내용을 간략히 기록하고 함께 나눈다.

찬송

"우리가 지금은 나그네 되어도"(508장)

43. 영을 우리에게 부어 주시리니(사 32:9-20)

주제와 연관된 질문 _

1. 하나님의 백성들의 죄악으로 인하여 그들의 땅에 임하는 재난은?
2. 하나님의 진노는 땅의 황폐함으로 끝나지 않고, 희락의 성읍, 기쁨이 넘치는 모든 집에까지 미칠 것으로 인하여 나타나는 증상들은(이사야 32:13-14절 참조)?
3. 그러나 마침내 위에서부터 영을 우리에게 부어 주시리니 이로 인하여 우리 땅에 임하는 것은?

주제 내용 _

추수 절기에 춤을 추는 유다여인들을 이사야는 안일하고 염려 없는 여인들이라 말한다. 그들은 풍족한 수확의 기대와 즐거움으로 말미암아 앞으로 올 재난에 대하여는 전혀 예상하지 않는다. 그렇기 때문에 이사야는 안일한 여인들아 일어나 내 목소리를 들으라고 촉구한다. 그의 목소리는 일 년 남짓 지나면 포도 수확이 없으므로 그들은 당황할 것이며, 이러한 재난으로 그들은 평상복을 벗고 베로 허리를 동이고 가슴을 칠 것이라는 예언이다. 이는 고대 근동에서 큰 재난을 당했을 때 슬픔을 나타내는 관습이었다. 이전에 풍성한 곡식을 산출한 밭과 열매 많은 포도나무가 황폐하게 변하므로 인하여 그들은 가슴을 치게 될 것이다.

하나님 백성의 죄악으로 말미암아 젖과 꿀이 흐르고 기름진 그들의 땅에 가시와 찔레가 난다고 이사야가 예언한다. 그들에 대한 하나님의 진노는 땅의 황폐함으로 끝나지 않고, 희락의 성읍, 기쁨이 넘치는 모든 집에까지 미칠 것이라고 이사야가 예언한다. 그는 이를 구체적으로 세 가지로 말하는데, 첫째는 궁전이 폐한 바 되고, 둘째는 인구 많던 성읍이 적막할 것이라고 말한다. 마지막 세 번째는 오벨과 망대가 영원히 굴혈(바위나 땅위에 깊숙하게 파인 굴)이 되어 들나귀가 즐기는 곳과 양 떼의 초장이 될 것이라 말한다. 그러나 마침내 위에서부터 영을 부어 주시어 광야가 아름다운 밭이 되며 아름다운 밭을 숲으로 여기게 될 것이라 이사야가 예언한다. 이는 하나님께서 주인이 되시어 인간을 다스리실 때 땅이 풍요하며, 각 집마다 기쁨을 누리며, 더 나아가 나라 전체에 평안이 편만할 것이라는 예언이다.

주제와 연관된 성경공부와 말씀묵상 _

심판과 회복

본문 말씀(이사야 32:9-20)

9 너희 안일한 여인들아 일어나 내 목소리를 들을지어다 너희 염려 없는 딸들아 내 말에 귀를 기울일지어다

10 너희 염려 없는 여자들아 일 년 남짓 지나면 너희가 당황하리니 포도 수확이 없으며 열매 거두는 일이 이르지 않을 것임이라

11 너희 안일한 여자들아 떨지어다 너희 염려 없는 자들아 당황할지어다 옷을 벗어 몸을 드러내고 베로 허리를 동일지어다

12 그들은 좋은 밭으로 인하여 열매 많은 포도나무로 인하여 가슴을 치게 될 것이니라

13 내 백성의 땅에 가시와 찔레가 나며 희락의 성읍, 기뻐하는 모든 집에 나리니

14 대저 궁전이 폐한 바 되며 인구 많던 성읍이 적막하며 오벨과 망대가 영원히 굴혈이 되며 들나귀가 즐기는 곳과 양 떼의 초장이 되려니와

15 마침내 위에서부터 영을 우리에게 부어 주시리니 광야가 아름다운 밭이 되며 아름다운 밭을 숲으로 여기게 되리라

16 그 때에 정의가 광야에 거하며 공의가 아름다운 밭에 거하리니

17 공의의 열매는 화평이요 공의의 결과는 영원한 평안과 안전이라

18 내 백성이 화평한 집과 안전한 거처와 조용히 쉬는 곳에 있으려니와

19 그 숲은 우박에 상하고 성읍은 파괴되리라

20 모든 물 가에 씨를 뿌리고 소와 나귀를 그리로 모는 너희는 복이 있느니라

기도요점

15-17절, "마침내 위에서부터 영을 우리에게 부어 주시리니 광야가 아름다운 밭이 되며 아름다운 밭을 숲으로 여기게 되리라 그 때에 정의가 광야에 거하며 공의가 아름다운 밭에 거하리니 공의의 열매는 화평이요 공의의 결과는 영원한 평안과 안전이라"는 말씀을 묵상하자.

도움의 말

이사야의 예언처럼 위에서부터 영을 부어 주시어 의와 공의의 하나님 나라는 물질의 풍요로운 축복과 더불어 위로부터 부어 주시는 영으로 변화될 하나님 백성들의 삶의 변화가 동반된다. 하나님의 영으로 변화된 광야에 정의가 거하며 공의가 아름다운 밭에 거할 것이라고 이사야가 예언하는데, 이는 의와 공평이 그들의 온 땅에 편만할 것이라는 예언이다. 이러한 정의와 공평은 하나님을 높이며 다른 사람의 권리를 존중하는 율법의 기본의무와 깊이 관련되는 여호와 하나님의 의로운 나라의 특성이다. 이어서 이사야는 공의의 열매는 화평이며, 공의의 결과는 영원한 평안과 안전이라고 예언한다. 이 예언은 참되고 영원한 안전과 평안은 오로지 하나님과의 올바른 관계에서만 주어진다는 말씀이다.

여호와 하나님의 의로우신 다스림에 전적으로 순종하는 하나님의 백성은 화평한 집, 안전한 거처와 조용히 쉬는 곳에 거하는 복을 누릴 것이라고 이사야가 예언한다. 이어서 그는 숲이 우박에 상하고 성읍이 파괴될지라도 하나님 백성은 모든 물가에 씨를 뿌리고 소와 나귀를 그리로 모는 복을 누릴 것이라 예언한다. 이는 물기 마를 걱정을 할 필요가 없는 땅에 그들이 뿌린 씨앗이 풍성한 수확을 결실할 것이라는 예언이다. 이처럼 비옥한 땅에서 수확한 풍성한 결실 때문에 그들은 일찍 나온 잎들을 소와 나귀들에게 뜯어 먹게 한다. 이와 같은 풍성한 결실을 성경에서는 하나님의 복 주심의 결과로 묘사한다.

묵상 나누기

위에서 묵상한 내용을 간략히 기록하고 함께 나눈다.

찬송

"공중 나는 새를 보라"(588장)

44. 내가 나의 영을 그에게 주었은즉 그가 이방에 정의를 베풀리라(사 42:1-9)

주제와 연관된 질문 _

1. 여호와께서 이사야를 통하여 "내가 붙드는 나의 종, 내 마음에 기뻐하는 자 곧 내가 택한 사람을 보라 내가 나의 영을 그에게 주었은 즉 그가 이방에 정의를 베풀리라" 이르시는데, 여기서 여호와의 영을 받은 자는?
2. 여호와의 마음에 기뻐하는자, 곧 여호와가 택한 사람에게 여호의 영을 그에게 주신 목적은?
3. 여호와께서 여호와의 영을 주신 그와 자신과의 관계는?

주제 내용 _

여호와께서 이사야를 통하여 내가 붙드는 나의 종, 내 마음에 기뻐하는 자 곧 내가 택한 사람을 보라 내가 나의 영을 그에게 주었은즉 그가 이방에 정의를 베풀리라고 이르신다. 여기서 '나의 종'과 '내가 택한 사람'은 동격인데, 전자는 구약에서 하나님의 부르심을 받아 주워진 사명을 감당하였던 아브라함이나 모세 혹은 다윗과 같은 이들에게 자주 사용되었다. 후자는 곧 하나님의 신을 받은 자로 묘사되고 있는데 이는 이상적인 통치자 곧 메시야를 가리키는 것으로 이해된다. 이같이 여호와께서 붙드시는 나의 종 내 마음에 기뻐하는 자, 곧 내가 택한 사람에게 여호와께서 나의 영을 그에게 주어 그가 이방에 정의를 베풀 것이라 이사야를 통하여 말씀하신다.

이어 이사야를 통하여 여호와께서 메시야는 "외치지 아니하며 목소리를 높이지 아니하며 그 소리를 거리에 들리게 하지 아니한다" 이르신다. 이러한 통치는 세상의 정복자의 것과 너무 다르다. 또한 메시야는 상한 갈대를 꺾지 아니하며 꺼져가는 등불을 끄지 아니하고 진실로 정의를 시행할 것이라 이르신다. '상한 갈대'란 바람 때문에 그 연약한 줄기가 상처를 입지만 꺾이거나 뽑히지는 않는 갈대이다. 이는 마치 상한 갈대와 같이 연약하고 결점투성이인 인생들을 외면하지 않으시고 은혜로 강하게 세워주시는 메시야의 구원 사역을 말한다. 더 나아가 메시야는 쇠하지 아니하며 낙담하지 아니하고 세상에 정의를 세우기에 이르리니 섬들이 그 교훈을 앙망하리라고 이사야를 통하여 여호와께서 이르신다. 이는 열방을 포함한 온 세계가 메시야의 이같은 의로운 통치를 바란다는 말씀이다.

주제와 연관된 성경공부와 말씀묵상 _

주의 종

본문 말씀(이사야 42:1-9)

1 내가 붙드는 나의 종, 내 마음에 기뻐하는 자 곧 내가 택한 사람을 보라 내가 나의 영을 그에게 주었은즉 그가 이방에 정의를 베풀리라

2 그는 외치지 아니하며 목소리를 높이지 아니하며 그 소리를 거리에 들리게 하지 아니하며

3 상한 갈대를 꺾지 아니하며 꺼져가는 등불을 끄지 아니하고 진실로 정의를 시행할 것이며

4 그는 쇠하지 아니하며 낙담하지 아니하고 세상에 정의를 세우기에 이르리니 섬들이 그 교훈을 앙망하리라

5 하늘을 창조하여 펴시고 땅과 그 소산을 내시며 땅 위의 백성에게 호흡을 주시며 땅에 행하는 자에게 영을 주시는 하나님 여호와께서 이같이 말씀하시되

6 나 여호와가 의로 너를 불렀은즉 내가 네 손을 잡아 너를 보호하며 너를 세워 백성의 언약과 이방의 빛이 되게 하리니

7 네가 눈먼 자들의 눈을 밝히며 갇힌 자를 감옥에서 이끌어 내며 흑암에 앉은 자를 감방에서 나오게 하리라

8 나는 여호와이니 이는 내 이름이라 나는 내 영광을 다른 자에게, 내 찬송을 우상에게 주지 아니하리라

9 보라 전에 예언한 일이 이미 이루어졌느니라 이제 내가 새 일을 알리노라 그 일이 시작되기 전에라도 너희에게 이르노라

기도요점

2-4절, "그는 외치지 아니하며 목소리를 높이지 아니하며 그 소리를 거리에 들리게 하지 아니하며 상한 갈대를 꺾지 아니하며 꺼져가는 등불을 끄지 아니하고 진실로 정의를 시행할 것이며 그는 쇠하지 아니하며 낙담하지 아니하고 세상에 정의를 세우기에 이르리니 섬들이 그 교훈을 앙망하리라"는 말씀을 묵상하자. 5-7절, "하늘을 창조하여 펴시고 땅과 그 소산을 내시며 땅 위의 백성에게 호흡을 주시며 땅에 행하는 자에게 영을 주시는 하나님 여호와께서 이같이 말씀하시되 나 여호와가 의로 너를 불렀은즉 내가 네 손을 잡아 너를 보호하며 너를 세워 백성의 언약과 이방의 빛이 되게 하리니 네가 눈먼 자들의 눈을 밝히며 갇힌 자를 감옥에서 이끌어 내며 흑암에 앉은 자를 감방에서 나오게 하리라"는 말씀을 묵상하자. 8-9절, "나는 여호와이니 이는 내 이름이라 나는 내 영광을 다른 자에게, 내 찬송을 우상에게 주지 아니하리라 보라 전에 예언한 일이 이미 이루어졌느니라 이제 내가 새 일을 알리노라 그 일이 시작 되기 전에라도 너희에게 이르노라"는 말씀에서 말하는 '새 일'이란?

도움의 말

"하늘을 창조하여 펴시고 땅과 그 소산을 내시며 땅 위의 백성에게 호흡을 주시며 땅에 행하는 자에게 영을 주시는 하나님 여호와께서 이같이 말씀하시되"라고 이사야가 말한다. 이는 하나님은 모든 생명의 근원이 되시며, 온 만물에 대한 통치권을 갖고 계신 하나님께서 그의 특별한 목적을 위하여 특정 인간을 취하여 그에게 영을 주시어 중개자로 삼으신다는 말씀이다. 6절 이하의 말씀을 통하여 여호와께서는 하나님의 종의 사역에 대해 말씀하시는데, 이는 창조주이시고 모든 생명의 근원이신 하나님과 그 종의 사역이 밀접한 관계가 있다는 것을 의미한다.

6절에서 "나 여호와가 의로 너를 불렀은즉 내가 네 손을 잡아 너를 보호하며 너를 세워 백성의 언약과 이방의 빛이 되게 하리니"라고 말씀하신다. 여기서 우리는 종의 사역 중 하나가 백성의 언약인데, 그 내용인즉 종의 사역이 하나님과 이스라엘 백성 간의 언약 관계의 연장선상에서 이루어짐을 의미한다. 즉, 메시야는 하나님이 이스라엘과 더불어 맺으신 언약을 회복, 완성시키신다는 말씀이다. 우리는 이 사역과 관련하여 그리스도의 새 언약의 의미를 상기해야 할 것이다: "이 잔은 내 피로 세우는 새 언약이니 곧 너희를 위하여 붓는 것이라"(눅 22:20). 이 새 언약은 혈통적 이스라엘에게만 적용되는 것이 아니라 그리스도의 은혜를 믿음으로 받아들이는 모든 사람들 곧 영적 이스라엘도 위한 것이다.

이같이 여호와의 종의 사역이 백성과의 언약 선상에 있을 뿐만 아니라 또한 '이방의 빛'이 되는 사역이다. 이는 종의 구원이 땅 끝까지 이르게 하는 것으로서 곧 열방에 생명의 축복을 전하는 것이다. 이러한 내용은 그리스도께서 예루살렘에 입성하신 후 그를 찾아온 헬라인(이방인)과 나눈 대화 속에서 밝혀졌

다: “내가 땅에서 들리면 모든 사람을 내게로 이끌겠노라”(요 12:32). 초대 교회 당시 그리스도의 이러한 취지를 가장 활발하게 받든 이는 바울 사도였다. “베드로에게 역사하사 그를 할례자의 사도로 삼으신 이가 또한 내게 역사하사 나를 이방인에게 사도로 삼으셨느니라”(갈 2:8)고 바울이 말한 바 있다.

종의 사역은 또한 네가 눈먼 자들의 눈을 밝히며 갇힌 자를 감옥에서 이끌어 내며 흑암에 앉은 자를 감방에서 나오 게 하리라는 것이다. 이 표현은 이사야서에서 영적 무지를 가리키는 표현으로 쓰이고 있는데(43장), 이는 종의 사역도 영적 무지로부터의 해방이라는데 있다. 즉, 메시야의 놀라운 계시로 말미암아 흑암과도 같이 캄캄한 무지 상태로부터 찬란한 구원의 빛을 발견하게 된다.

여호와께서 나의 종의 사역을 말씀하시고 이어 8절에서 “나는 여호와이니 이는 내 이름이라 나는 내 영광을 다른 자에게, 내 찬송을 우상에게 주지 아니하리라” 이르신다. 여기서 ‘여호와’라는 칭호의 뜻은, 하나님이 친히 모세에게 가르쳐 주신 바와 같이 ‘스스로 있는 자’로서(출 3:14), 초월적이며 절대적인 주권자이심과 함께 언약의 주체이심을 강조하는 이름이다. 하나님이 어떤 분임을 스스로 나타내시는 까닭은 하나님을 그런 분으로 인정하고 하나님께만 찬양을 돌리게 하기 위함이다. 9절에서 “보라 전에 예언한 일이 이미 이루어졌느니라 이제 내가 새 일을 알리노라 그 일이 시작되기 전에라도 너희에게 이르노라”고 이사야를 통하여 여호와께서 말씀하신다. 여기서 전에 예언한 일, 즉 과거 일과 ‘새 일’ 즉 미래 일이 제시된다. “전에 예언한 일 … 새 일”은 하나님이 역사의 주인이시며 참 신이심을 드러내는 증거이다. 한편 ‘전에 예언한 일’은 이스라엘 백성에게 그때까지 전달되어졌던 모든 예언을 가리키며, 그중에서도 특히 39:5-7의 예언을 암시한다. ‘새 일’이란 일차적으로 바벨론으로부터의 포로 귀환을 가리키며, 더 나아가서는 메시야 시대의 위대한 영적 해방을 의미한다.

묵상 나누기

위에서 묵상한 내용을 간략히 기록하고 함께 나눈다.

찬송

“어둠의 권세에서”(398장)

45. 나의 영을 네 자손에게 부어 주리니(사 44:1-8)

주제와 연관된 질문 _

1. 1-2절에서 여호와께서 나의 종 야곱, 내가 택한 이스라엘아 이제 들으라 너를 만들고 너를 모태에서부터 지어 낸 너를 도와 줄 여호와가 이같이 말하노라 … 두려워하지 말라 이르신 다. 이어 여호와께서 이사야를 통하여 주신 말씀은?
2. 이사야를 통하여 여호와께서 주신 그 말씀이 자신에게 주는 의미는?
3. 여호와의 영을 우리에게 부어 주시면 그 결과를 이사야는 무엇으로 비유하였는가?

주제 내용 _

"이제 들으라"에서 하나님의 말씀을 들을 상대는 다름 아닌 하나님의 택함을 입은 하나님의 백성이다. 그런데 이 택한 백성이 바로 이사야 43:27-28, "네 시조가 범죄하였고 너의 교사들이 나를 배반하였나니 그러므로 내가 성소의 어른들을 욕되게 하며 야곱이 진멸 당하도록 내어주며 이스라엘이 비방거리가 되게 하리라" 에 나타난 말씀대로 하나님의 진노로 그들이 심판상태에 있다. 심판상태에 있는 그들이 하나님으로부터 들을 말씀은 두 가지이다. 하나는 두려워하지 말라는 말씀이다. 그들이 두려워할 것이 없는 이유는 하나님께서 목마른 자에게 물을 주며 마른 땅에 시내가 흐르게 하실 것이기 때문이다. 이는 그들을 택하신 하나님께서 그들을 회복시키실 것이므로 두려워하지 말라는 것이다. 다른 하나는 그들의 자손에게 하나님을 영을 부어 주어 축복할 것이라는 말씀이다. 이는 그들 자손이 풀 가운데에서 솟아나기를 시냇가의 버들같이 번성 될 것이라는 말씀이다.

주제와 연관된 성경공부와 말씀묵상 _

나 외에 다른 신이 없다

본문 말씀(이사야 44:1–8)

1 나의 종 야곱, 내가 택한 이스라엘아 이제 들으라

2 너를 만들고 너를 모태에서부터 지어 낸 너를 도와 줄 여호와가 이같이 말하노라 나의 종 야곱, 내가 택한 여수룬아 두려워하지 말라

3 나는 목마른 자에게 물을 주며 마른 땅에 시내가 흐르게 하며 나의 영을 네 자손에게, 나의 복을 네 후손에게 부어 주리니

4 그들이 풀 가운데에서 솟아나기를 시냇가의 버들같이 할 것이라

5 한 사람은 이르기를 나는 여호와께 속하였다 할 것이며 또 한 사람은 야곱의 이름으로 자기를 부를 것이며 또 다른 사람은 자기가 여호와께 속하였음을 그의 손으로 기록하고 이스라엘의 이름으로 존귀히 여김을 받으리라

6 이스라엘의 왕인 여호와, 이스라엘의 구원자인 만군의 여호와가 이같이 말하노라 나는 처음이요 나는 마지막이라 나 외에 다른 신이 없느니라

7 내가 영원한 백성을 세운 이후로 나처럼 외치며 알리며 나에게 설명할 자가 누구냐 있거든 될 일과 장차 올 일을 그들에게 알릴지어다

8 너희는 두려워하지 말며 겁내지 말라 내가 예로부터 너희에게 듣게 하지 아니하였느냐 알리지 아니하였느냐 너희는 나의 증인이라 나 외에 신이 있겠느냐 과연 반석은 없나니 다른 신이 있음을 내가 알지 못하노라

기도요점

6–7절, "이스라엘의 왕인 여호와, 이스라엘의 구원자인 만군의 여호와가 이같이 말하노라 나는 처음이요 나는 마지막이라 나 외에 다른 신이 없느니라 내가 영원한 백성을 세운 이후로 나처럼 외치며 알리며 나에게 설명할 자가 누구냐 있거든 될 일과 장차 올 일을 그들에게 알릴지어다"라는 말씀을 묵상하자. 8절, "너희는 두려워하지 말며 겁내지 말라 내가 예로부터 너희에게 듣게 하지 아니하였느냐 알

리지 아니하였느냐 너희는 나의 증인이라 나 외에 신이 있겠느냐 과연 반석은 없나니 다른 신이 있음을 내가 알지 못하노라"는 말씀을 묵상하자.

도움의 말

하나님의 영을 부어 주어 야곱의 후손의 이름으로 하나님께 속할 사람은 존귀히 여김을 받을 것이라고 이사야가 예언한다. 이러한 사람에게 이스라엘의 왕인 여호와, 이스라엘의 구원자인 만군의 여호와가 나는 처음이요 마지막이라 나 외에 다른 신이 없다고 말씀하신다. 여호와 하나님께서 영원한 백성을 세우고 그들에게 될 일과 장차 올 일을 듣게 하시고, 또한 알게 하실 것이므로 그들은 두려워하거나 겁낼 것이 없다고 말씀하신다. 이처럼 예로부터 그들에게 하나님께서 될 일과 장차 올 일을 듣게 하고, 또한 그 일을 알게 하셨기 때문에 그들은 하나님의 증인이다. 그들이 증언하는 하나님께서 미래사를 알고 계시는 것은 하나님이 역사의 주관자이시며, 또한 참 신이시기 때문이다.

묵상 나누기

위에서 묵상한 내용을 간략히 기록하고 함께 나눈다.

찬송

"하나님 사랑은"(299장)

46. 나의 영과 네 입에 둔 나의 말이(사 59:16-21)

주제와 연관된 질문 _

1. 21절에서 "여호와께서 이르시되 내가 그들과 세운 나의 언약이 이러하니"라고 말씀하시는 데, 이는 곧 무엇인가?
2. 여호와께서 우리 자신의 입에 둔 여호와의 말은?
3. "여호와의 말씀이니라 구속자가 시온에 임하며 야곱의 자손 가운데에서 죄과를 떠나는 자에게 임하리라"는 말씀이 자신에게 주는 의미는?

주제 내용 _

이사야는 이스라엘이 징벌을 받는 까닭은 그들의 죄 때문이라 이른다. 그런데 이를 해결할 사람, 즉 하나님과 인간 사이에서 죄의 문제를 해결할 사람이 없으므로 하나님께서 자기 팔로 스스로 구원을 베푸시며 자기의 공의를 스스로 의지하시어 공의를 갑옷으로 삼으신다. 이스라엘의 죄악이 너무 심각하므로 하나님께서는 마치 무장한 전사처럼 머리에 구원의 투구를, 보복의 속옷을, 열심의 겉옷을 삼으시고 그들의 행위대로 갚으시되 세상 만국에게 분노하시고 보응하실 것이다. 여기서 우리는 하나님께서 구원을 베푸실 때 잘못된 행위대로 갚으시며, 또한 이와 관련되어 있는 주변국의 잘못에 대한 심판이 동반되는 것을 알 수 있다.

여호와께서 백성을 구원하려고 하시다

본문 말씀(이사야 59:16-21)

16 사람이 없음을 보시며 중재자가 없음을 이상히 여기셨으므로 자기 팔로 스스로 구원을 베푸시며 자기의 공의를 스스로 의지하사

17 공의를 갑옷으로 삼으시며 구원을 자기의 머리에 써서 투구로 삼으시며 보복을 속옷으로 삼으시며 열심을 입어 겉옷으로 삼으시고

18 그들의 행위대로 갚으시되 그 원수에게 분노하시며 그 원수에게 보응하시며 섬들에게 보복하실 것이라

19 서쪽에서 여호와의 이름을 두려워하겠고 해 돋는 쪽에서 그의 영광을 두려워할 것은 여호와께서 그 기운에 몰려 급히 흐르는 강물 같이 오실 것임이로다

20 여호와의 말씀이니라 구속자가 시온에 임하며 야곱의 자손 가운데에서 죄과를 떠나는자에게 임하리라

21 여호와께서 이르시되 내가 그들과 세운 나의 언약이 이러하니 곧 네 위에 있는 나의 영과 네 입에 둔 나의 말이 이제부터 영원하도록 네 입에서와 네 후손의 입에서와 네 후손의 후손의 입에서 떠나지 아니하리라 하시니라 여호와의 말씀이니라

기도요점

16-18절, "사람이 없음을 보시며 중재자가 없음을 이상히 여기셨으므로 자기 팔로 스스로 구원을 베푸시며 자기의 공의를 스스로 의지하사 공의를 갑옷으로 삼으시며 구원을 자기의 머리에 써서 투구로 삼으시며 보복을 속옷으로 삼으시며 열심을 입어 겉옷으로 삼으시고 그들의 행위대로 갚으시되 그 원수에게 분노하시며 그 원수에게 보응하시며 섬들에게 보복하실 것이라"는 말씀을 묵상하자. 19절 상반에 나오는 바, 서쪽에서 여호와의 이름을 두려워하겠고 해 돋는 쪽에서 그의 영광을 두려워하게하는 까닭은?

도움의 말

여호와께서 격렬한 진노로 대적들을 완전히 멸하시므로 그들이 여호와의 이름을 두려워하겠고, 그의

영광을 두려워할 것이라고 이사야가 예언한다. 그는 이를 여호와께서 그 기운에 몰려 급히 흐르는 강물 같이 오실 것이라고 표현한다. 구속자가 시온에 임하며, 죄과를 떠나는 자에게 임할 것이라 이사야가 예언하면서 그들과 세운 하나님의 언약을 말한다. 그 언약은 그들 위에 있는 하나님의 영과 하나님의 말씀이 영원토록 그들의 입과 그들의 후손과, 또한 그들의 후손의 후손의 입에서 떠나지 아니한다는 약속이다.

묵상 나누기

위에서 묵상한 내용을 간략히 기록하고 함께 나눈다.

찬송

"내가 매일 기쁘게"(191장)

47. 내 영을 너희 속에 두어 너희로 내 율례를 행하게 하리니 (겔 36:26-36)

주제와 연관된 질문 _

1. 여호와께서 새 영을 너희 속에 두고 새 마음을 너희에게 주되 너희 육신에서 굳은 마음을 제거하고 부드러운 마음을 주신다는 약속이 자신에게 주는 의미는?
2. 여호와의 영을 우리 속에 두어 우리로 여호와의 율례를 행하게 하신다는 약속이 자신에게 주는 의미는?
3. 여호와의 영을 간구해 본 경험이 있는가? 있다면, 서로 이를 나누자. 없다면, 왜 이를 간구하지 않았는지를 회상하면서 나누자.

주제 내용 _

에스겔 36:17-25에서 "여호와의 말씀이 또 에스겔에게 임하여 이르시되 인자야 이스라엘 족속이 그들의 고국 땅에 거주할 때에 그들의 행위로 그 땅을 더럽혔나니 나 보기에 그 행위가 월경 중에 있는 여인의 부정함과 같았다"고 말씀하신다. 구체적으로 그들이 땅 위에 피를 쏟았으며 그 우상들로 말미암아 자신들을 더럽혔으므로 여호와께서 분노를 그들 위에 쏟아 그들을 그 행위대로 심판하여 각국에 흩으며 여러 나라에 헤쳤더니 그들이 이른바 그 여러 나라에서 내 거룩한 이름이 그들로 말미암아 더러워졌다. 곧 사람들이 그들을 가리켜 이르기를 이들은 여호와의 백성이라도 여호와의 땅에서 떠난 자라 하였다. 그러나 이스라엘 족속이 들어간 그 여러 나라에서 더럽힌 "내 거룩한 이름을 여호와께서 아꼈노라" 이르신다. 그러므로 "너는 이스라엘 족속에게 이르기를 주 여호와께서 이같이 말씀하시기를 이스라엘 족속아 내가 이렇게 행함은 너희를 위함이 아니요 너희가 들어간 그 여러 나라에서 더럽힌 나의 거룩한 이름을 위함이라" 이르신다. "여러 나라 가운데에서 더럽혀진 이름 곧 너희가 그들 가운데에서 더럽힌 나의 큰 이름을 내가 거룩하게 할지라 내가 그들의 눈앞에서 너희로 말미암아 나의 거룩함을 나타내리니 내가 여호와인 줄을 여러 나라 사람이 알리라 주 여호와의 말씀이니라" 하신다.

여호와께서 너희를 여러 나라 가운데에서 인도하여 내고 여러 민족 가운데에서 모아 데리고 고국 땅에 들어가서 맑은 물을 너희에게 뿌려서 너희로 정결하게 하되 곧 너희 모든 더러운 것에서와 모든 우상 숭배에서 너희를 정결하게 할 것이라 이르신다. 이처럼 여호와께서 에스겔을 통하여 회복 내용의 점진적 전개로 고토(고국) 귀환, 죄의 정결에 이어 26-36에서는 이스라엘의 내적 갱신을 말씀하신다. 즉 여호와께서 또 새 영을 그들 속에 두고 새 마음을 주시되 그들의 육신에서 굳은 마음을 제거하고 부드러운 마음을 줄 것이라 이르신다.

주제와 연관된 성경공부와 말씀묵상 _

나 여호와가 말하였으니 이루리라

본문 말씀(에스겔 36:26-36)

26 또 새 영을 너희 속에 두고 새 마음을 너희에게 주되 너희 육신에서 굳은 마음을 제거하고 부드러운 마음을 줄 것이며

27 또 내 영을 너희 속에 두어 너희로 내 율례를 행하게 하리니 너희가 내 규례를 지켜 행할지라

28 내가 너희 조상들에게 준 땅에서 너희가 거주하면서 내 백성이 되고 나는 너희 하나님이 되리라

29 내가 너희를 모든 더러운 데에서 구원하고 곡식이 풍성하게 하여 기근이 너희에게 닥치지 아니하게 할 것이며

30 또 나무의 열매와 밭의 소산을 풍성하게 하여 너희가 다시는 기근의 욕을 여러 나라에게 당하지 아니하게 하리니

31 그 때에 너희가 너희 악한 길과 너희 좋지 못한 행위를 기억하고 너희 모든 죄악과 가증한 일로 말미암아 스스로 밉게 보리라

32 주 여호와의 말씀이니라 내가 이렇게 행함은 너희를 위함이 아닌 줄을 너희가 알리라 이스라엘 족속아 너희 행위로 말미암아 부끄러워하고 한탄할지어다

33 주 여호와께서 이같이 말씀하셨느니라 내가 너희를 모든 죄악에서 정결하게 하는 날에 성읍들에
사람이 거주하게 하며 황폐한 것이 건축되게 할 것인즉
34 전에는 지나가는 자의 눈에 황폐하게 보이던 그 황폐한 땅이 장차 경작이 될지라
35 사람이 이르기를 이 땅이 황폐하더니 이제는 에덴 동산 같이 되었고 황량하고 적막하고 무너진 성
읍들에 성벽과 주민이 있다 하리니
36 너희 사방에 남은 이방 사람이 나 여호와가 무너진 곳을 건축하며 황폐한 자리에 심은 줄을 알리라
나 여호와가 말하였으니 이루리라

기도요점

28-32절, "내가 너희 조상들에게 준 땅에서 너희가 거주하면서 내 백성이 되고 나는 너희 하나님이 되리라 내가 너희를 모든 더러운 데에서 구원하고 곡식이 풍성하게 하여 기근이 너희에게 닥치지 아니하게 할 것이며 또 나무의 열매와 밭의 소산을 풍성하게 하여 너희가 다시는 기근의 욕을 여러 나라에게 당하지 아니하게 하리니 그 때에 너희가 너희 악한 길과 너희 좋지 못한 행위를 기억하고 너희 모든 죄악과 가증한 일로 말미암아 스스로 밉게 보리라 주 여호와의 말씀이니라 내가 이렇게 행함은 너희를 위함이 아닌 줄을 너희가 알리라 이스라엘 족속아 너희 행위로 말미암아 부끄러워하고 한탄할지어다"라는 말씀을 묵상하자. "주 여호와께서 이같이 말씀하셨느니라 내가 너희를 모든 죄악에서 정결하게 하는 날에 성읍들에 사람이 거주하게 하며 황폐한 것이 건축되게 할 것인즉 전에는 지나가는 자의 눈에 황폐하게 보이던 그 황폐한 땅이 장차 경작이 될지라 사람이 이르기를 이 땅이 황폐하더니 이제는 에덴 동산 같이 되었고 황량하고 적막하고 무너진 성읍들에 성벽과 주민이 있다 하리니 너희 사방에 남은 이방 사람이 나 여호와가 무너진 곳을 건축하며 황폐한 자리에 심은 줄을 알리라 나 여호와가 말하였으니 이루리라"는 말씀을 묵상하자.

도움의 말

에스겔 36:26의 "또 새 영을 너희 속에 두고 새 마음을 너희에게 준다"는 말씀에서 '영'과 '마음'은 인간의 전인격을 총괄적으로 지칭하므로 이를 새롭게 한다는 것은 이스라엘의 온전한 영적 갱신을 말씀하는 것이다. 그들의 육신에서 굳은 마음을 제거하고 부드러운 마음을 줄 것이라는 에스겔의 예언은 그들이 새 언약 백성이 될 것을 의미한다. 새 언약에 관한 말씀은 예레미야 31:31-33에 나온다.

[31] 여호와의 말씀이니라 보라 날이 이르리니 내가 이스라엘 집과 유다 집에 새 언약을 맺으리라
[32] 이 언약은 내가 그들의 조상들의 손을 잡고 애굽 땅에서 인도하여 내던 날에 맺은 것과 같지
아니할 것은 내가 그들의 남편이 되었어도 그들이 내 언약을 깨뜨렸음이라 여호와의 말씀이니라
[33] 그러나 그 날 후에 내가 이스라엘 집과 맺을 언약은 이러하니 곧 내가 나의 법을 그들의 속에
두며 그들의 마음에 기록하여 나는 그들의 하나님이 되고 그들은 내 백성이 될 것이라 여호와의 말
씀이니라

이 말씀은 성경을 통해서 일관되게 제시되어온 하나님과 하나님에게 속한 백성 사이의 언약 체결의 주제가 다시금 반복된다.

또 에스겔을 통하여 여호와께서 이스라엘에게 "내 영을 너희 속에 두어 너희로 내 율례를 행하게 하리니 너희가 내 규례를 지켜 행할지라" 이르신다. 여기서 '내 영'은 하나님의 성령을 가리킨다. 이러한 표현은 구약의 용례상 메시야 시대의 도래를 예고하는 것이란 점에서 이 또한 이스라엘의 회복이 메시야 시대의 시작임을 보여준다. 이어 여호와께서 내가 너희 조상들에게 준 땅에서 너희가 거주하면서 내 백성이 되고 나는 너희 하나님이 되리라 하신다. 성경을 통해서 일관되게 제시되어온 하나님과 그에게 속한 백성 사이의 언약 체결의 주제가 다시금 반복 된 것이다.

"내가 너희를 모든 더러운 데에서, 즉 이스라엘의 모든 종교적 및 도덕적 죄에서 구원하고 곡식이 풍성하게 하여 기근이 너희에게 닥치지 아니하게 할 것이며 또 나무의 열매와 밭의 소산을 풍성하게 하여 너희가 다시는 기근의 욕을 여러 나라에게 당하지 아니하게 하신다" 하시며 "그 때에 이스라엘이 그들의 악한 길과 그들의 좋지 못한 행위를 기억하고 그들의 모든 죄악과 가증한 일로 혐오하게 되어 회개함으로써 그 죄를 베어낸다" 이르신다.

또 "내가 이렇게 행함은 너희를 위함이 아닌 줄을 너희가 알리라 이스라엘 족속아 너희 행위로 말미암아 부끄러워하고 한탄하라" 이르신다. 주 여호와께서 또한 "내가 너희를 모든 죄악에서 정결하게 하는 날에 성읍들에 사람이 거주하게 하며 황폐한 것이 건축되게 할 것인즉 전에는 지나가는 자의 눈에 황폐하게 보이던 그 황폐한 땅이 장차 경작이 될 것이라" 이르신다. "이에 사람이 이르기를 이 땅이 황폐하더니 이제는 에덴 동산 같이 되었고 황량하고 적막하고 무너진 성읍들에 성벽과 주민이 있다 하게 될 것이니 너희 사방에 남은 이방 사람이 나 여호와가 무너진 곳을 건축하며 황폐한 자리에 심은 줄을 알 것이라" 이르시면서 "나 여호와가 말하였으니 이루리라" 하신다.

묵상 나누기

위에서 묵상한 내용을 간략히 기록하고 함께 나눈다.

찬송

"저 하늘 거룩하신 주여"(194장)

48. 내가 또 내 영을 너희 속에 두어 너희가 살아나게 하고 (겔 37:1-14)

주제와 연관된 질문 _

1. 여호와께서 포로된 이스라엘에게 내 영을 너희 속에 두어 너희가 살아나게 하신다는 말씀을 어느 곳으로 에스겔을 데리고 가셔서 말씀하셨는가?
2. 이처럼 여호와께서 포로된 이스라엘에게 내 영을 너희 속에 두어 너희가 살아나게 하신다는 말씀을 에스겔을 통하여 말씀하실 때, 이 말씀에 대한 그들의 반응은?
3. 또한 여호와께서 에스겔을 통하여 내가 또 포로된 이스라엘을 너희 고국 땅에 두리니 나 여호와가 이 일을 말하고 이룬 줄을 너희가 알리라 하시는데, 이 말씀이 자신에게 주는의미는?

주제 내용 _

포로된 이스라엘 백성은 예루살렘의 멸망 소식을 듣고 절망상태에 있었다. 이런 상황에서 에스겔은 여호와께서 권능으로 임재하시어 그의 영으로 그를 데리고 가서 골짜기 가운데 두셨다. 그 골짜기에 뼈가 가득한 환상을 에스겔이 본다. 마른 뼈처럼 절망상태에 처한 그들의 상황이 회복 불가능해 보이지만 하나님께서 이를 가능케 하신다는 것을 당시 포로된 이스라엘 백성들에게 에스겔이 선포한다. 이같은 에스겔 선지자의 이스라엘 회복 예고는 그들에게 극히 회의적으로 받아들여졌다.

에스겔 37장은 이러한 상황 속에서 이스라엘 회복의 확고한 성취적 면모를 주지시키기 위한 의도로 마른 뼈의 환상(1-14절)과 두 막대기를 통한 상징적 행위(15-28절)를 제시한다. 전자인 마른 뼈 환상은 일반적으로 육체의 부활이나 영적 중생의 의미로 이해되고 있다. 그러나 이보다는 35장과의 문맥적 연결 선상에서 볼 때, 마른 뼈와 같은 절망적 상태에 처한 이스라엘 백성들에게 회복 불가능을 가능케 하시는 하나님의 확고한 예정 속에 그들이 포함되어 있음을 확신시키기 위한 말씀으로 보는 것이 더 자연스럽다.

"그 영으로 나를 데리고 가서"란 하나님의 초자연적인 역사로 에스겔 선지자가 성령을 통해 환상을 보게 된 사실을 가리킨다. 그리고 "골짜기 가운데 두셨는데 거기 뼈가 가득하더라"는 말씀에서 '골짜기'는 3:22의 '들'과 동일한 말로 에스겔 선지자가 예루살렘과 그 백성들의 심판을 처음으로 계시 받은 곳을 가리킨다. 이제 하나님께서는 심판이 선포된 바로 그곳에서 이스라엘의 회복에 대해 환상을 통해 다시 에스겔에게 계시하신다. 한편 '뼈'는 포로된 땅에서 절망에 빠져있는 이스라엘 백성들에 대한 상징이다. 하나님께서 에스겔을 그 뼈 사방으로 지나가게 하시기로 그가 본즉 그 골짜기 지면에 뼈가 심히 많고 아주 말랐다 한다. 여기서 '말랐더라'는 우선은 그 죽음의 상태가 매우 오래된 사실과 함께 그 뼈에서 작은 생명의 흔적조차 찾아볼 수 없는 절망과 죽음의 상태를 의미한다. 이는 당시 포로된 자들의 내적 상황을 상징적으로 드러낸다. 이때 하나님께서 에스겔에게 이르시되 "인자야 이 뼈들이 능히 살 수 있겠느냐" 하시니 이에 에스겔이 대답하되 "주 여호와여 주께서 아시나이다"라고 말씀드린다. 인간적 측면에서는 가능하지 않지만 하나님께서 원하신다면 가능하다는 것을 의미하는 대답이다. 하나님께서 4-5절에서 또 에스겔에게 이르시되 "너는 이 모든 뼈에게 대언하여 이르기를 너희 마른 뼈들아 여호와의 말씀을 들을지어다 주 여호와께서 이 뼈들에게 이같이 말씀하시기를 내가 생기를 너희에게 들어가게 하리니 너희가 살아나리라 하라" 하시는데, 여기서 '생기'는 인간 창조 시에 하나님께서 인간에게 불어 넣으셨던 생기(창 2:7)와 동일한 의미로서 생명의 동인이 되는 '숨,' '호흡' 등을 가리키는 말이다. 이어 6절에서 "너희 위에 힘줄을 두고 살을 입히고 가죽으로 덮고 너희 속에 생기를 넣으리니 너희가 살아나리라 또 내가 여호와인 줄 너희가 알리라 하셨다 하라" 이르신다. 여기서 그 뼈들의 소생 과정이 생명의 외적 형태가 완성된 후에 하나님의 생기가 주어졌다는 점에서 인간 창조의 순서와 유사하다(창 2:7). 한편 '살'과 '가죽'이 구별되어 쓰였는데, '살'이 '몸'이란 뜻을 함축하고 있다는 점에서 육체의 구조와 전체적인 형태를, '가죽'은 그 육체를 덮고 있는 피부를 가리킨다고 볼 수 있다.

주제와 연관된 성경공부와 말씀묵상

마른 뼈들이 살아나다

본문 말씀(에스겔 37:1-14)

1 여호와께서 권능으로 내게 임재하시고 그의 영으로 나를 데리고 가서 골짜기 가운데 두셨는데 거
기 뼈가 가득하더라
2 나를 그 뼈 사방으로 지나가게 하시기로 본즉 그 골짜기 지면에 뼈가 심히 많고 아주 말랐더라
3 그가 내게 이르시되 인자야 이 뼈들이 능히 살 수 있겠느냐 하시기로 내가 대답하되 주 여호와여
주께서 아시나이다
4 또 내게 이르시되 너는 이 모든 뼈에게 대언하여 이르기를 너희 마른 뼈들아 여호와의 말씀을 들을
지어다
5 주 여호와께서 이 뼈들에게 이같이 말씀하시기를 내가 생기를 너희에게 들어가게 하리니 너희가
살아나리라
6 너희 위에 힘줄을 두고 살을 입히고 가죽으로 덮고 너희 속에 생기를 넣으리니 너희가 살아나리라
또 내가 여호와인 줄 너희가 알리라 하셨다 하라
7 이에 내가 명령을 따라 대언하니 대언할 때에 소리가 나고 움직이며 이 뼈, 저 뼈가 들어맞아 뼈들
이 서로 연결되더라
8 내가 또 보니 그 뼈에 힘줄이 생기고 살이 오르며 그 위에 가죽이 덮이나 그 속에 생기는 없더라
9 또 내게 이르시되 인자야 너는 생기를 향하여 대언하라 생기에게 대언하여 이르기를 주여호와께서
이같이 말씀하시기를 생기야 사방에서부터 와서 이 죽음을 당한 자에게 불어서 살아나게 하라 하
셨다 하라
10 이에 내가 그 명령대로 대언하였더니 생기가 그들에게 들어가매 그들이 곧 살아나서 일어나 서는
데 극히 큰 군대더라
11 또 내게 이르시되 인자야 이 뼈들은 이스라엘 온 족속이라 그들이 이르기를 우리의 뼈들이 말랐고
우리의 소망이 없어졌으니 우리는 다 멸절되었다 하느니라
12 그러므로 너는 대언하여 그들에게 이르기를 주 여호와께서 이같이 말씀하시기를 내 백성들아 내가
너희 무덤을 열고 너희로 거기에서 나오게 하고 이스라엘 땅으로 들어가게 하리라
13 내 백성들아 내가 너희 무덤을 열고 너희로 거기에서 나오게 한즉 너희는 내가 여호와인 줄을 알리라
14 내가 또 내 영을 너희 속에 두어 너희가 살아나게 하고 내가 또 너희를 너희 고국 땅에 두리니 나
여호와가 이 일을 말하고 이룬 줄을 너희가 알리라 여호와의 말씀이니라

기도요점

1-3절, "여호와께서 권능으로 내게 임재하시고 그의 영으로 나를 데리고 가서 골짜기 가운데 두셨는

데 거기 뼈가 가득하더라 나를 그 뼈 사방으로 지나가게 하시기로 본즉 그 골짜기 지면에 뼈가 심히 많고 아주 말랐더라 그가 내게 이르시되 인자야 이 뼈들이 능히 살 수 있겠느냐 하시기로 내가 대답하되 주 여호와여 주께서 아시나이다"라는 말씀 가운데 자신에게 와 닿는 말씀을 묵상하자. 4-11절 말씀 가운데 자신에게 와 닿는 말씀이나 또는 자신을 끌어당기는 말씀을 묵상하자.

도움의 말

에스겔이 하나님의 명령을 따라 대언할 때에 소리가 나고 움직이며 이 뼈, 저 뼈가 들어맞아 뼈들이 서로 연결된다. 이는 하나님께서 각처에 흩어진 이스라엘 백성을 모아들이는 것을 가리킨다. 또 에스겔이 보니 그 뼈에 힘줄이 생기고 살이 오르며 그 위에 가죽이 덮이나 그 속에 생기는 없는데, 그때 하나님께서 또 에스겔에게 이르시되 "인자야 너는 생기를 향하여 대언하라 하시니 이에 에스겔이 생기에게 대언하여 이르기를 주 여호와께서 이같이 말씀하시기를 생기야 사방에서부터 와서 이 죽음을 당한 자에게 불어서 살아나게 하라 하셨다 하라" 하신다고 하나님의 명령대로 대언한다. 이에 생기가 그들에게 들어가니 그들이 곧 살아나서 일어나 서는데 극히 큰 군대더라 말하는데, 이는 외적 형태만 갖춘 뼈들에게 생명을 주는 신적 본질로서의 생기가 하나님의 창조적 사역 속에서 그 말씀을 통해 발원되는 것임을 의미한다.

또 하나님께서 에스겔에게 이르시되 "인자야 이 뼈들은 이스라엘 온 족속이라 그들이 이르기를 우리의 뼈들이 말랐고 우리의 소망이 없어졌으니 우리는 다 멸절되었다 하느니라" 말씀하신다. 그러므로 너는 대언하여 그들에게 세 가지를 이르라 하신다. 첫째는 주 여호와께서 이같이 말씀하시기를 "내 백성들아 내가 너희 무덤을 열고 너희로 거기에서 나오게 하고 이스라엘 땅으로 들어가게 하리라"는 말씀이다. 둘째는 "내 백성들아 내가 너희 무덤을 열고 너희로 거기에서 나오게 한즉 너희는 내가 여호와인 줄을 알리라"는 말씀이다. 셋째는 "내가 또 내 영을 너희 속에 두어 너희가 살아나게 하고 내가 또 너희를 너희 고국 땅에 두리니 나 여호와가 이 일을 말하고 이룬 줄을 너희가 알리라"는 말씀이다.

묵상 나누기

위에서 묵상한 내용을 간략히 기록하고 함께 나눈다.

찬송

"빈들에 마른 풀같이"(183장)

49. 내가 내 영을 이스라엘 족속에게 쏟았음이라 (겔 39:21-29)

주제와 연관된 질문 _

1. 여호와께서 "이스라엘의 더러움과 그들의 범죄 한 대로 행하여 그들에게 내 얼굴을 가리었었느니라"고 하시는데 이 말씀이 자신에게 주는 의미는?
2. "내가 다시는 내 얼굴을 그들에게 가리지 아니하리니 이는 내가 내 영을 이스라엘 족속 에게 쏟았음이라 주 여호와의 말씀이니라"는 말씀이 자신에 주는 의미는?
3. 위의 말씀 가운데 여호와께서 "내가 내 양을 이스라엘 족속에게 쏟았음이라" 이르시는데, 이 말씀에 대한 자신의 반응은?

주제 내용 _

21-24절은 38장부터 시작된 곡에 대한 심판 예고의 마무리 부분이다. 38:1-16에 보면, 이스라엘을 심판하시는 데 있어서 하나님의 도구였던 '곡과 마곡'은 요한계시록 20:8에서 하나님을 연합하여 대적하는 자들로 나타난다. 하나님께서는 그들의 사악하고 이기적인 정욕까지 하나님의 뜻을 이루시는데 사용하신다(사 10:5-7). 곡과 함께 이스라엘을 침략할 나라는 마곡 땅에 있는 로스와 메섹과 두발 왕 곧 곡, 바사와 구스와 붓과 고멜과 그 모든 떼와 북쪽 끝의 도갈마 족속과 그 모든 떼 곧 많은 백성의 무리인데, 이들은 "너와 함께 끌어내리라" 하신다. 이어 "너는 스스로 예비하되 너와 네게 모인 무리들이 다 스스로 예비하고 너는 그들의 우두머리가 될지어다" 하신다. 이는 곡의 이스라엘 침략은 하나님의

절대 주권 속에서 이뤄진 것을 알 수 있다.

에스겔을 통하여 여호와께서 이르시기를 "인자야 너는 또 예언하여 곡에게 이르기를 주 여호와께서 이같이 말씀하시기를 내 백성 이스라엘이 평안히 거주하는 날에 네가 어찌 그것을 알지 못하겠느냐" 이르신다. 그러시면서 "네가 네 고국 땅 북쪽 끝에서 많은 백성 곧 다 말을 탄 큰 무리와 능한 군대와 함께 오되 구름이 땅을 덮음같이 내 백성 이스라엘을 치러 오리라" 하신다. 이어 "곡아 끝 날에 내가 너를 이끌어다가 내 땅을 치게 하리니 이는 내가 너로 말미암아 이방 사람의 눈앞에서 내 거룩함을 나타내어 그들이 다 나를 알게 하려 함이라" 이르신다. 이 말씀 이후 에스겔 38:17에서 39:24까지 곡의 심판과 멸망에 관한 말씀이 나온다.

39:21에서 "내가 내 영광, 즉 하나님의 신적 권위와 그 능력을 여러 민족 가운데에 나타내어 모든 민족이 내가 행한 심판과 내가 그 위에 나타낸 권능을 보게 하리라" 말씀하신다. "그 날 이후에 즉 곡에 대한 심판이 완결된 이후에 이스라엘 족속은 내가 여호와 자기들의 하나님인 줄을 알겠고 여러 민족은 이스라엘 족속이 그 죄악으로 말미암아 사로잡혀 갔던 줄을 알 것이라" 이르신다. "그들이 내게 범죄하였으므로 내 얼굴을 그들에게 가리고 그들을 그 원수의 손에 넘겨 다 칼에 엎드러지게 하였지만 내가 그들의 더러움과 그들의 범죄 한 대로 행하여 그들에게 내 얼굴을 가리었었다"고 말씀하신다.

주제와 연관된 성경공부와 말씀묵상 _

이스라엘의 회복

본문 말씀(에스겔 39:21-29)

21 내가 내 영광을 여러 민족 가운데에 나타내어 모든 민족이 내가 행한 심판과 내가 그 위에 나타낸 권능을 보게 하리니

22 그 날 이후에 이스라엘 족속은 내가 여호와 자기들의 하나님인 줄을 알겠고

23 여러 민족은 이스라엘 족속이 그 죄악으로 말미암아 사로잡혀 갔던 줄을 알지라 그들이 내게 범죄하였으므로 내 얼굴을 그들에게 가리고 그들을 그 원수의 손에 넘겨 다 칼에 엎드러지게 하였으되

24 내가 그들의 더러움과 그들의 범죄한 대로 행하여 그들에게 내 얼굴을 가리었었느니라

25 그러므로 주 여호와께서 이같이 말씀하셨느니라 내가 이제 내 거룩한 이름을 위하여 열심을 내어 야곱의 사로잡힌 자를 돌아오게 하며 이스라엘 온 족속에게 사랑을 베풀지라

26 그들이 그 땅에 평안히 거주하고 두렵게 할 자가 없게 될 때에 부끄러움을 품고 내게 범한 죄를 뉘

우치리니
27 내가 그들을 만민 중에서 돌아오게 하고 적국 중에서 모아 내어 많은 민족이 보는 데에서 그들로
말미암아 나의 거룩함을 나타낼 때라
28 전에는 내가 그들이 사로잡혀 여러 나라에 이르게 하였거니와 후에는 내가 그들을 모아 고국 땅으
로 돌아오게 하고 그 한 사람도 이방에 남기지 아니하리니 그들이 내가 여호와 자기들의 하나님인
줄을 알리라
29 내가 다시는 내 얼굴을 그들에게 가리지 아니하리니 이는 내가 내 영을 이스라엘 족속에게 쏟았음
이라 주 여호와의 말씀이니라

기도요점

25-27절 "그러므로 주 여호와께서 이같이 말씀하셨느니라 내가 이제 내 거룩한 이름을 위하여 열심을 내어 야곱의 사로잡힌 자를 돌아오게 하며 이스라엘 온 족속에게 사랑을 베풀지라 그들이 그 땅에 평안히 거주하고 두렵게 할 자가 없게 될 때에 부끄러움을 품고 내게 범한 죄를 뉘우치리니 내가 그들을 만민 중에서 돌아오게 하고 적국 중에서 모아 내어 많은 민족이 보는 데에서 그들로 말미암아 나의 거룩함을 나타낼 때라"는 말씀 가운데 원하는 말씀을 붙잡고 묵상하자. 28-29절, "전에는 내가 그들이 사로잡혀 여러 나라에 이르게 하였거니와 후에는 내가 그들을 모아 고국 땅으로 돌아오게 하고 그 한 사람도 이방에 남기지 아니하리니 그들이 내가 여호와 자기들의 하나님인 줄을 알리라 내가 다시는 내 얼굴을 그들에게 가리지 아니하리니 이는 내가 내 영을 이스라엘 족속에게 쏟았음이라 주 여호와의 말씀이니라"는 말씀을 묵상하자.

도움의 말

38:1-39:24에서 곡에 대한 예언이 종결된다. 그리고 39:25-29은 도래할 메시야 시대를 지향한다. 그러므로 25절은 에스겔을 통하여 주 여호와께서 내가 이제 내 거룩한 이름을 위하여 열심을 내어 야곱의 사로잡힌 자를 돌아오게 하며 이스라엘 온 족속에게 사랑을 베풀지라 말씀하셨다. 이스라엘의 고국귀환과 함께 귀환 후에 있을 하나님의 지속적인 관심과 사랑이 강조되고 있다.

26절에서 이스라엘 백성들이 이같이 하나님의 무조건적인 사랑과 은혜로 귀환 후에 그 땅에 평안히 거주하고 두렵게 할 자가 없게 될 때에 부끄러움을 품고 하나님에게 범한 죄를 뉘우칠 것이라 말씀하신다. 이어 여호와께서 에스겔을 통하여 이르시기를 "내가 그들을 만민 중에서 돌아오게 하고 적국 중에서 모아 내어 많은 민족이 보는 데에서 그들로 말미암아 나의 거룩함을 나타낼 때라" 하신다. "그들

을 만민 중에서 돌아오게 하고"에서 만민이란 이스라엘 백성들이 흩어져 살고 있었던 각 지역의 민족들을 언급한 것이며, 또한 "적국 중에서 모아 내어"란 이스라엘이 바벨론 포로 귀환 이후에도 이방 지역에 머물고 있었던 모든 이스라엘 백성들이 귀환하여 그들의 과거 죄악을 회개할 그때가 바로 이스라엘의 온전한 회복이 성취되는 때임을 드러낸다.

여호와께서 이어 에스겔을 통하여 "전에는 내가 그들이 사로잡혀 여러 나라에 이르게 하였거니와 후에는 내가 그들을 모아 고국 땅으로 돌아오게 하고 그 한 사람도 이방에 남기지 아니하리니 그들이 내가 여호와 자기들의 하나님인 줄을 알게 될 것이라" 이르신다. 이는 여호와께서 다시는 여호와의 얼굴을 그들에게 가리지 아니하심을 나타내며 또한 이는 여호와께서 여호와의 영을 이스라엘 족속에게 쏟았음이라 하시면서 이는 주 여호와의 말씀이라 하신다. 여기서 '쏟았음이니라'는 '분출하다,' '쏟아 붓다'라는 뜻으로서 그 정도가 극히 강한 정도를 가리킨다. 이는 강력한 성령의 강림을 예시하고 있으며 이는 또한 앞으로도 도래할 메시야 시대의 정황을 암시한다. 이는 이제껏 예언의 대상으로 언급된 이스라엘이 육적 이스라엘뿐 아니라 영적 이스라엘 백성이 된 신약의 성도들까지도 포괄하는 것임을 보여 준다.

묵상 나누기

위에서 묵상한 내용을 간략히 기록하고 함께 나눈다.

찬송

"강물같이 흐르는 기쁨"(182장)

50. 내 영을 만민에게 부어 주리니(욜 2:28-32)

주제와 연관된 질문 _

1. 여호와의 "내 영을 만민에게 부어 주리니"라는 약속의 말씀이 자신에게 주는 의미는?
2. 여호와의 영을 만민에게 부어 줌으로써 야기되는 것은?
3. 여호와의 영의 임함과 더불어 충만함을 간절히 기도해 본 경험이 있는가? 있다면, 무엇을 위하여 그처럼 간절했는가?

주제 내용 _

요엘은 여호와께서 브두엘의 아들 요엘에게 이르신 말씀인데, 1장에 보면, 여호와께서 늙은 자들과 땅의 모든 주민들에게 이르시는 말씀을 주신다. 즉 "너희는 귀를 기울일지어다 너희의 날에나 너희 조상들의 날에 이런 일이 있었느냐 너희는 이 일을 너희 자녀에게 말하고 너희 자녀는 자기 자녀에게 말하고 그 자녀는 후세에 말할 것이라" 하신다. 이는 "곧 팥중이가 남긴 것을 메뚜기가 먹고 메뚜기가 남긴 것을 느치가 먹고 느치가 남긴 것을 황충이 먹었다"는 예언이다. 이는 장차 시행될 심판이 그만큼 철저하다는 것을 의미한다.

이어 여호와께서 요엘(1:5-7)을 통하여 "취하는 자들아 너희는 깨어 울지어다 포도주를 마시는 자들아 너희는 울지어다 이는 단 포도주가 너희 입에서 끊어졌음이며, 다른 한 민족이 내 땅에 올라왔음이로다 그들은 강하고 수가 많으며 그 이빨은 사자의 이빨 같고 그 어금니는 암사자의 어금니 같으며, 그들이 내 포도나무를 멸하며 내 무화과나무를 긁어 말갛게 벗겨서 버리니 그 모든 가지가 하얗게 되었도다" 이르신다. 이는 주전 8세기 전반의 이스라엘과 유다 사회는 가장 큰 번영을 누렸고, 극도로 사치가 팽배했던 시기였지만 장차 이방 민족이 이스라엘 땅을 유린하게 되리라는 예언이다. 이런 표현은 메뚜기 재앙이 찾아온 역사적 현실보다 더욱 심각한 국가적 위기에 관한 예언이다.

이에 여호와께서 요엘(1:13)을 통하여 이르시기를 "제사장들아 너희는 굵은 베로 동이고 슬피 울지어다 제단에 수종드는 자들아 너희는 울지어다 내 하나님께 수종드는 자들아 너희는 와서 굵은 베 옷을 입고 밤이 새도록 누울지어다 이는 소제와 전제를 너희 하나님의 성전에 드리지 못함"이라 하신다. 이는 제사장들이 슬픔을 나타내는 행위로서 사태의 심각함과 절박함을 드러내는 말씀이다. 이어 14절에서 여호와께서 "너희는 금식일을 정하고 성회를 소집하여 장로들과 이 땅의 모든 주민들을 너희 하나님 여호와의 성전으로 모으고 여호와께 부르짖을지어다"라 하신다. 이는 이스라엘의 시급한 상황이 개인의 차원을 넘어 하나님의 백성 모두가 동참해야 됨을 촉구하는 말씀이다. 더 나아가 여호와께서 요엘을 통하여 15절에서 슬프다 그 날이여 여호와의 날, 즉 고통스러운 심판이 찾아 올 날이 가까웠나니 곧 멸망같이 전능자에게로부터 이를 것이라 말씀하신다.

주제와 연관된 성경공부와 말씀묵상 _

내 영을 만민에게 부어 주리니

본문 말씀(요엘 2:28-32)

28 그 후에 내가 내 영을 만민에게 부어 주리니 너희 자녀들이 장래 일을 말할 것이며 너희 늙은이는 꿈을 꾸며 너희 젊은이는 이상을 볼 것이며
29 그 때에 내가 또 내 영을 남종과 여종에게 부어 줄 것이며
30 내가 이적을 하늘과 땅에 베풀리니 곧 피와 불과 연기 기둥이라
31 여호와의 크고 두려운 날이 이르기 전에 해가 어두워지고 달이 핏빛 같이 변하려니와
32 누구든지 여호와의 이름을 부르는 자는 구원을 얻으리니 이는 나 여호와의 말대로 시온산과 예루살렘에서 피할 자가 있을 것임이요 남은 자 중에 나 여호와의 부름을 받을 자가 있을 것임이니라

기도요점

29-30절, "그 때에 내가 또 내 영을 남종과 여종에게 부어 줄 것이며 내가 이적을 하늘과 땅에 베풀리

니 곧 피와 불과 연기 기둥이라"는 말씀이 의미하는 바는? 31-32절, "여호와의 크고 두려운 날이 이르기 전에 해가 어두워지고 달이 핏빛 같이 변하려니와 누구든지 여호와의 이름을 부르는 자는 구원을 얻으리니 이는 나 여호와의 말대로 시온산과 예루살렘에서 피할 자가 있을 것임이요 남은 자 중에 나 여호와의 부름을 받을 자가 있을 것임이니라"는 말씀을 묵상하자.

도움의 말

여호와께서 요엘을 통하여 여호와의 날을 경고하는 메뚜기 떼, 그리고 "여호와께로 돌아올지라"는 말씀과 더불어 "이른 비와 늦은 비를 적당하게 주신다"고 말씀하신다. 또한 "이 후에 내가 내 영을 만민에게 부어 주리니 너희 자녀들이 장래 일을 말할 것이며 너희 늙은이는 꿈을 꾸며 너희 젊은이는 이상을 볼 것이라" 이르신다. 요엘과 동시대에 활동했던 호세아는 진노를 물 붓듯 부으실 것을 예언하였으나 요엘은 에스겔과 마찬가지로 하나님이 큰 능력으로 성령을 모든 사람에게 부어주실 미래를 내다보았다. 이를 그리스도의 승천 이후에 신약 교회에 있게 될 오순절 성령 강림을 가리킨다고 할 수 있다. 그렇기 때문에 하나님의 신이 만민에게 부어지고 모든 백성이 성령의 전이 되어 하나님과 직접 교통하게 되리라는 사실이 밝혀진 것이다.

"그 때에 내가 또 내 영을 남종과 여종에게 부어 줄 것이며, 내가 이적을 하늘과 땅에 베풀리니 곧 피와 불과 연기 기둥이라" 하신다. 특히 이 말씀은 앞에서 열거된 성령의 부어주심과는 달리 심판의 징조가 나타난다. '피와 불'은 일반적으로 심판을 묘사하는 데 사용된다. 이에 "여호와의 크고 두려운 날이 이르기 전에 해가 어두워지고 달이 핏빛 같이 변한다" 이르신다. 심판의 시기는 즉각적이고도 현재적이며, 미래적인 의미도 가지고 있다는 것을 알 수 있다. 해와 달이 빛을 잃는 현상은 여호와의 날에 나타날 자연적인 현상을 의미한다. 이어 "누구든지 여호와의 이름을 믿음으로 부르는 자는 구원을 얻을 것이라" 이르신다. 이스라엘 전체가 심각한 재앙으로 인해 크게 훼손되었음에도 불구하고 '구원 얻은 자' 즉 하나님께서 하나님의 언약을 기억하시고 남은 자를 구원하실 것이라 이르시는 말씀이다.

묵상 나누기

위에서 묵상한 내용을 간략히 기록하고 함께 나눈다.

찬송

"강물같이 흐르는 기쁨"(182장)

51. 이는 오직 나의 영으로 되느니라(슥 4:1-10)

주제와 연관된 질문 _

1. "여호와께서 스룹바벨에게 하신 말씀이 이러하니라 만군의 여호와께서 말씀하시되 이는 힘으로 되지 아니하며 능력으로 되지 아니하고 오직 나의 영으로 되느니라" 이르시는 말씀이 자신에게 주는 의미는?
2. 일상의 삶에서 오직 하나님의 영으로 되어지는 것을 경험하였는가? 경험하였다면, 이를 서로 나누자.
3. 짓밟혀 있었던 이스라엘 중에 여호와의 사자가 임재하여 이스라엘을 위한 진지하고 애정 어린 중보와 동시에 미래의 축복에 대한 여호와 하나님의 약속의 말씀이 스가랴를 통하여 주어지는 당시 상황을 상상하자.

주제 내용 _

다리오 왕 이년 팔월에 즉 '다리오 왕 이년 팔월'(1:1)은 주전 520년 10-11월에 해당되는데, 스가랴는 이스라엘 백성들로 하여금 성전건축을 하도록 독려한다. 여호와의 말씀이 잇도의 손자 베레갸의 아들 선지자 스가랴에게 임한다. 잇도는 스룹바벨과 여호수아와 함께 예루살렘으로 귀환한 제사장 중 한 명이다.

스가랴는 "여호와가 너희 조상들에게 심히 진노하였느니라"(1:1)말로 하나님의 말씀을 시작한다. 이는 거룩하시고 정의로우신 하나님께서 반드시 죄를 처벌하신다는 사실을 강조하는 것으로서 언약의 하나님은 포로 이전의 조상들의 언약 파기에 대해 보응하셨다는 말씀이다. "그러므로 너는 그들에게 말하기를 만군의 여호와께서 이처럼 이르시되 너희는 내게로 돌아오라 만군의 여호와의 말이니라 그리하면 내가 너희에게로 돌아가리라 만군의 여호와의 말이라"(1:3)이르신다. 여호와의 진노에 이어서 여호와의 은혜가 언급되는데, 스가랴 선지자는 여기에서 회개를 촉구하고 있다. 그렇기 때문에 스가랴를 통하여 만군의 여호와께서 "이스라엘 백성에게 내게로 돌아오라 그리하면 내가 너희에게로 돌아가리라" 선언하신다.

동시에 여호와께서 스가랴를 통하여 "이스라엘에게 너희 열조를 본받지 말라 옛적 선지자들이 그들에게 외쳐 이르되 만군의 여호와께서 이같이 말씀하시기를 너희는 악할(악한) 길, 악한 행위를 떠나서 돌아오라 하셨다"(1:4). 그러나 그들이 듣지 아니하고 나 여호와께 귀를 기울이지 아니하였다 말씀하신다. '열조'는 포로기 이전 사람들을 말하며, '옛적 선지자들'이란 이사야 하박국 예레미야 등 포로기 이전 선지자들로서 바벨론의 예루살렘 침략을 경고하였던 선지자들이다. 이 선지자들은 옛적에 이스라엘의 열조에게 악한 길과 악한 행위를 떠나 여호와께로 돌아오라 하였지만 그들이 듣지 않았다.

다리오 왕 제 이년 열한째 달 곧 스밧 월 이십사일에 스가랴에게 여호와의 말씀이 임한다(1:7). 1:8에서 "내가 밤에 보니 한 사람이 붉은 말을 타고 골짜기 속 화석류 나무 사이에 섰고 그 뒤에는 붉은 말과 자줏빛 말과 백마가 있는 것을 보고 스가랴가 말하되 내 주여 이들이 무엇이니이까 하니 그에게 말하는 천사가 이르기를 이들이 무엇인지 내가 네게 보이리라 하니 화석류나무 사이에 선 자가 대답하여 이르되 이는 여호와께서 땅에 두루 다니라고 보내신 자들이라 한다. 이에 "그들이 화석류 나무 사이에 선 여호와의 천사에게 말하되 우리가 땅에 두루 다녀 보니 온 땅이 평안하고 조용하더이다 하더라" 하니 "여호와의 천사가 대답하여 이르되 만군의 여호와여 여호와께서 언제까지 예루살렘과 유다 성읍들을 불쌍히 여기지 아니하시려 하나이까 이를 노하신 지 칠십 년이 되었나이다"(1:11-12)라고 이른다. 이때 여호와께서 내게 말하는 천사에게 선한 말씀, 위로하는 말씀으로 대답하신다. 스가랴에게 말하는 천사가 그에게 이르되 "너는 외쳐 이르기를 만군의 여호와의 말씀에 내가 예루살렘을 위하며 시온을 위하여 크게 질투하며 안일한 여러 나라들 때문에 심히 진노하나니 나는 조금 노하였거늘 그들은 힘을 내어 고난을 더하였다. 그러므로 여호와가 이같이 말하노라 내가 불쌍히 여기므로 예루살렘에 돌아왔은즉 내 집이 그 가운데에 건축되리니 예루살렘 위에 먹줄이 쳐지리라 만군의 여호와의 말이니라 하신다"(1:14-16). "그가 다시 외쳐 이르기를 만군의 여호와의 말씀에 나의 성읍들이 넘치도록 다시 풍부할 것이라 여호와가 다시 시온을 위로하며 다시 예루살렘을 택하리라 하라 하니라"(1:17) 하신다. 이같이 스가랴는 화석나무에 선 자를 통하여 이스라엘에게 위로의 말씀을 듣는다. 이는 짓밟혀 있었던 이스라엘 중에 여호와의 사자가 임재하여 이스라엘을 위한 진지하고 애정 어린 중보와 동시에 미래의 축복에 대한 여호와 하나님의 약속의 말씀이 주어진다.

이는 오직 나의 영으로 되느니라

본문 말씀(스가랴 4:1–10)

1 내게 말하던 천사가 다시 와서 나를 깨우니 마치 자는 사람이 잠에서 깨어난 것 같더라
2 그가 내게 묻되 네가 무엇을 보느냐 내가 대답하되 내가 보니 순금 등잔대가 있는데 그 위에는 기
름 그릇이 있고 또 그 기름 그릇 위에 일곱 등잔이 있으며 그 기름 그릇 위에 있는 등잔을 위해서
일곱 관이 있고
3 그 등잔대 곁에 두 감람나무가 있는데 하나는 그 기름 그릇 오른쪽에 있고 하나는 그 왼쪽에 있나
이다 하고
4 내게 말하는 천사에게 물어 이르되 내 주여 이것들이 무엇이니이까 하니
5 내게 말하는 천사가 대답하여 이르되 네가 이것들이 무엇인지 알지 못하느냐 하므로 내가 대답하
되 내 주여 내가 알지 못하나이다 하니
6 그가 내게 대답하여 이르되 여호와께서 스룹바벨에게 하신 말씀이 이러하니라 만군의 여호와께서
말씀하시되 이는 힘으로 되지 아니하며 능력으로 되지 아니하고 오직 나의 영으로 되느니라
7 큰 산아 네가 무엇이냐 네가 스룹바벨 앞에서 평지가 되리라 그가 머릿돌을 내놓을 때에 무리가 외
치기를 은총, 은총이 그에게 있을지어다 하리라 하셨고
8 여호와의 말씀이 또 내게 임하여 이르시되
9 스룹바벨의 손이 이 성전의 기초를 놓았은즉 그의 손이 또한 그 일을 마치리라 하셨나니 만군의 여
호와께서 나를 너희에게 보내신 줄을 네가 알리라 하셨느니라
10 작은 일의 날이라고 멸시하는 자가 누구냐 사람들이 스룹바벨의 손에 다림줄이 있음을 보고 기뻐
하리라 이 일곱은 온 세상에 두루 다니는 여호와의 눈이라 하니라

기도요점

1–4절, "내게 말하던 천사가 다시 와서 나를 깨우니 마치 자는 사람이 잠에서 깨어난 것 같더라 그가 내게 묻되 네가 무엇을 보느냐 내가 대답하되 내가 보니 순금 등잔대가 있는데 그 위에는 기름 그릇이 있고 또 그 기름 그릇 위에 일곱 등잔이 있으며 그 기름 그릇 위에 있는 등잔을 위해서 일곱 관이 있고 그 등잔대 곁에 두 감람나무가 있는데 하나는 그 기름 그릇 오른쪽에 있고 하나는 그 왼쪽에 있나이다

하고 내게 말하는 천사에게 물어 이르되 내 주여 이것들이 무엇이니이까" 하는데, 이에 대한 천사의 대답은? 8-10절, "여호와의 말씀이 또 내게 임하여 이르시되 스룹바벨의 손이 이 성전의 기초를 놓았은즉 그의 손이 또한 그 일을 마치리라 하셨나니 만군의 여호와께서 나를 너희에게 보내신 줄을 네가 알리라 하셨느니라 작은 일의 날이라고 멸시하는 자가 누구냐 사람들이 스룹바벨의 손에 다림줄이 있음을 보고 기뻐하리라 이 일곱은 온 세상에 두루 다니는 여호와의 눈이라 하니라"는 말씀이 자신에게 주는 의미는?

도움의 말

스가랴 4장은 다섯 번째 이상으로서 순금 등대에 관한 말씀이다. 이 말씀은 스가랴에게 말하던 "천사가 다시 와서 그를 깨우니 마치 자는 사람이 잠에서 깨어난 것 같다"라는 말씀으로부터 시작된다. 그 천사가 스가랴에게 묻기를 "네가 무엇을 보느냐" 하니 스가랴가 대답하되 "내가 보니 순금 등잔대가 있는데 그 위에는 기름 그릇이 있고 또 그 기름 그릇 위에 일곱 등잔이 있으며 그 기름 그릇 위에 있는 등잔을 위해서 일곱 관이 있고 그 등잔대 곁에 두 감람나무가 있는데 하나는 그 기름 그릇 오른쪽에 있고 하나는 그 왼쪽에 있다" 한다.

스가랴가 "그에게 말하는 천사에게 물어 이르되 내 주여 이것들이 무엇이니이까 하니 스가랴에게 말하는 천사가 대답하여 이르되 네가 이것들이 무엇인지 알지 못하느냐 하므로 스가랴가 대답하되 내 주여 내가 알지 못하나이다" 한다. 이에 대하여 천사가 스가랴게 대답하여 이르되 "여호와께서 스룹바벨에게 하신 말씀이 이러하니라 하면서 만군의 여호와께서 말씀하시되 이는 힘으로 되지 아니하며 능력으로 되지 아니하고 오직 나의 영으로 된다" 이른다. 이 표현은 예언자의 삶에서 하나님의 임재를 나타낼 때 주로 나타난다.

"큰 산아 네가 무엇이냐 네가 스룹바벨 앞에서 평지가 되리라 그가 머릿돌을 내놓을 때에 무리가 외치기를 은총, 은총이 그에게 있을지어다 하리라" 하셨다. 여기서 '큰 산'은 주전 586년 바벨론의 침략으로 인한 예루살렘 성전의 멸망으로 말미암은 폐허더미가 평지가 되어 성전을 지울 수 있는 상태가 될 것을 의미한다. 이어 여호와의 말씀이 "또 내게 임하여 이르시되 스룹바벨의 손이 이 성전의 기초를 놓았은즉 그의 손이 또한 그 일을 마치리라 하셨나니 만군의 여호와께서 나를 너희에게 보내신 줄을 네가 알리라 하셨다" 이른다. 또한 성전재건의 기초가 되는 머릿돌을 놓는 일을 작은 일의 날이라고 멸시하는 자가 누구냐 이르면서 이어 사람들이 스룹바벨의 손에 다림줄이 있음을 보고 기뻐하리라 이른다. 건축 시 건물의 평형을 잡아주는 역할을 하는 다림줄이 스룹바벨의 손에 있음을 보고 기뻐하리라 이른다. 이 일곱은 온 세상에 두루 다니는 여호와의 눈이라 하는데, 다섯 번째 이상에 본 일곱은 '일곱 등불'과 '일곱

관'이 있다. 이를 여호와의 눈에 비유하니 이는 여호와의 눈은 이 땅의 모든 것을 살피는 것으로 상징된다. 그러므로 이는 여호와의 눈으로부터 숨을 수 있는 것이 없다는 말씀이다. 그렇다면 이 일곱 등불이 여호와의 눈이라는 표현은 성전이 여호와의 임재의 상징이듯이 일곱 등대는 여호와의 눈을 상징한다. 여호와의 눈은 모든 것을 감찰하시고 선악 간을 분별하시는 역할을 하신다. 10절에서 이 일곱은 온 세상에 두루 행하는 여호와의 눈이라는 말씀은 이 세상의 모든 것을 판단할 수 있는 여호와의 능력을 나타내며 그 능력이 성전의 일곱 등대를 통하여 상징되었다는 것은 이제 포로 후기의 유다 공동체에 여호와께서 임재하시며 포로 후기 공동체가 하나님의 은혜를 입게 될 것임을 나타낸다.

스가랴가 천사에게 물어 "등잔대 좌우의 두 감람나무는 무슨 뜻이니이까"라는 질문과 또한 또 다시 "그에게 물어 이르되 금 기름을 흘리는 두 금관 옆에 있는 이 감람나무 두 가지는 무슨 뜻이니이까"라고 묻는다. 천사가 그에게 대답하여 이르되 "네가 이것이 무엇인지 알지 못하느냐 하는지라 내가 대답하되 내 주여 알지 못하나이다 하니 이르기를 이는 기름 부음 받은 자 둘이니 온 세상의 주 앞에 서 있는 자니라" 대답한다. 등불과 감람나무 사이의 관계는 감람나무에서 기름을 제공하면 등불을 그 기름으로 계속 불을 태움으로써 빛을 낼 수 있다. 등불이 여호와의 임재를 상징한다면 감람나무는 사람, 특히 지도자를 상징한다. 등불이 계속 빛을 내려면 기름이 필요하듯이 하나님께서 일을 하시기 위해서는 하나님의 축복을 받은 지도자들이 필요하다. 기름 없이는 등불을 켤 수 없고, 기름만으로도 등불을 켤 수 없다. 등불과 감람나무 이 둘 사이는 상호 의존적 관계이다.

묵상 나누기

위에서 묵상한 내용을 간략히 기록하고 함께 나눈다.

찬송

"우리의 기도 들어주시옵소서"(599장)

52. 예수 그리스도의 성령의 도우심으로(빌 1:12-21)

주제와 연관된 질문 _

1. "형제들아 내가 당한 일이 도리어 복음 전파에 진전이 된 줄을 너희가 알기를 원하노라"는 말씀이 의미하는 바는?
2. 예수 그리스도의 성령의 도우심으로 나를 구원에 이르게 할 줄을 믿는가?
3. 바울이 "겉치레로 하나 참으로 하나 무슨 방도로 하든지 전파되는 것은 그리스도니 이로써 나는 기뻐하고 또한 기뻐하리라"는 말씀이 자신에게 주는 의미는?

주제 내용 _

바울이 빌립보 교인들을 '형제들'로 칭한다. 이는 주 안에서 그들과 바울 사이의 친밀함과 사랑을 드러내는 표현이다. 바울은 주후 61-63년 로마 감옥에 투옥되어 재판을 받고 있었는데, 그때 빌립보서를 쓴 것으로 보인다. 바울은 그들에게 자신이 당한 일이 도리어 복음 전파에 진전이 된 줄을 알게 한다. 여기서 그가 당한 일이란 복음 전파하다가 감옥에 갇힌 것과 로마의 옥중에서 가이사에게 변호하였던 것을 말한다. 실은 바울이 로마의 복음 전파 사역이 있기까지 많은 환난이 있었지만 이것이 오히려 복음을 전파할 수 있게 된 계기가 되었다. 즉 바울의 투옥으로 인하여 그리스도 안에서 모든 시위대, 즉 집정관의 시위 대원 안과 또한 그 밖의 모든 사람에게, 또한 그의 숙소로 찾아온 다른 사람들에게 복음이 전해졌다. 이와 같이하여 바울의 로마에서의 투옥은 복음을 변호하게 되는 계기였을 뿐만 아니라 또한 이방 세계에 복음을 전 할 수 있는 기회가 되었다. 하나님은 바울의 매임과(7절) 변명함을 통해서 그리스도가 최고의 법정에서 증거되게 하셨다.

로마에 있는 형제 중 다수가 바울의 매임을 인하여 주 안에서 신뢰하므로 겁 없이 하나님의 말씀을 더욱 담대히 전하게 되었다고 바울이 말한다. 여기서 '형제 중 다수'는 이방인으로서 개종된 신자들과 유대인에서 개종한 신자들 모두를 포함한다. 또한 '다수'는 로마에 거주하는 대다수의 그리스도인들인데, 그들은 바울의 투옥이 그리스도와 관련되어 있다는 사실을 확인하면서 더욱 담대해졌다. 이는 복음전파의 위험의 상태가 계속해서 존재하고 있었지만 용기를 새롭게 가지고 지속적으로 하나님의 말씀을 선포하였다는 것을 의미한다.

주제와 연관된 성경공부와 말씀묵상 _

바울의 매임과 복음 전파

본문 말씀(빌립보 1:12-21)

12 형제들아 내가 당한 일이 도리어 복음 전파에 진전이 된 줄을 너희가 알기를 원하노라
13 이러므로 나의 매임이 그리스도 안에서 모든 시위대 안과 그 밖의 모든 사람에게 나타났으니
14 형제 중 다수가 나의 매임으로 말미암아 주 안에서 신뢰함으로 겁 없이 하나님의 말씀을 더욱 담대
히 전하게 되었느니라
15 어떤 이들은 투기와 분쟁으로, 어떤 이들은 착한 뜻으로 그리스도를 전파하나니
16 이들은 내가 복음을 변증하기 위하여 세우심을 받은 줄 알고 사랑으로 하나
17 그들은 나의 매임에 괴로움을 더하게 할 줄로 생각하여 순수하지 못하게 다툼으로 그리스도를 전
파하느니라
18 그러면 무엇이냐 겉치레로 하나 참으로 하나 무슨 방도로 하든지 전파되는 것은 그리스도니 이로
써 나는 기뻐하고 또한 기뻐하리라
19 이것이 너희의 간구와 예수 그리스도의 성령의 도우심으로 나를 구원에 이르게 할 줄 아는 고로
20 나의 간절한 기대와 소망을 따라 아무 일에든지 부끄러워하지 아니하고 지금도 전과 같이 온전히
담대하여 살든지 죽든지 내 몸에서 그리스도가 존귀하게 되게 하려 하나니
21 이는 내게 사는 것이 그리스도니 죽는 것도 유익함이라

기도요점

19-21절, "이것이 너희의 간구와 예수 그리스도의 성령의 도우심으로 나를 구원에 이르게 할 줄 아는 고로 나의 간절한 기대와 소망을 따라 아무 일에든지 부끄러워하지 아니하고 지금도 전과 같이 온전히 담대하여 살든지 죽든지 내 몸에서 그리스도가 존귀하게 되게 하려 하나니 이는 내게 사는 것이 그리스도니 죽는 것도 유익함이라"는 말씀을 하는 바울의 당시 상황을 상상하면서 묵상하자.

도움의 말

바울은 자신이 그리스도의 복음을 전하므로 투옥된 것을 보고도 담대함을 얻은 이들 가운데 "어떤 이들은 투기와 분쟁으로 그리스도를 전파한다" 이른다. 경쟁심으로 투기와 분쟁으로 하나님의 말씀과 그리스도를 전파한 사람들이 있었다는 말이다. 그러나 어떤 이들은 착한 뜻으로 다른 사람에게 바울이 전하는 복음의 목적대로 그리스도를 전파하는 이들도 있다고 바울이 말한다. "착한 뜻으로 그리스도를 전파한 자들은 바울이 복음을 변증하기 위하여 세우심을 받은 줄 알고 사랑으로 한다" 이른다. 어떤 이들은 바울이 하나님에 의해서 세우심을 입었음을 알고 그의 복음 전파 사역에 애정을 갖고 바울을 도와 헌신하였음을 의미한다. 그러나 투기와 분쟁으로 그리스도를 전파하는 이들은 바울의 매임에 괴로움을 더하게 할 줄로 생각하여 순수하지 못하게 다툼으로 그리스도를 전파한다. 바울은 "그러면 무엇이냐 겉치레로 하나 참으로 하나 무슨 방도로 하든지 전파되는 것은 그리스도니 이로써 나는 기뻐하고 또한 기뻐하리라"고 말한다.

이처럼 기뻐할 수 있었던 것은 "너희의 간구와 예수 그리스도의 성령의 도우심으로 나를 구원에 이르게 할 줄 알기 때문이라"고 바울이 말한다. 여기서 19절의 '이것'은 복음 선포를 위해 바울에게 나타난 모든 것을 말하며, 그리고 이것이 성령의 도우심으로 구원에 이르게 할 줄 안다는 것은 빌립보 교인들이 바울을 다시 만나기를 기대하고 있기 때문에 여기서의 '구원'이 감옥에서 석방을 의미하며, 또한 영적인 구원으로서 이는 세상을 떠나서 그리스도와 함께 있는 것을 말하기도 한다.

이어 바울은 "나의 간절한 기대와 소망을 따라 아무 일에든지 부끄러워하지 아니하고 지금도 전과 같이 온전히 담대하여 살든지 죽든지 내 몸에서 그리스도가 존귀하게 되게 하려 한다"고 말한다.(20절) 이 말은 재판의 결과가 어떠하든지 간에 오직 그리스도의 영광만을 위해서 살아왔고 장차 그리스도 앞에 서게 될 몸이기 때문에 거리낌 없이 재판의 결과를 기다리겠으며 또한 성령의 도우심으로 재판석상에 있는 이방인들에게 오직 그리스도만을 증언함으로 그리스도가 존귀케 되기를 소망할 뿐이라는 것이다. "이는 내게 사는 것이 그리스도니 죽는 것도 유익함이기 때문"이기 때문이다. 여기서 '사는 것이 그리스도'라는 말씀은 '그리스도를 위하여 사는 삶'이나 '삶 자체가 그리스도'라는 의미로서 이는 그리스도인들이 그리스도와 연합하며 하나가 되었음을 드러내는 삶을 뜻한다. 이는 또한 바울이 로마인에게 죽음을 당할지도 모르는 긴박한 상황에 처해 있음을 의미하기도 한다.

묵상 나누기

위에서 묵상한 내용을 간략히 기록하고 함께 나눈다.

찬송

"내 주여 뜻대로"(549장)

집필자 소개

임창복 이화여자대학교 사범대학교 과학교육과(B.S.)
장로회신학대학교 신학대학교(M.Div)
미국 Princeton Theological Seminary(Th.M.)
미국 University of Pittsburgh(Ph. D.)
(사)한국기독교교육교역욕연구원 원장

김태훈 부산대학교 공과대학 기계설계학과(공학사)
장로회신학대학교 신학대학원(M.Div)
장로회신학대학교 대학원(Th.M.)
미국 Graduate Theological Union(Ph.D.)
한일장신대학교 명예교수, 구약학

남북공동체를 위한 삶이 묻어나는 성경공부 8

성 령

초 판 인 쇄 2025년 1월 20일
초 판 발 행 2025년 1월 20일
지 은 이 임창복 김태훈
엮 은 이 사)한국기독교교육교역연구원 편
주 소 12430 / 경기 가평군 가평읍 호반로 1373
전 화 (031) 567-5325 (031) 584-8753 / 팩스 (031) 584-8753
총 판 기독교출판유통 (031) 906 - 9191
등 록 No. 17 - 427(2005. 4. 7.)
ISBN 978-89-93377-69-9 / Printed in Korea

값 20,000원